大国学家

余嘉锡
国学发微

YU JIA XI
GUO XUE
FA WEI

余嘉锡 著

当代世界出版社
THE CONTEMPORARY WORLD PRESS

图书在版编目（CIP）数据

余嘉锡：国学发微 / 余嘉锡著. -- 北京：当代世界出版社，2017.1
（名家国学大观 / 黄懿煊主编）
ISBN 978-7-5090-1161-4
Ⅰ．①余… Ⅱ．①余… Ⅲ．①国学－文集 Ⅳ．
① Z126.27-53
中国版本图书馆 CIP 数据核字（2016）第 274385 号

出版发行：当代世界出版社
地　　址：北京市复兴路 4 号（100860）
网　　址：http://www.worldpress.com.cn
编务电话：（010）83907332
发行电话：（010）83908409
　　　　　（010）83908455
　　　　　（010）83908377
　　　　　（010）83908423（邮购）
　　　　　（010）83908410（传真）
经　　销：全国新华书店
印　　刷：三河市兴国印务有限公司
开　　本：620 毫米 ×889 毫米　1/16
印　　张：15
字　　数：180 千字
版　　次：2017 年 1 月第 1 版
印　　次：2017 年 1 月第 1 次
书　　号：ISBN 978-7-5090-1161-4
定　　价：42 元

如发现印装质量问题，请与承印厂联系调换。
版权所有，翻版必究；未经许可，不得转载！

目录

太史公书亡篇考

- 001- 序
- 002- 十篇有录无书第一
- 004- 迁没后亡十篇褚先生补缺第二
- 018- 景纪第三
- 028- 武纪第四
- 037- 礼书第六
- 040- 乐书第七
- 052- 兵书第八
- 061- 三王世家第九
- 068- 傅靳蒯成列传第十
- 070- 日者列传第十一
- 075- 龟策列传第十二
- 082- 总论十篇之亡缺第十三
- 088- 十篇外褚先生所续第十四
- 107- 褚先生事迹第十五

古书通例

- 113- 绪论
- 118- 卷一 案著录第一
- 160- 卷二 明体例第二
- 194- 卷三 论编次第三
- 216- 卷四 辨附益第四

四库提要辨证序/226

太史公书亡篇考

序

序曰：《太史公》百三十篇，《汉书》谓十篇缺，然不举其篇目。张晏《汉书注》始历历言之，谓为迁没后亡失，元成之间褚先生补作四篇。臣瓒、蔡谟、裴骃、颜师古、李贤等并从之，无异议也。刘知几始谓十篇是未成而非亡失，张守节始谓十篇皆褚先生所补。（司马贞之说，亦与张晏稍有异同。）吕祖谦始谓所亡者惟《武纪》一篇，而张晏之说，遂成疑案矣。有清诸儒，群起考辨，人自为书，家自为说。纷然淆乱，莫衷一是。夫以史公之书，为古今乙部之祖，而其书之完阙，迄无定论，宁非憾事也哉。余尝留意斯事，欲有所讨论，尽取诸书读之，如入一哄之市，群喙喧呶，议论蜂起，懵然莫知其所从。由是发愤理而董之，分别条目，为书二卷。胪举诸家之说，悉载不遗。有所考证，疏之下方。诸说纷驰，是非靡定，窃不自量，妄欲为之折衷，故辄加论断，贡其狂僭。古书散亡，无征不信，如有所疑，付之盖阙，不敢强为之说也。各家引证，大抵从同，虽已酌加刊削，尚不能尽。又一人之说，分隶诸目，难免复重。极知烦碎，无当大雅，自比钞胥，取便观览而已。凡所甄录，并出通人，千虑之失，犹所不免。至于近人伪经探原之作，多非常异义可怪之论，鄙人固陋，未喻其旨，道不同不相为谋，与其围学相非，毋宁置之不议，凡若此者，概不采掇。各尊所闻，各行所知，其或者不至得罪于君子乎。一九四一年十月，武陵余嘉锡书。

十篇有录无书第一

《汉书·艺文志》曰："春秋家《太史公》百三十篇，十篇有录无书。"

案：《史记》自序，自称《太史公书》，此省书字，乃忘例如此，优之刘向所作诸子书录，皆称某子书，而今志但名某子也。

又《司马迁列传》曰："迁之自序云尔，而十篇缺，有录无书。"

《后汉书·班彪传》曰："司马迁作本纪、世家、列传、书、表，凡百三十篇，而十篇缺焉。"

《史记·太史公自序》集解引《汉书音义》曰："十篇缺，有录无书。"（此下有"张晏曰"云云，见后。）

案：此引臣瓒《汉书音义》也。《隋志》有《汉书集解音义》二十四卷，应劭撰。《新唐志》作应劭《汉书音义》。颜师古《汉书叙例》曰："有臣瓒者，莫知氏族，考其时代，亦在晋初。

又总集诸家音义，稍以己见续厕其末，凡二十四卷，分为两帙。今之《集解音义》，则是其书。而后人见者，不知臣瓒所作，乃谓之应劭集解。"裴氏《史记集解》序曰："《汉书音义》称臣瓒者，莫知氏姓，今直云瓒曰，又都无姓名者，但云《汉书音义》。"知其所引无姓名者，并出瓒书也。十篇缺，有录无书，明见《司马迁传》，而裴氏必引《音义》者，臣瓒之书，不录《汉书》本文，但摘字作注，如《经典释文》五经单疏之体。（颜氏《叙例》曰："蔡谟全取臣瓒一部，散入《汉书》，自此以来，始有注本。"）此七字乃张晏注上之标题，裴氏并引之，以见张晏之说，乃《司马迁传》中之注耳。

吴承志《横阳札记》卷九曰："《汉书·艺文志》春秋类，《夹氏传》十一卷，注'有录无书'。《太史公》百三十篇，注'十篇有录无书'。蒙案：两注皆非班氏原文。司马迁所云有录无书，谓《太史公自叙》有其目，而文不备也。夹氏书乃传《春秋》，体例与《太史公书》不同，不得有自叙之篇，焉得有录。且卷数标著十一，无书何由知之。篇首叙云：'刘向校经传，每一书已，辄条其篇目，撮其指意，录而奏之。会向卒，哀帝复使向子歆卒父业，歆于是总群书而奏其《七略》。今删其要以备篇籍。'如叙说，《志》目纯本《录》、《略》。夹氏无书，向、歆何凭校？《录》、《略》何缘著目？裴骃自序《集解》引《汉书音义》曰'十篇缺，有录无书'，所引《音义》，即此太史公下注文，知六字系蔡谟所辑孟康诸家注语。《夹氏传》下'有录无书'四字，亦《音义》文必矣。"

案：吴氏此说，意为穿凿，纰缪殊甚。如谓迁传之有录无书，乃据史公叙录，《失氏传》无自叙，不得有录。然吴氏已引《艺文志》刘向"录而奏之"之语矣。录者《别录》也,所谓"条其篇目,撮其指意"者,即太史公自叙之体,今尚有《孙卿书录》可证。《迁传赞》所谓"刘向称其有良史之才"云云,即是所作太史公书录中语。夹氏纵无自叙,刘向遂不得为作书录乎。且西汉人著书如刘安、司马迁、杨雄皆有自叙。谓夹氏释经之书,便不得有自叙,(叙后亦当有篇目,如隐公第一桓公第二之类,《说文叙》可证。)又不知其何理也。《志》言"成帝时书颇散亡",《夹氏传》之有录无书,或向、歆校书时其叙录优存而书已亡。或刘向尚及见之,为之著录,至歆作《七略》时而书亡。或夹氏虽作叙录,而其学则口耳相传,未著竹帛,如费高氏之《易》。皆不可知。然吴氏竟因此指为《汉书音义》之文,不知何所依据也。吴氏又谓裴骃所引《音义》,为《艺文志》太史公条下蔡谟注文。不知《志》言"十篇有录无书"只六字,《司马迁传》言"十篇缺,有录无书"凡七字,裴骃所引七字,明是《传》语。且蔡谟书见《晋书》本传,名《汉书集解》,不名《音义》也。盖有意穿凿,遂致纰缪如此。其他论《夹氏传》语,亦多曲说。以与本篇无涉,故删去不论。

迁没后亡十篇褚先生补缺第二

《史记·自序》集解索隐、(见汲古阁刻单行本卷二十八,三家注本无。)《汉书·司马迁传》注并引张晏曰:"迁没之后,亡《景纪》、

《武纪》、《礼书》、《乐书》、《兵书》、(宋本《集解》作《律书》误。)《汉兴以来将相年表》、《日者列传》、《三王世家》、《龟策列传》、《傅靳蒯(索隐作等,《汉书注》无蒯字。)列传》。元成之间,褚先生补缺,作《武帝纪》、《三王世家》、《龟策、日者列传》。言辞鄙陋,非迁本意也。"(《索隐》无"元成之间"以下诸语。)

  案:裴骃所引,出于臣瓒《音义》,说已见前。颜师古《汉书注》所引诸家注释,皆出蔡谟《集解》,观其叙例可知。张晏魏人,(见《汉书叙例》。)去汉不远,其言必有所受之,故臣瓒、蔡谟皆引以为注,别无他说,知自晋宋诸家以及小颜,胥无异议。乃清儒多不信之,纷纷自为之说,其实毫无证佐,殊无以见其必然也。《后汉书·班彪传》注举十篇之目与此同,但不出张晏姓名耳。附识之于此,不重录焉。

《史记·自序》索隐曰:"案:《景纪》取班书补之,《武纪》专取《封禅书》,《礼书》取荀卿《礼论》,《乐书》取《礼·乐记》。《兵书》亡不补,略述律而言兵,遂分历述以次之。《三王系家》空取其策文以缉此篇,何率略且重非当也。《日者》不能记诸国之同异,而论司马季主,《龟策》直太卜所得占龟兆杂说,而无笔削功,何芜鄙也。"

  案:《索隐》于褚先生补缺诸篇,各著其说于本篇。或太史公手录之下,(分见以下各条)与张晏略同。初未尝谓《景纪》、《礼书》、《乐书》、《律书》,为褚先生所补也。此节乃泛论后人补史记之不当,即述赞中"惜哉残缺,非才妄续"之意,其不举《汉兴以来将相年表》及《傅靳蒯成列传》者,以其文不芜鄙,又非取之班书,(其实《景纪》亦与班书不同,说见后。）故置之不言耳。后人纷纷诋《索隐》谓褚先生取班书补《景纪》之误，不知《索隐》本不指为褚先生，是未尝深考也。

司马贞补史记序曰："其中远近乖张，词义躇驳。或篇章倒错，或赞论粗疏。盖由遭逢非罪，有所未暇。故十篇有录无书是也。后褚少孙亦颇加补缀，然犹未能同备。"

案：小司马于褚少孙尤而效之，妄加补缀，又复横肆诋诃，诚不自量。观其语意，似谓十篇有录无书，为未成之作，与《索隐》引张晏"迁没亡失"语不合。盖窃取刘知几之意，忘其自相违伐也。

《史记·龟策列传》正义曰："史记至元、成间十篇有录无书，而褚少孙补《景、武纪》、《将相年表》、《礼书》、《乐书》、《律书》、《三王世家》、《蒯成侯》、《日者》、《龟策列传》、《日者》、《龟策》言辞最鄙陋，非太史公之本意也。"

案：臧庸《拜经日记》卷九曰："张晏说褚少孙补史记四篇，张宁节以十篇皆褚所补，未知何据。"嘉锡以为守节实无所据也。注《史记》者三家，以《正义》较为浅陋。此节依附张晏之言而失其意。晏言"迁没后亡十篇，元成之间，褚先生补缺"，而守节遂谓亡于元成间。《太史公自序》、《傅靳蒯成列传》第三十八，诸家引张晏语或作傅靳蒯，或作傅靳等者，略之也。今乃独举蒯成而遗傅、靳两人，粗疏如此。知其以十篇为褚先生所补，直是读书不仔细，非有所见而云然也。

刘知几《史通·叙事》篇曰："人之著述虽同自一手，其间则有善恶不均，精粗非类。若史记苏、张、蔡泽等传是其美者。至于《三、五本纪》、《日者》、《太仓公》、《龟策传》，故无所取焉。"

又《鉴识》篇曰："张晏云：'迁殁后，亡《龟策》、《日者传》，褚先生补其所缺，言词鄙陋，非迁本意。'案：迁所撰《五帝本纪》，七十列传，称虞舜见厄，遂匿空而出，宣尼既殂，门人推奉有若，其言之鄙又甚于兹，安得独罪褚生而全宗马氏也。"

又《古今正史》篇曰："至宣帝时，迁外孙杨恽祖述其书，遂宣布焉；而十篇未成，有录而已。（自注：张晏《汉书注》云，十篇迁殁后亡失，此说非也。）元、成之间，会稽褚先生更补其缺，作《武帝纪》、《三王世家》、《龟策》、《日者传》，（一本脱传字。）辞多鄙陋，非迁本意也。"

案：《史通》两引张晏、褚先生补缺之语，而《叙事篇》乃以《日者》、《龟策》为与苏、张等传同自一手，似是前后矛盾，而其实非也。盖子玄本不甚信张晏之说，故谓十篇是未成而非亡失。《日者》、《龟策传》皆有太史公语，亦其草创未成，而褚先生特续补之耳。后来吕祖谦、王鸣盛辈之所考，子玄已启其端矣。"

吕祖谦《大事记解题》卷十曰："以张晏所列亡篇之目校之《史记》，或其篇具在，或草具而未成。惟《武纪》一篇亡耳。司马贞《索隐》信张晏之说，遂谓《景纪》后人取班书补之，是殆不然。学者合取司马氏、班氏二纪观其书法，则才识高下，可默喻矣。卫宏《汉旧仪》注曰：'司马迁作本纪，极言景帝之短及武帝之过，武帝怒而削去之。'卫宏与班固同时。两纪俱亡，《景纪》所以复出者，武帝特能毁其副在京师者耳。藏之名山，固自有它本也。（自注：如《古文尚书》汉魏儒皆不见，至晋南渡后始出。）《武纪》终不见者,岂非指切尤甚,民间亦畏祸而不敢藏乎。"

　　案:此与《汉书艺文志考证》所引吕氏说大同小异,惟彼较此为更详。自刘知几已不信张晏之说,谓《日者》《龟策传》出自太史公之手,然无以解于"有录无书"。吕氏谓为佚而复出,其为说较圆矣。特不知卫宏之说,本未可据耳。说详后《录纪》条。此节虽专为《景纪》而发,以其说导后来诸家之先路,故仍录之于此,以为张本。

王应麟《汉书艺文志考证》卷三引东莱吕氏曰:"方班固时,东观兰台所藏十篇,虽有录无书,正如《古文尚书》两汉诸儒皆未尝见,至江左始盛行,固不可以其晚出遂以为伪也。"

　　案:以此与《大事记》互证,语意尤为明白,故重录之。其论十篇之语,则分录于各条之下。夫古书佚而复出,固亦事理所常有。然东莱不知《古文尚书》之伪,援以立说,实非佳证也。

陈振孙《直斋书录解题》卷四曰:"今案此十篇者皆具在,褚所补《武纪》全写《封禅书》,《三王世家》但述封拜策书,二列传皆猥酿不足道。而其余六篇,《景纪》最疏略。《礼、乐书》䇮《荀子·礼论》、河间王《乐记》。《傅靳列传》与《汉书》同,而《将相年表》迄鸿嘉,则未知何人所补也。"

　　案:振孙说虽无大发明,而不信十篇中有太史公原书,其识高出王鸣盛辈远矣。

《四库全书总目》卷四十三《史记提要》曰:"《汉书》本传称其十篇有录无书,张晏以为迁殁之后,亡《景帝纪》、《武帝纪》、《礼书》、《乐书》、《兵书》、《汉兴以来将相年表》、《日者列传》、

《三王世家》、《龟策列传》、《傅靳列传》。刘知几《史通》则以为十篇未成，有录而已，驳张晏之说为非。今考《日者》、《龟策》二传，并有太史公曰，又有褚先生曰，是为补缀残稿之明证，当以知幾为是也。然《汉志》春秋家载《史记》百三十篇，不云有阙。盖是时官本已以少孙所续合为一编。观其《日者》、《龟策》二传，并有'臣为郎时'云云，是必尝经奏进，故有是称。其褚先生字，殆后人追题以为识别欤。"

案：吾亡友高阆仙（步瀛）《史记举要》引《提要》此条驳之曰："步瀛案：十篇除《将相表》、《三王世家》、《日者》、《龟策传》，皆'太史公曰'，'褚先生曰'并见，馀二本纪、三书、一列传，皆有'太史公曰'，殆后人所伪托，安得遽信为真，而定为未成之稿乎？班《志》原注明言十篇有录无书，何瞠目未见。乃谓不云有阙，而造此谬说，殊不可解也。少孙元、成间为博士。刘子政父子校中秘书，即在成帝时，《史记》所阙，断不取同时人所补以充之。且褚少孙所补《三代世家》《外戚世家》、《梁孝王世家》、《田叔列传》，皆有'臣为郎时'语，《三王世家》曰：'臣幸得以文学为侍郎'，《滑稽列传》曰：'臣幸得以经术为郎'，又不独《日者》、《龟策》二传。书目所言，一似《史记》、《汉书》尚未检者，亦可异矣。邵晋涵《史记提要》、文渊阁《四库全书提要》，皆无此说，不知何人所改，致此大谬，恐非纪文达之笔也。（案：凡《提要》刻本与阁本不同者，不胜枚举，其弊由于急欲脱稿，不肯细检原书。阆仙此言，似有意回护。）至'褚先生曰'字，当即后人合褚补于《太史公书》者所加，而《陈涉世家》'褚先生曰'，乃'太史公曰'之误，集解所校甚是，又不得一例观之矣。"嘉锡案：阆仙所驳，诚中《提要》之病，惟《将相表》中并无太史公、褚先生等字，立说不免小误。《提要》以少孙自称臣，为其书尝经奏进，褚先生字殆后人追题。阆仙又以为后人合诸补于《太史公书》时之所加，愚皆以为不然。汉人称臣乃自谦之词，不必对君。少孙作书时，已附入《太史公书》。（说详《总论》。）褚先生乃少孙所自称以别于太史公。故《三代世表》有"张夫子问褚先生曰"，（《索隐》曰："张夫子未详。"姚范《援鹑堂笔记》卷十五曰："张夫子即张长安幼君也，案：姚说是也，张长安与少孙同事王式，受《鲁诗》，见《汉书·儒林传》。)《建元以来侯者年表》，有"后进好事儒者褚先生曰"，明是少孙本文如此。如《提要》言，则虽改作"张夫子问臣"，"后进好事儒者臣少孙"，终不似对君之词。如阆仙言，则不知其自称本何如，后人又如何追加也。方阆仙以此书赠余时，未及细阅。今余讨论及此，而阆仙已于数月前逝去，执笔黯然，恨不得如昔日往复辩论也。至以十篇中太史公字为后人伪为托，亦与愚意不同，说详总论。

王鸣盛《十七史商榷》卷一曰："《汉书》所谓十篇有录无书者，今惟《武纪》灼然全亡，《三王世家》、《日者》、《龟策传》为未成之笔，但可云阙不可云亡。其余皆不见所亡何文。"

案：王氏此条，考十篇有录无书，凡七百八十余字。（论十篇语，今分录入本条之下，见后。）除引张晏注及索隐外，其自为说大（抵）与《汉志考证》所引东莱吕氏语同，而竟一字不及吕氏，是不可解也。且吕氏虽言十篇非皆无书，然谓为班固之后复出于民间，故尚能言之成理。王氏除疑《龟策》元文出于褚先生之后外，其余皆曰不知张晏何以云亡，或曰不可云亡。然则不惟张要为妄语，即刘歆《七略》，班固《汉志》，所谓有录无书者，亦未可据矣。为说如此，则凡古书之不如吾意者，皆不足信，直举而拉杂摧烧之可也，奚以考证为哉？

梁玉绳《史记志疑》卷七，历引《汉书·艺文志》、《司马迁传》、《后汉书·班彪传》、张晏注、《索隐》、《正义》、（所引原文均已见前，今不录。其引《索隐》谓《景纪》褚先生取班书补之。案《索隐》并无"褚先生"三字。）《汉书仪》注、《西京杂记》、《魏志·王肃传》及卫宏（三书原文见后《景纪》条，亦不录。）《大事记》（原文亦见前。）之说，并驳之，其略曰："卫宏言史公之死，竟似北魏崔浩。然《汉书·迁传》未闻有下狱之事，且迁史死后稍出，至宣帝时始宣布，明载本传，武帝安得见之？（此节详见后《景纪》条，故仅删存其略。）若说史公未成，则自序中篇目完全，并字数亦明白记载，何云未成？至班固生于东汉，其书成于章帝建初中，乃司马贞言褚生以元成间人而取用之，有是理乎？更可笑者，张晏诸人，动言褚生补史，今即其所数十篇，明言褚补之者，惟《三王世家》、《日者》、《龟策》两传。其余七篇，安得概指为褚作耶？此下有一节辨补史不止少孙一人，历举诸篇增入天汉后事为证，今删去。）又如晏等所数十篇，则《三代世表》、《建元侯表》、《外戚世家》、《梁孝王世家》、《田叔传》、《滑稽传》，少孙俱有附益，何以不在十篇之数欤？而十篇之中，《兵书》既序目所无，则止九篇，与前后《书》言十篇不合。若云《律历》本一而分次之，则史公序目元分为二书也。据《艺文志》，冯商续《太史公》七篇。

《班彪传》：'《史记》自太初以后，阙而不录，好事者或缀集时事。'李贤注：'好事者，谓杨雄、刘歆、阳城衡、褚少孙、史孝山之徒。'又《史通·古今正史》篇，续《史记》诸儒，有刘向等，则补史非少孙一人明矣。今读《孝景纪》，所书惟大事，另一体格，后世史家作帝纪多祖此例，且有《汉书》所无者。宋真德秀录景纪论于文章正宗，亦以为史公之笔，夫岂他人所能伪哉？《将相名臣表》惟缺前序，自高祖元年至太初四年完然具存，天汉以下后人所续，亦如《建元侯表》之类，非本表有未全也。《律书》即是《兵书》，《易》称师出以律，而古者吹律以听军声，所以名律为兵，索隐已尝论之。观本书及自序可见，乌得以为阙乎？《傅靳传》非史公不能作，其叙事简而有法，与《曹相国世家》、《樊、郦、滕、灌传》同一体例。孟坚仍其文，少所删润，其阙安在？盖《史记》凡阙七篇，十篇乃七篇之讹，故两《汉书》谓十篇无书者固非，而谓九篇具存者尤非也。七篇者，《今上本纪》一、《礼书》二、《乐书》三、《历书》四、《三王世家》五、《日者传》六、《龟策传》七。或问以十篇为七篇之讹，何据？曰："《史》、《汉》中七、十两字互舛甚多，而其所以误者，篆隶字形相似，《隶释》孔龢碑三月廿十日是已。"

案：梁氏所著《史记志疑》，颇多武断，然未有如此篇之甚者。榷而论之，其谬有七。《史记索隐》谓《景纪》取班书补之，并未言何人所补。今引其语，于句中自增"褚先生"三字，因诬司马贞不知褚少孙在班固之前，此其厚诬古人，不啻狱吏舞文，故入人罪。其谬一也。张晏言褚先生补缺，作《武帝纪》、《三王世家》、《日者》、《龟策列传》四篇耳。其谓十篇皆褚所补者，张守节一人之言也。裴骃、司马央皆无此说。

梁氏一网打尽，讥张晏诸人，动言褚生补史，概指十篇为褚作。不知晏之言见于何篇，所谓诸人者皆何人耶。其谬二也。梁氏所指《三代世表》《建元侯表》等篇，褚少孙俱有附益，晏等何以不数。不知晏所谓褚先生补缺者，为迁殁后亡失十篇言之也。《三代世表》等篇，太史公原书具在，褚先生特有所附益耳，自不得数入十篇之内。梁氏以此反诘张晏，是不知晏语为《司马迁传》"十篇缺，有录无书"之注，且并其文义亦未甚解也，其谬三也。既知《律书》即《兵书》，又谓《兵书》为序目所无，与十篇之数不合，数行之内，忽弃忽取，前后矛盾。其谬四也。《史记》内有后人阑入之语，续《史记》者有冯商、杨雄等，此在稍读书者类能知之，故古今人未有以增入之事概属之褚先生者。梁氏谓补史不止少孙一人，旁征博引以为之辩，无的放矢，徒为词费。其谬五也。《汉书》言十篇缺，有录无书。《后汉书》言十篇缺焉。梁氏于此十篇或以为真，或以为伪，第以其意评之，间有考证，亦殊未确。（所考分见《景纪》以下诸条）而遽改两《汉书》十字为七，以为因字形相似而误。夫班固原本如何不可知，若魏晋人所见《汉书》，则张晏尝枚数十篇之目，臣瓒蔡谟并从之，可见确是十字而非七字。梁氏生千余载之下，独毅然直指其误，不知何所据依，岂尝得葫芦中《汉书》真本乎？其谬六也。十篇之中，梁氏信《景纪》《将相名臣表》《律书》《傅靳传》，为真太史公之笔，则其缺者六篇而已。乃忽于张晏所指十篇之外，增一《历书》，以为七篇。夷考其说，则谓史公《历书》惟存前序，其历术甲子篇以下，为后人所增入，（见《志疑》卷十五，说详《十篇之外褚先生所续》条。）然则非伪撰也。前序尚存，可谓之有录无书乎？其谬七也。凡此七谬，一经指出，有绝可笑者。其弊在果于自信，勇于疑古，犯学者之大忌。计其一篇之中，惟驳卫宏、王肃之说，及谓《史记》非未成，尚可节取耳。

赵翼《廿二史劄记》卷一曰："《汉书·司马迁传》，谓《史记》内十篇有录无书。颜师古注引张晏曰：'迁没后亡十篇，元成间褚少孙补之。'是少孙所补只此十篇，然细按之，十篇之外尚有少子小增入者。"（以下语见《十篇外褚先生所续》条。）

案：以十篇皆褚所补为张晏语者，梁玉绳之谬说也。然梁氏所引，尚仍张晏本文，赵氏乃直改窜其词，其亦邻于妄诞矣。

又曰："案史公自叙，十二本纪、八书、三十世家、七十列传，共百三十篇，五十二万六千五百字，是史公已订成全书。其十篇之缺，乃后人所遗失，非史公未及成而待于后人补之也。班固作《迁传》，但云十篇有录无书，而不言少孙所补。然班书内燕王旦等封策，及平阳公主以卫青为夫等事，则采少孙语入列传。则知少孙所补，久附《史记》并传矣。"

案：此条所言大抵皆是，说详总论。

沈钦韩《汉书疏证》卷二十四曰："今考书中有题褚先生者，（自注："《十二诸侯年表》、《建元侯者表》，补《外戚·三王世家》及《田仁》、《滑稽》、《日者》、《龟策》等传。）有无题而知有补缀者，《景武纪》、《将相名臣表》（自注：迄成帝鸿嘉年。）《礼、乐、律志》、《韦贤》等传，或是冯商所续也。"

案：自注中十二诸侯年表乃三代世表之误。沈氏此条所举无《傅蒯靳成传》，盖自以意定之，不纯用张晏之说。其以《景纪》《将相年表》为冯商所续，可谓发前人所未发，惜其无所考证耳。其他诸篇则无明据。至谓《武纪》亦出于商，尤必不然。商为刘向弟子，其学必有师法，且奉诏续太史公书，安有随手钞撮《封禅书》以为《武纪》者乎？

《诂经精舍文集》卷八汪继培《史记阙篇补篇考》曰："十篇之目，班氏所未言，无从悬揣。或班氏修史时虽亡，而后或得出，如《泰誓》之比，亦未可定。纷纷指属，多成臆断，亦疑以传疑，可矣。"

案：《诂经精舍集》录此题文凡二篇，一为孙同元，一即汪继培也。汪既考证名家，孙亦名父之子，（孙志祖子。）固宜有所发明。及读其文，则皆剿袭《梁氏志疑》，敷衍成篇。盖书院课艺，不过如此，未足与言著述也。惟此数语虽亦本之吕东莱，尚为其所自撰，故节录之，以见其概。余则不必浪费纸墨矣。

吴承志《横阳札记》卷九曰："《迁传》：'十篇缺，有录无书。'亦非谓散亡。冯商所续《太史公》七篇，止太初已后阙未撰录之传，是中书百三十篇完然无阙。褚少孙补《三王世家》、《龟策列传》二篇，并云'求不能得'，此少孙所见歧异。《三王世家》本止有武帝制文，及大司马丞相诸臣疏议，无三王事。《龟策列传》篇例亦与《伯夷》相类，仅具要略，不为详叙。少孙必欲与他篇齐同，因疑其阙。班彪曰：'迁作本纪、世家、列传、（原脱此二字，今据《后汉书》补。）书、表凡百三十篇，而十篇缺焉。'彪所见又增八篇，固本其说。其篇名两文俱不具。《集解》引卫宏《汉旧仪》注曰：'司马迁作《景帝本纪》，极言其短及武帝过，武帝怒而削去之'，与《迁传》'死后其书稍出，宣帝时外孙杨恽遂宣布焉'之文不合。二篇疑非彪所云缺者。《集解》又引张晏说,据少孙补篇、(按吴氏意谓《武纪》)续篇,(谓《三王世家》、《龟策》、《日者传》。)合之宏说,(谓《景纪》。)益以《礼》、《乐》、《兵》三书,《傅靳蒯成列传》,及不知淮氏所续之《将相名臣年表》,以当十数。今《孝景本纪》、《礼书》等(原脱此字。)九篇俱传,惟《孝武纪》全录《封禅书》文。钱氏《考异》云:'此纪魏晋以后乡里妄人,取以足数',则非晏所见。《礼、乐》二书,并有今上之文。《兵书》即《律书》,末有太史公赞语,今本误与《历书》连合。《日者列传》志司马季主,条例亦具于赞。《孝景纪》、《将相表》、《傅靳传》并为固书所取。《将相表》有续附之文,与《高祖功臣侯年表》有续附之文无异。十篇似俱非亡佚。固书《循吏传》本迁目别自为例。《天文志》采《天(原脱天字。)官书》而增益汉事,《滑稽列传》与《龟策》、《日者》概从删削。窃疑彪所云十篇,谓《孝武纪》、《礼书》、《乐书》、《律书》、《三王世家》、《日者传》、《龟策传》及《天官书》、《循吏》、《滑稽》两传,无《孝景纪》、《将相表》、《傅靳传》。晏说有误。其傅靳蒯三字,又传写讹舛并非晏旧也。(自注云:师古注作《傅斯列传》,无蒯字。详字形,傅与传相近,蒯与列相近,盖涉上下文而误衍,其靳字本缺,后人又因衍字而增入也。)《孝武纪》文今无可考,以《三王世家》之例证之,其篇必亦止具大纲,无详细事目,故少孙有补,彪以为缺。然则十篇实皆有书,《音义》袭《迁传》而失。师古《注》缀晏解于传,不系于志。晏所见志文无此注,抑亦明矣。"

案:吴氏此说,导源于梁氏《志疑》而变本加厉。其言之穿凿无理,迂曲难通,视梁氏益甚。较其大病,约有二端:曰矛盾,曰傅会。如驳卫宏之说,而曰"二篇疑非班彪所云缺"。

二篇者，《景纪》、《武纪》也。乃其后数彪所云缺十篇，《孝武纪》复与焉。既谓张晏据褚少孙、卫宏说，益以《礼》《乐》、《兵》三书，《傅靳蒯成传》，《将相表》，以当十数。又谓傅靳蒯三字为因字形相近而衍。然则止九篇耳。晏为"十篇缺，有录无书"作注，顾举其九而遗其一乎？其自相矛盾有如此者。因不信张晏之说，遂于所举十篇之中，去其《素纪》、《将相表》、《傅靳传》三篇，而易以《天官书》、《循吏传》、《滑稽传》，已属师心自用。乃其为说，则谓《天官书》不叙汉事，《循吏传》例与班氏不同，《滑稽传》为班氏所删，故班彪皆以为缺。意谓彪所云十篇缺者，特嫌其叙事缺略，而非亡缺之缺也。不知彪言迁书凡百三十篇，而十篇缺焉，语意至为明白。若释缺字为缺略，文义岂复可通？且班固作《迁传》，于"十篇缺"下，益以"有录无书"，夫岂叙事缺略，而便以为无其书乎？固纵不能读父书，不晓其语意，岂并太史公书亦未之读乎？《滑稽传》为所删削，便谓之缺，是又与缺略之义不同。且《刺客传》亦为所删矣，何以不数之乎？其曲为傅会有如此者。盖读古书不能通，求其故而不得，而必强为之说，其弊有不可胜言者。考证若此，不如毋考之为愈也。

高步瀛《史记举要》曰："案：张晏魏人，所举十篇之目，当必确凿可据。其他六篇不言补，则当时之本与今十篇具在者又不同。刘知几《史通·正史》篇曰：'十篇未成，有录而已。张晏《汉书注》云，"十篇迁没后亡"，非也。'案：子玄唐人，何由知张晏之非？是褚先生所补，当时或别行，或附后，必不混入《史记》原书之中，故其所益者尚有《三代世表》、《外戚世家》、《梁王世家》、《田叔列传》、《滑稽列传》等，而张晏不数之者，以不在十篇之目，又未尝厕入元书也。自魏、晋以后，喜于合并，（自注云：如王弼注《易》，杜预注《左传》。）而好造伪书，（自注云：如《孔子家语》、《伪古文尚书》。）于是褚所未补者，皆一一补之。即褚所补者，亦嫌其未尽，而别托为史公之笔。孝武一纪，或并非褚氏之旧矣。此下论《景纪》诸篇语，分见各条下，此不录。要之今本十篇所有，决非太史公元书。吕东莱狃于今本《史记》，至谓张晏所列十篇或其篇具在，或草具未成，非皆无书。王鸣盛谓除《武纪》外，其他皆司马子长所为，尤为卤莽灭裂。盖由狃于成见，不免以伪为真。近人则又故为新奇，于十篇外多疑为伪，而委罪刘歆，妄加删削。其卤莽灭裂，更不足辩矣。"

案：阆仙谓今本十篇，决非太史公原书，一扫自宋以来纷纷揣测之说，诚为明决痛快。惟谓褚先生所补必不混入《史记》之中，则殊失考。据《滑稽传》后褚所自叙，则当时实已随篇附入矣。又于后人补史，概斥为伪托，亦恐未然。并详总论。

景纪第三

《史记·太史公自序》集解引卫宏《汉书（案："书"字衍文。）旧仪》注曰："司马迁作《景帝本纪》，极言其短及武帝过，武帝怒而削去之。后坐举李陵降匈奴，故下迁蚕室。有怨言，下狱死。"

案：卫宏东汉初人，（《后汉书·儒林》本传云，"光武以为议郎。")作《汉旧仪》四篇，以载西京杂事。(本传语。)其时班氏父子书未成，杨雄等续太史公书盖亦传播未广，宏无所据依，故其所著书，颇载里巷传闻之辞。如所作《诏定古文尚书（当作官书。）序》，谓伏生使其女传言教晁错《尚书》，(《史记·晁错传》正义引。)及此所记司马迁事皆是也。考之《汉书》，迁之得罪，坐救李陵耳，未尝举以为将，亦无下狱死之事。则其言武帝怒削本纪，自属讹传，不可以其汉人而信之也。桂馥《晚学集》卷四《书史记景武纪后》曰："考迁《报任安书》，下蚕室后仍在朝，《汉书》亦不言下狱事。其下蚕室在天汉初，其卒在昭帝初，（案：近人王国维《太史公行年考》其纪年终于昭帝始元元年，与桂说合。张鹏一《太史公年谱》，则谓卒于昭帝末。要之皆无明据也。）未尝死于狱中也。卫宏之说不足信据，即此可见。"梁玉绳《史记志疑》曰："卫宏等言史公之死，竟似北魏崔浩。然《汉书·迁传》但云迁死，未闻有下狱之事。况被刑后为中书令，尊宠任职。故其《报安书》，称著史未就，会陵祸，甘隐忍成一家言，以偿前辱，不复推贤进士。则死狱之说固虚，而以为书成于救李陵之前亦谬。且迁史死后稍出，至宣帝时始宣布，明载本传，武帝安得见之？且史公自序曰：'天下翕然，大安殷富，作《孝景本纪》。汉兴五世，隆在建元，作《今上本纪》。'可知纪中必不作毁谤语，只成缺失传尔，乞削之哉？且《封禅》《平准》诸篇，颇有讥切，又何以不削？而其余八篇，不尽是讥切，作岂怒削，又何以俱亡？"

《西京杂记》卷六（抱经堂本卷下。）曰："汉承周史官，至武帝置太史公。太史公司马谈,世为太史。子迁年十三,使乘传行天下,求古诸侯史记,续孔氏古文,序世事,作传百三十卷,五十万字。谈死,子迁以世官复为太史公,位在丞相下。(当作上。)天下上计先上太史公,副上丞相。太史公序事如古春秋法。司马氏本古周史佚后也。作《景帝本纪》,极言其短及武帝之过,帝怒而削去之。后坐举李陵,陵降匈奴,下迁蚕室。有怨言,下狱死。宣帝以其官为令,行太史公文书事而已,不复用其子孙。"

案:《西京杂记》乃葛洪杂钞汉魏人诸书为之,托言出自刘歆汉书,或以为梁吴均伪作者,非也。(说详余《四库提要辨证》子部七。)此条全从卫宏《汉旧仪》内钞出,自作"景帝本纪"至"下狱死",乃裴骃所引,已见上条,余亦杂见《汉书·司马迁传》如淳《注》(《史记·自序》集解引如淳同)及《太平御览》卷二百三十五。特诸书所引皆有删节,而此则其全文耳。然其说实不可据。除已为桂馥、梁玉绳所驳者外,如谓"谈为太史迁年十三,使求古诸侯史记,作传百三十卷",考《史记·六国年表序》,明言"秦焚诗书,诸侯史记尤甚。诗书所以复见者,多藏人家,史记独藏周室,以故天",则太史公父子何尝得见古诸侯史记耶?且叙作传百三十卷于谈死迁为太史公之前,似谓《史记》为谈所作,又似迁作于谈未死时者,要之与《太史公自序》皆不合。又谓司马氏为史佚之后,亦不见于他书。(梁玉绳《人表考》卷二,据《逸周书》及《晋语》,谓史佚氏尹,少昊之裔,周尹氏是其后,其说颇确。至言武命置太史公,宣帝以其官为令,尤与《百官表》牴牾,晋灼、颜师古已驳之矣。此盖出于当时流俗人之口,卫宏误采以著书，故其言无一可信。然则所谓武帝怒削本纪云者，可不待深考，而已知其非实矣。

《魏志·王肃传》（附父朗传后。）曰："帝又问司马迁以受刑之故，内怀隐切，著《史记》，非贬汉武，令人切齿。对曰：'司马迁记事不虚美，不隐恶，刘向、扬雄眼其善叙事，有良史之才，谓之实录。汉武帝闻其述《史记》，取孝景及己本纪览之，于是大怒，削而投之。于今此两纪有录无书。后遭李陵事，遂下迁蚕室。此为隐切在孝武，而不在史迁也。'"

案：余始疑王肃一时显学，何至与卫宏同一谬误。及读其于今此两纪有录无书之言，乃悟汉魏人之为此说，乃因不解十篇之何以有录无书，尤以帝纪之重要而竟亡失，以为必有其故，于是以其私意妄为揣测而为之辞。不及其余八篇者，以其无从臆度，遂置之不言耳。何焯《义门读书记》三国志第一卷（此《读书记》之卷数。）曰："子邕此对，本之卫敬仲，与班氏所记不同。敬仲所记非实，于时主则为善对。"桂馥《书史记景武纪后》曰："馥案：《后汉书·蔡邕传》，王允谓武帝不杀司马迁，使作谤书以遗后世。据此，则《史记》不尽作于腐刑之前，亦未闻削而投之。史迁《报任安书》，受刑之后，始成《史记》，与肃说不合。《吴志·韦曜传》：'昔李陵为汉将军，败不还而降匈奴，司马迁不加疾恶，为陵游说。汉武帝以迁为良史之才，欲使毕成所撰，忍不加诛。书卒成立，垂之无穷。'此说与王允无异。今《史记》、《礼书》、《乐书》、《日者》、《龟策》诸篇，褚少孙所补，（谓《礼》、《乐》两书为少孙补，实无明据。）岂孝武削而投之者耶？斯不然矣。班固典引：'永平十七年，诏曰：司马迁著书，成一家之言，扬名后世。至以身陷刑之故，反微文刺讥，贬损当世，非谊士也。'案：此亦言陷刑之后，始有刺讥，则武帝削授之说，未为实据。张晏曰，'迁没之后，亡《景纪》、《武纪》'，不言迁生时为武帝所削。"汪师韩《韩门缀学》卷二曰："窃谓景、武世近，故迁有不及为。（案：此说非是。）其《报任安书》，固云，'草创未就，适会此祸，惜其未成。及已被刑，更欲著书以偿前辱'，岂有武帝既削其书，而迁犹孜孜于著述耶？王肃乃朗之子，朗得《论衡》称异，而肃亦好举异闻耳。"

郑樵《通志》卷五下《景帝纪》曰："臣谨案：张晏曰：'自景帝至平帝本纪，皆王莽时刘歆、杨雄、冯衍、史岑等所记。惟《武帝纪》迁没其书残缺，褚少孙补之，所谓褚先生是也。'"

案：张晏此说不见他书，不知《通志》自何处转引，疑为《史记集解》《孝景本纪》之佚文。盖今之《集解》，已非裴氏原书，（《隋唐志》皆八十卷，自《崇文总目》以下皆作一百三十卷。）不免脱漏，而夹漈所据，犹善本也。晏为此言，盖谓班氏《汉书》帝纪孝文以前，以史迁为本。景帝以下，则据刘歆等续太史公记重修。惟中间《孝武》一纪，褚先生所补，文不足采，始由班氏父子自行改作也。今取史、汉景纪两篇相较，虽《汉书》增益甚多，而仍以《史记》为蓝本。知今本虽非史迁原书，实出于续太史公记矣。第张晏此注虽为《通志》所引，而后人多不之知，遂谓今《景纪》真史迁之笔。高阆仙始表而出之。其搜寻可谓不易。然吾以为《景纪》实冯商所作，说详于后。《大事记解题》卷十曰："《史记·文帝纪》多载诏书，入《景纪》

则皆不载，盖以为不足载也，其旨微矣。司马贞信张晏之说，遂谓《景纪》后人取班书补之，是殆不然。学者合取司马氏、班氏二纪，观其书法，则才识高下，可默喻矣。"

案：作衣纪而不载诏书，与《高祖》《孝文纪》体例显然不同，即此已可知非太史公之笔。吕氏翻谓景帝诏书为不足载，真曲说也。吕氏历指《汉书》不如《史记》。其说有是有非，文繁不录。

《汉书艺文志考证》卷三引东莱吕氏曰："张晏所列亡篇之目，其一曰《景纪》，此其篇具在者也。所载间有班书所无者。"《直斋书录解题》卷四曰："《景纪》最疏略。"

案：陈氏此语颇为有识。其论馀篇语，已见前，不重录。

《十七史商榷》卷一曰："今考《景纪》现存，是迁原文，不知张晏何以言迁没后亡。且此纪文及赞，皆与《汉书·景纪》绝不同，又不知《索隐》何为言以班书补之。"

《拜经日记》卷九曰："《索隐》曰：'《景纪》取班书补之。'案：取班书勘之，迥不同。《史记》首云'孝文之中子也'，而班书改云'文帝大子也'，已失其事实。《史记》云'孝文在代时，前后有三男。及窦后得幸，前后死，及三子更死，故孝景得立'，序孝景得立之由甚明晰，而班书删之。'元年四月，乙卯，赦天下，乙巳，赐民爵一级'，而班删'乙卯''乙巳'四字。'匈奴入代，与约和亲'，而班书但云'遣御史大夫青翟至代下'，则匈奴入代事不明了。又改元则书中元年，中二年，后元年，后二年，而班书省言元年二年，亦失旨。《史记》于天灾及王侯官制改建详言之，而班书多简省不载，殊失本纪之体，徒增入诏书。窃以为远不逮《史记》，乃反谓取之班书，不检甚矣。史胜于班者，随在皆是，学者读之自见。惟篇末书太子即位，是为孝武皇帝，当是后人窜改，应称今皇帝或今天子也，

案：臧氏讥《汉书》不书匈奴入代，不记天灾，皆《大事记解题》之说，诚中其病。其他则不免有误。如谓《汉书》不当改文帝中子为大子，不知《汉书》实作太子，非大小之大也。又谓班书于景帝两次纪元，只书元年二年，不知《汉书》实作中元年后元年，惟自二年以下始省去耳。至谓篇末太子即位是为孝武皇帝，原本当作今皇帝或今天子，则梁玉绳亦有此说。（见《志疑》卷七。）盖信今本《景纪》为太史公笔，故以为后人所改。愚案此种句法，《史记》多有之，皆由后追纪之辞，故先言某人立，后称位号或谥法。如《周本纪》"古公卒，季历立，是为公季"，"西伯崩，太子发立，是为武王"之类是也。今《景纪》称是为孝武皇帝，正是出于后人追叙之证。如史公生武帝之世，而曰太子即位，是为今皇帝，不已赘乎。

嘉锡案：张晏谓迁没后亡《景纪》，今《景纪》非太史公笔也。凡《史记》百三十篇，太史公皆撮其旨要著于自序，读之则其所致意者可知也。《文纪》序曰："汉既初兴，继嗣不明，迎王践阼，天下归心。蠲除肉刑，开通关梁，广恩博施，厥称太宗。作《孝文本纪》。"故纪中叙此数事，特详于除肉刑，叙至二百数十字，虽强半与《仓公传》相复重，不恤也。《景纪序》曰："诸侯骄恣，吴首为难，京师行诛，七国伏辜。天下翕然，大安殷富。作《孝景本纪》。"然则篇中所着重，惟此一事，叙之当委曲详尽，而今纪乃仅以六十余字了之，是尚能得史公著书之意乎？且《史记》

诸本纪，兼纪言动，此古史官之遗法，不似后人作纪，仅列事目，欲知时政之得失，须求之列传中也。而《景纪》乃尽削诏书不载，叙十六年之事，寥寥千许字，简则简矣，而史法之变自此始，遂为后来《新唐书》、五代史记之滥觞。以与孝文以上诸纪较，其不出一手明甚。而吕祖谦、臧庸翻以不载诏书为胜于班固，岂不异哉？《通志》引张晏说，以为自景帝至平帝本纪，皆王莽时刘歆、扬雄等所记，其说固必有所据。然考《论衡·须颂篇》言："司马子长纪黄帝以至孝武，扬子云录宣帝以至哀平。"则不当有景帝。《史通·正史》篇亦谓："《史记》所书年止汉武，其后刘向，向子歆及诸好事者，相次撰续，迄于哀、平。"是诸家仅续汉武以后之事，亦不当有《景纪》。与张晏说皆不合。余尝反覆思之，而得其故焉。《史通》所举续《史记》诸人有冯商。《汉书·艺文志》著录冯商《续太史公》七篇。《张汤传》注引如淳言："商以成帝时受诏续太史公千余篇。"盖汉人于《太史公书》凡再续。一续于成帝时，刘向、冯商是也。再续于王莽时，张晏、刘知几所举刘歆、扬雄、冯衍、史岑诸人是也。《论衡》独举扬子云者，雄及诸人各有所续，而撰辑成书则出于雄，故曰："录宣帝以迄哀、平。"录者，编次著录之谓也。冯商所续十余篇，已入《七略》，本自单行。今《史记·景纪》，盖即商所续也。奚以明其然耶？班固于春秋家下自注"省太史公四篇"，韦昭如淳并云"商续《太史公》书十余篇"，（韦说见《艺文志》注。）而《志》所著录仅七篇，则其所省是商所续，而非司马迁书，固已甚明。（姚振宗《汉书艺文志条理》卷二已有此说。）考《汉志》全本《七略》，班氏所省皆重出之书。如兵权谋省《伊尹》、《太公》、《管子》、《孙卿子》、《鹖冠子》、《苏子》、《蒯通》、《陆贾》、《淮南王》二百五十九篇重。（原脱篇字，重误作种，从刘奉世《校改》。）兵技巧省《墨子》重。按之本志，《伊尹》、《太公》、《管子》、《鹖冠子》在道家，《孙卿子》、《陆贾》在儒家，《苏子》、《蒯通》在纵横家，《淮南王》在杂家，《墨子》在墨家。既录其全书，则省其所重出也。《续太史公》书不见于他家，并非重出而竟省之者，何也？盖《七略》所录《太史公》书百三十篇，十篇有录无书者，史迁之原书也，无他家补篇。班固所见本，或已将冯商所补四篇合为一书。固以为是特补太史公，非所自续也，遂省去之。然《七略》于司马迁、冯商两家分别著录，原非重复，故班氏自注于省太史公四篇下，不着重字，与省兵十家者异。以此推之，其故可知矣。《景纪》者，四篇之一也。若曰非此故也，则《七略》书凡六百三家，（见《广弘明集》卷三阮孝绪《七录》序。）《汉志》书五百九十六家，除入三家，省兵十家外，他书一篇不省，而独省此四篇，将何说以解之耶？沈钦韩《汉书疏证》亦疑此篇为商作，特其说出于揣测，无所征引，余故详考之如此。难者曰：固既省此四篇，而于《太史公》百三十篇下不加注明，则此四篇竟无着落。固之疏漏讵至于此？答曰：古人著书不皆精密。固作《艺文志》，据《七略》为要删，盖除其所出入省并自加注明以外，余皆撮取《七略》之语，一书多不过数十字，所删除者多矣，而未尝有所增益也。十篇有录之名且不著，遑论冯商所续？褚少孙补史，本附迁书以行，《七略》未著录。固遂置之不言，亦何有于商？省去四篇之无着落，当责之固，不足难吾说也。难者又曰：张晏谓景帝以下本纪皆王莽时刘歆、扬雄、冯衍、史岑等所记，不言冯商。又于十篇有录无书，仅举褚先生所补四篇，亦不及商。今忽谓《景纪》为商所撰，岂有所据欤？答曰：吾即据《艺文志》省《太史公》四篇言之也。盖汉魏时《续太史公书》有二本，扬雄所辑者，始于宣帝以迄哀、平，此为王莽时诸人所撰之原书，王充所见是也。后人以其名为《续太史公书》，而中缺昭帝一代，（《昭纪》疑亦冯商所续，当在《汉志》著录七篇之中。）《景纪》书亡亦未补，（《武纪》有褚少孙所补。）乃取冯商所续并入扬雄书中，（刘向续传是否因与刘歆为一家，已收入扬雄书中。抑后来与冯商书同时并入，不可知也。）《史通》所谓"向、歆、冯商、扬雄等相次撰续，犹名《史记》，是也。张晏所见，即是此本。故本纪上起景帝，下迄哀、平。特晏偶不详考，仅知为王莽时刘歆等所记，而不知中有冯商书，又不能得每篇之主名。故于十篇之补亡，仅举褚先生而不及商也。难者又曰：《七略》谓冯商颇序列传，（《汉志》颜注引。）则商未尝作本纪、书、表，安得有《景帝纪》乎？答曰：此特从其多者言之，刘师培所谓举偏以该全。《仪礼》十七篇非尽《士礼》，而有《士礼》之目也。（见所作《古书疑义举例补》。）若泥其词，而谓商必不作本纪，则褚先生言好观览太史公之列传，（《三王世家》语。）《西京杂记》言司马迁作传百三十卷，将太史公书亦无本纪、世家、书、表乎？凡吾所言虽无明文可据，未敢固执以为必然，然自信其为读书得间，而非意为穿凿也。向使班固、张晏已明言某篇为冯商所补，则后人已无容置喙，而吾文亦可不作矣。

武纪第四

《孝武本纪》第十二集解曰:"骃案:太史公自序曰:'作《今上本纪》。'其述事皆云今上今天子。或言孝武帝者,悉后人所定也。张晏曰:'武纪,褚先生补作也。先生名少孙,汉博士。'"

《索隐》曰:"褚先生补《史记》,合集武帝事以编年,今止取《封禅书》补之,信其才之薄也。"

《艺文志考证》卷三引东莱吕氏曰:"张晏所引亡篇之目,其二曰《武纪》,十篇唯此篇亡。"

殿本《史记》卷十二《考证》曰:"臣照案:自叙目内并不云《孝武本纪》。迁死于武帝之前,安得有孝武之称?目云'作《今上本纪》',夫既曰《今上本纪》,则自当有目无书。且迁作本纪,自黄帝以至武帝,则自当无书而有其目。班固云'十篇缺',并不载何十篇缺,则固意数《今上本纪》与否,尚未可知。后人奋起补之,补之而又全录《封禅书》以为《孝武本纪》,愚陋妄谬极矣。恐褚先生亦不至于此。张晏所为褚先生补者,亦臆说也。"

案:殿本《史记》有跋语一篇,亦张照作,谓"迁,武帝之臣也,所称《今上本纪》,固宜有录无书",与《考证》同。夫使司马迁果未作《今上本纪》,何为虚张其目?且自序又何以言"上记轩辕,下至于兹,著十二本纪"乎?彼徒见后世实录本纪,率作于人君厌代以后,遂谓史迁不当为武帝作纪,此其见与儿童无以异。至谓迁死于武帝之前，亦不知何所据而云然？惟谓《太纪》并非褚先生作，尚可节取。且其书刻于乾隆四年，在钱竹汀作《考异》之前，故聊复存之。其他泛论十篇者，皆不录。

钱大昕《廿二史考异》卷一曰："予谓少孙补史，皆取史公所阙，意虽浅近，词无雷同，未有移甲以当乙者也。或魏晋以后，少孙补篇亦亡，乡里妄人，取此以足数尔。"

《十七史商榷》卷二曰："《武纪》褚少孙全取《封禅书》为之。观《文纪·赞》云：'孔子言："必世后仁。善人治国百年，可以胜残去杀。"汉兴至孝文四十余载，德至盛也。廪廪乡改正服封禅矣，谦让未成于今。呜乎，岂不仁哉？'而自序则云：'汉兴五世，隆在建元，封禅。改正朔，易服色，作《今上本纪》。'以不改正服封禅为仁，则以改正服封禅为不仁。迁若作《武纪》，封禅固所必书，然必无专纪封禅之理，且亦何取重见。其有录无书，岂诚未暇作乎，抑讳而有待也？而少孙率意补之，真妄人耳。"

案：自序明云："上记轩辕，下至于兹，著十二本纪。"则《今上本纪》确已作成。史公自言"藏之名山，传之其人"，其书及身并未宣布，何所惧而有待乎？

《史记志疑》卷七曰："史公《今上本纪》，全缺，首六十字后人妄加。《索隐》云：'景十三王传，广川王以上皆武帝兄，自河间王德以至广川凡有八人，则帝第九。'言中子非也。此下取《封禅书》补之，故《索隐》讥其才薄而又臆为增改。如李少君是深泽侯舍人，而以为深泽侯。亳人谬忌亦称薄忌，而以为亳人薄诱忌。神君之最贵者太一，而以为大夫。栾大四印，合五利为四，而乃并天道玉印为四金印。祭恒山遍岳渎，均天汉后事，而谬割《郊祀志》以窜入之，殊觉乖乱。"

案：补纪之谬不待言，但梁氏所指摘有不尽然者。《索隐》谓式帝第九固是，然《史》《汉》所云中子者，明其非长子少子耳，本不论次第，故《汉书》亦云"孝式皇帝，景帝中子也"，安得独以此纪为非耶？（"非也"二字乃梁氏语。）《封禅书》云："少君者，故深泽侯舍人，主方。"《纪》云："少君者，故深泽侯入以主才。"《集解》引徐广曰："进纳于天子而主方。"文虽不同，然未尝以少君为即深泽侯也。《纪》"亳人薄诱忌"，《集解》引徐广曰："一云，亳人谬忌也。"《索隐》曰："此文衍薄字，而谬又误作诱。"然则今本乃传写之误，徐广所见一本尚不误也，安得指为补史者之臆改乎？梁氏有意吹求，而竟不读注，可谓卤莽。

《拜经日记》卷九曰："今取《孝武本纪》与《封禅书》契勘，知《武纪》直录《封禅书》，无一字之异。今本间有异同，乃传写之故耳。惟篇首云：'孝武皇帝者，孝景中子也，母曰王太后。孝景四年，以皇子为胶东王。孝景七年，栗太子废为临江王，以胶东王为太子。景帝十六年崩，太子即位，为孝武皇帝。'以上文钞《景纪》，以下全录《封禅书》矣。篇末'太史公曰，余从巡察天地诸神名山川'云云，亦即《封禅书·赞》也。疑褚氏既补《武纪》，不应只钞《封禅书》。或是褚以后人所为。此篇无褚先生曰，亦一证。"

《廿二史劄记》卷一曰："案：史公自序作《武帝纪》，谓'汉兴五世，隆在建元，外攘夷狄，内修法度，举封禅，改正朔，易服色，故作《今上本纪》'，是迁所作《武纪》，凡征匈奴，平两越，收朝鲜，开西南夷，以及修儒术，改夏正等事，必按年编入，非仅侈陈封禅一事也。今少孙所补，则系全取《封禅书》下半篇所叙武帝事，遂以作《武帝本纪》。凡《封禅书》中所云今上，皆改曰武帝。（自注云："中尚有一'今上'字未改。"）其文字稍异者，惟'亳人谬忌'，《武纪》改云'薄诱忌'，'少翁以书置牛腹中，天子识其手书'，《武纪》改云'天子疑之，识其手书'而已。《武纪·赞》亦全用史公《封禅书》后文，无一字改易。"

俞樾《湖楼笔谈》卷三曰："褚先生取《封禅书》作《武帝本纪》，然亦有小异者。如'食巨枣大如瓜'，作'食臣枣'，《汉书·郊祀志》亦然。恐史公原文本是臣字，传写者误也。至《纪》与《书》异，而胜于《书》者，如《书》云：'天子识其手书。'《纪》云：'天子疑之，有识其手书，问之人，果伪书。'此当以《纪》为长。盖牛腹中书，必文成使人为之，非所自为也。《书》云：'神君最贵者太一，其佐曰大禁司命之属。'《纪》云：'神君最贵者大夫。'按神君乃巫之神，以巫为主人，居帷幄中与人言，即所谓'上郡有巫病，而鬼神降之'者也。太一乃天神之最贵者。汉祀太一有二：其一则天子三年亲郊祠，如雍郊之礼。其一则亳人薄诱忌所奏祠，以岁时致礼，谓之薄忌太一。是二者均与神君无涉也。太一之佐曰五帝，亦非大禁司命之属也。然则此太一当作大夫，盖巫神之贵者曰大夫耳。秦汉时民俗相尊称之则曰大夫，若萧何称沛中吏是也。巫觋鄙俚，亦沿此称，非谓太一也，亦当以《纪》为长。"

案：昔者屈原放逐沅湘之间，因其俗信鬼而好祠，为作《九歌》以乐神，即巫觋所事之神也。第一篇为《东皇太一》，其辞曰："吉日兮辰良，穆将愉兮上皇。"夫尊之曰东皇，曰上皇，不可谓非最贵者矣。《封禅书》云："置寿宫神君，（寿宫上原有酒字，从《武纪》删。）寿宫神君最贵者太一。"而《九歌》第二《云中君》曰："謇将憺兮寿宫。"其第五、第六曰《大司命》、《少司命》，是此诸神皆寿宫神君之一，所谓太一之佐也。《武纪》作大夫，形近致讹耳。俞说非是。

嘉锡案：张晏谓褚先生所补，言辞鄙陋，非迁本意者，为《武纪》、《三王世家》、《龟策》、《日者传》四篇言之也。今之《武纪》，全出钞袭，不止鄙陋而已，且与其他所补诸篇皆不类。盖不独非褚先生所补，亦并非张晏之所见也。钱氏、臧氏固疑及于此，惟其说尚未详，请得而疏通证明之。篇首六十字，臧氏谓其钞自《景纪》是也，然其间已有甚可笑者。《景纪》末云："太子即位，是为孝武皇帝。"《武纪》亦钞入之。不知此等句法，太史公书中自有义例。《五帝本纪》为全书所托始，其篇首称黄帝者，乃以后来之号追加之于前，又云"是为黄帝"者，明其至此已即天子位，故有黄帝之号也。至于继统之君。则缀某人立是为某帝于前纪之末，而本纪内不复着此语，自颛顼纪至孝文纪皆是也。（高祖虽创业之君，其纪内亦无此语。）今《武纪》既云："孝武皇帝，景帝中子也"，并叙其以胶东王为太子，而复云"太子即位，是为孝武皇帝"，几于文义不通。以此学太史公，是但知效颦，而不知其所以颦也。褚先生当时大儒，以文学经术为郎，虽不善著书，亦何至于此？且其所补缀附益，皆自称褚先生曰，以别于太史公原书，往往自言其作意及其事之所从得者。（详见以后各条。）未尝有依托剽窃之意。《武纪》一篇，全系钞袭，可谓至愚极陋，而篇末独不缀一字，其必不出少孙之手，尤大彰明较著者矣。张晏虽能知十篇之目，然于其六篇不言为谁何所补。虽明知《景纪》为刘歆、扬雄、冯衍、史岑等所记，而终不能得其主名。独于《武纪》等四篇确指为褚先生补作者，即据其篇中自言之也。若如今之《武纪》，并无褚先生字，晏安得漫指而厚诬之乎？钱氏谓"或魏晋以后，少孙补篇亦亡，乡里妄人取此以足数"。今案：裴氏《集解》于此篇引用徐广《史记音义》语甚多，广为东晋末人，（广以宋元嘉二年卒，年八十，见《建康实录》卷十二。）所见本已如此。以此考之，盖两晋间人所为也。

汉兴以来将相名臣年表第五（张晏所言十篇先后次第，与史记不同，今依太史公自序。）

本篇太始元年下《集解》曰："班固云：'司马迁记事讫于天汉。'自此以后，后人所续。"

《索隐》卷七（单行本。）曰："裴骃以为天汉已后，后人所续，即褚先生所补也。后史所记，不无异呼，故今不讨论也。"

案：张晏言："迁没后亡汉兴以来将相年表"，不言为何人所补。《集解》、《索隐》于张晏所言缺十篇之目，未尝有异辞。独于此表《集解》则不言全篇已亡，而第以太始元年以后为后人所续，《索隐》又以为褚先生所补，皆与张晏不同。信如其说，则《三代世表》、《建元以来侯者年表》，皆有褚先生续补明文，《高祖功臣年表》、《惠景间侯者年表》，皆有太始元年以后事，与此篇同。何以张晏皆置之不数，而独谓此篇为有录无书乎？有以知其说之不可通矣。且太史公曰："余述历黄帝以来，至大初而讫"，班固曰："讫于天汉"，非不同也。盖太初尽四年，改元天汉，天汉之初，即大初之末也。今《集解》《索隐》谓太始元年以后为后人所续,褚先生所补,是误以为讫于天汉四年,与自序不合。

《艺文志考证》卷三引东莱吕氏曰:"张晏所列亡篇之目,其三曰《汉兴以来将相年表》,其书具在,但阙前叙。"

《廿二史考异》卷二曰:"《建元以来侯者年表》:'爰戚,今帝复立子为广陵王。'案:广陵王霸,以厉王子绍封,在元帝初元二年,褚先生所补,今帝谓元帝也。而《张苍列传》称孝元帝,《将相名臣年表》续至成帝鸿嘉元年,《历书》亦数至成帝建始四年,(自注:较《将相表》先九年。)是少孙补缀,前后亦非一时。"

案:张晏言褚先生补亡者仅四篇,无《历书》及《将相年表》。且此二篇及《张苍传》皆无"褚先生曰"字。钱氏此说,不免为《索隐》所误。

《十七史商榷》卷一曰:"《汉兴以来将相年表》,惟太始以后,后人所补,其前仍是子长笔,何以云亡?"

案:《将相表》无序赞,其旁行斜上无以异于褚史表,非有文字高下可辨也,而叙事又多讹谬,何以知为子长之笔耶?谓自太始以后始为后人所补者,裴骃也。其言绝无他证,可据以驳张晏乎?

《史记志疑》卷十四曰:"此表无序,盖缺亡也。"(其卷七论将相表语已见前。)

又曰:"'孝武建元元年',改今上为孝武,乃续表者妄为之。"

又曰:"天汉以下,至孝成鸿嘉元年,皆后人所续。以《汉书》校之,大半乖迕。如刘屈氂为澎侯,而称彭城侯;王章为安平侯,而两书平安侯;韦玄成嗣父为侯也,而曰因为丞相,封扶阳侯；元帝永光二年，七月，冯奉世击西羌，八月，任千秋别将并进，乃此移奉世击羌之月为千秋，反遗却奉世主帅；张禹以鸿嘉元年免相，哀帝建平二年卒，乃谓禹卒于鸿嘉之元。斯皆误之大者。其余年月官职，驳戾颇多。"

案：谓此表与《汉书》乖迕，是也。然天汉以前与史汉牴牾者，亦多有之。梁氏已逐条指出，安见必至天汉元年始为后人所续耶？鸿嘉元年禹年，卒字当作免，与澎侯之作彭城侯，安平候之作平安侯，皆传写之误。若韦玄成初虽嗣父为扶阳侯，然其后已削一级为关内侯，及为丞相，始复故封，见《汉书·恩泽侯表》及本传。此表所书本不误，梁氏驳之，非也。至于年月驳戾，莫甚于元光四年书田蚡年，而书族灌夫家弃魏其侯市于五年十月，与《魏其、武安侯传》年月皆不合。传言"武安侯病，使巫视鬼者视之，见魏其、灌夫共守，欲杀之"，是蚡必不先二人卒。若因其乖迕而断为出后人之手，则此条正在天汉以前，适足证明全篇皆非大史公笔耳。

嘉锡案：太史公书每篇皆有议论，自称太史公。十表之中，有序者九，独此表不著一字，与全书异。且太史公叙事，未有不与自序相应者。序录曰："国有贤相良将，民之师表也。维见汉兴以来将相名臣年表，贤者记其治，不贤者彰其事。作《汉兴以来将相名臣年表》。"今表中所谓大事记者，皆国家之事，至于将相，但载封拜罢免薨卒而已，其治未记，其事不彰，恶睹所谓贤不贤者耶？表与录不相应，其不出太史公手明甚。表中纪事与《史》《汉》牴牾处甚多，亦有两书所无者，（如"高帝五年，立大市。孝惠元年，蜀湔氏反击之。四年，赦无所复作。六年，赦齐。高后五年，令成卒岁更。孝文七年，初置南陵，温室钟自鸣"之类，皆是也。）知必出前汉人之手。扬雄等续太史公书，讫于哀、平，而此表终于成帝鸿嘉元年，下距平帝之末，凡二十五年，则非王莽时人所续也。十表之中，有后人续补者四篇。考其时代，《高侯功臣年表》、《惠景间侯者年表》，本止元封，而续至后元二年。《建元以来侯者年表》，褚先生所续，称元帝为今帝，（爱戚侯条。）又有初元以来语，（阳平侯条。）而记扶阳侯韦玄成，只云夺爵为关内侯，（事在宣帝神爵元年。）不及永光二年为丞相、复故封之事，知作于元帝之初。惟此表独讫于鸿嘉元年，是必成帝时人所作矣。夫王莽以前元成时人续太史公书者，褚少孙、刘向、冯商三家耳。少孙补作四篇，张晏注载其篇目，无《将相年表》。裴骃虽疑表中太始以后为后人所续，亦不言姓名。知非少孙所补也。刘向本传言："向年七十二卒，卒后十三岁而王氏代汉，则当卒于哀帝建平元年，（王先谦《补注》引叶德辉说，误以建平为成帝年号。）上距鸿嘉元年凡十四年，（向此年五十八岁。）使此表为向作，则尽可从容撰述，尽一纪元之年，如太史公之至太初而讫，可也，曷为绝笔于鸿嘉元年四月乎？纵使为残缺之稿，而其子歆亦续太史公书，何以不赓续成之乎？沈钦韩疑此篇或是冯商所续，（详见前。）余以班固省《太史公》四篇推之，沈说是也。如淳引班固目录，言"商以成帝时受诏续太史公书"，（见《汉书·张汤传》注。）颜师古引《七略》，谓"商颇序列传，未几病卒。"（见《艺文志》及《张汤传》注。）是商卒于成帝时，故刘歆《七略》得著于录。其记事止于鸿嘉元年四月庚戌薛宣为丞相，而不及同日拜御史大夫之王骏。又是年，辛庆忌为右将军，亦不见载。（鸿嘉二、三、四年无拜罢。）此皆例所必书者，而竟付阙如。可见未及终篇即已绝笔。商殆卒于鸿嘉中欤？向使出于刘向，必不至阙略如此也。表中大事记，书法谨严，吕祖谦以为古策书之遗法，至仿其体以著书。然自甘露三年以后三十余年，竟不记一事，（仅永光二年一记日食，馀但书丞相薨免而已。）盖及身所见，有所避而不敢书也。即此亦可证非后人所作矣。若夫张禹之当书免而书卒，不独当时人不宜有此，即出后人之手，亦何至不读《汉书》。其为传写之误甚明，不必以此议之也。

礼书第六

本篇"太史公曰至矣哉"《索隐》曰："已下亦是太史公取荀卿《礼论》之意，极言礼之损益，以结《礼书》之论也。"

案：《索隐》于《太史公自序》引张晏说，谓迁没后《礼书》亡，又历举后人所补之篇，亦数及《礼书》，乃于此则谓为太史公自作。盖胸无定见，故前后矛盾如此。

又"故厚者礼之积也，大者礼之广也"《索隐》曰：此文皆荀卿《礼论》之所载者也。"

《正义》曰："此书是褚先生取荀卿《礼论》兼为之。"

案：张守节以为十篇皆褚先生所补，故有此说，然绝不足据，辩已见前。

《艺文志考证》卷三引东莱吕氏曰："张晏所列亡篇之目，其四曰《礼书》，其叙具在。自'礼由人起'以下，则草具而未成考也。"

凌稚隆《史记评林》卷二十三引杨慎曰："自'礼由人起'至'儒墨之分'一段，荀子《礼论》之文。中间'治辨之极也'，至'刑错而不用'一段，荀子《议兵》篇答陈嚣之文。后自'天地者生之本也'至终篇，亦皆《礼论》之文。乃断'至矣哉'之上，加'太史公曰'，此小司马讥其率略芜陋，其为褚少孙补明矣。"（杨慎语出于《史记题评》，其书乃李元阳就升庵评本增益刻行。后来《史记评林》、《史记测义》诸本，皆从之转录。《题评》传世甚稀，仅著录于《善本书室藏书志》卷八。故就《评林》引用。）

案：自《索隐》、《正义》皆以《礼书》为取之《礼论》，至杨氏始指出中间杂以《议兵》篇之文，考证诚为入细。然《正义》谓此篇为褚少孙所补，本无所据。杨氏又从而实之。不过因相传《武帝纪》为少孙之笔，遂以为凡芜陋者必出于少孙，所谓众恶皆归耳。

殿本《史记》卷三十二《考证》曰："张晏所称褚先生补书，惟《孝武本纪》、《三王世家》、《日者》、《龟策列传》，未尝及《礼书》也。今考太史公曰'洋洋美德乎'以下，至'垂之于后云'句，所为太史公《礼书》，当如是止矣。其'礼由人起'以下，则后人少真书，而取荀卿子文补之耳。不知礼意礼制，已备举数百言之内，不必复补也，若夫割裁《礼论》之文，横加'太史公曰'四字，作《礼书赞，则谬戾已甚，恐褚先生不至是。"

案：《考证》此条出于张照，其前尚有一段，谓自"礼由人起"以下，出于荀子《礼论》及《议兵》篇，全剿杨慎语，今删去。

《廿二史考异》卷三曰:"张晏谓《礼书》、《乐书》迁没之后亡,今二篇俱有'今上即位'之文,似非尽褚先生所补。"

案:后人补作,亦不妨摹拟太史公语气,说详总论。

《十七史商榷》卷一曰:"《礼书》、《乐书》虽是取荀卿、《礼记》,其实亦是子长笔,非后人所补,不知张晏何以云亡?"

案:《乐书》取之《乐记》。王氏既信其是子长笔,而以为取之《礼记》,不知司马子长何缘得见戴圣书乎?其亦大可笑矣。

《史记志疑》卷十五曰:"史公《礼书》惟存一序,后人因其缺而取荀子续之。自'礼由人起'至'儒墨及天地生之本'至末,是荀子《礼论》。中间'治辨之极'及'刑措而不用',是《议兵》篇答陈嚣语。(自注:《索隐》概谓《礼论》,非。)而末段又割截《礼论》,横加'太史公曰'四字以作论,尤为乖陋。"

案:《志疑》此条与杨升庵说全同,但字句小异耳。将未见其书,无心暗合耶?抑剿袭其学,有意讳所自来耶?今并存之,学者比而观焉,其必有以处此矣。(梁氏曾引《史记测义》。升庵此条,即见于《测义》中。)

《拜经日记》曰:"按此篇为褚补,无明文也。《索隐》于此篇,不以为褚补。"

嘉锡案:《礼书》一篇,除割截《礼论》,横加"太史公曰"四字,最为乖戾外,其他尚无大纰缪。故诸家自司马贞以下,多以为是太史公本书。然张晏所言,亡失十篇,以今考之,其九确出后人所补,咸有明证,即《礼书》可知矣。馀详总论。

乐书第七

　　本篇《正义》曰："《乐书》者，犹《乐记》也。郑玄云：'以其记乐之义也，此于《别录》属《乐记》，盖十一篇合为一篇。十一篇者：(《礼记疏》无此四字。)有《乐本》，有《乐论》，有《乐施》，有《乐言》，有《乐礼》，有《乐情》，有《乐化》，有《乐象》，有《宾牟贾》，有《师乙》，有《魏文侯》。今虽合之，亦略有分焉。'刘向校书，得《乐书》(案：当作《乐记》。)二十三篇，著于别录。今《乐记》虽有十一篇，其名犹存也。"(存《孔疏》作在。)

　　案：张守节因《乐书》全录《乐记》，故注之如此。所引郑玄语，出郑氏《三礼目录》，见《礼记》卷三十七《乐记》孔《疏》。其"刘向校书"以下，则孔颖达语，而守节袭之。然孔氏云"其名犹在"者，谓刘向校书得乐记二十三篇，今《乐记》断取十一篇。馀有十二篇，其名犹在：《奏乐》第十二，《乐器》第十三，《乐作》第十四，《意始》第十五，《乐穆》第十六，《说律》第十七，《季札》第十八，《乐道》第十九，《乐义》第二十，《昭本》第二十一，《招颂》第二十二，《窦公》第二十三，是也。守节乃云"今《乐记》虽有十一篇，其名犹存"，是未解孔《疏》之意也。

　　又本篇"子贡问乐"《正义》曰："结此前事悉是答子贡问之事。其《乐记》者，公孙尼子次撰也。以前刘向《别录》篇次，与郑《目录》

同，而《乐记》篇目又不依郑目。今此又篇次颠倒者，以褚先生升降，故今乱也。今逐旧次第随段记，使后略知也。以后文出褚意耳。"

案：以《乐书》与《小戴记》校其篇次，诚有颠倒，然恐是《乐记》别本如此，与刘向校定本及小戴所见本原自不同，未必补史者以意为升降。且《乐书》不知出何人之手，张氏又强坐褚先生，盖优守其十篇皆褚所补之说耳。谓'凡音生于人心'以下，出于褚意，亦非也。臧庸《拜经日记》卷九曰："按郑氏《目录》，本依刘向之次。今本不同者，盖疏家乱之。（此语未谛。）至《史记·乐书》所载《乐记》共十三。'夫乐不可妄兴也'，为《奏乐》篇结句。'夫上古明王举乐者'，为《乐义》篇起句。中有'太史公曰'四字，系后人妄加，当删正。其先后之序，必原本如是，非后人所能升降也。"臧氏又引《正义》此条"以后文出褚意"句，驳之曰："按张氏所指以后，谓《礼记》十一篇之外，《奏乐》第十二以下文也。以此下不见今《礼记》，故疑出褚意，而不知《乐书》之取《乐记》，本十三篇也。《奏乐》篇本出《韩非子》。然则凡轻斥为褚补者，特出一己臆度之见，非有所本也。"嘉锡案：《乐书》所取《乐记》凡十三篇，此说为唐以来人所未晓，自臧氏发之，使古书佚文多得二篇，诚快事也。惟谓"夫上古明王举乐者"以下为《乐义》篇文，则恐未然。《乐记》原目，"《乐器》篇第十三"。今《乐书》文曰："琴长八尺一寸，正度也。弦大者为宫，而居中央，君也。商张右旁，其余大小相次，不失其次序，则君臣之位正矣"云云，以此观之，恐正是《乐器》篇文耳。

《资治通鉴考异》卷一曰："《史记·乐书》：'武帝作十九章'歌。

常以正月上辛祠太一甘泉，使僮男僮女七十人俱歌。又尝得神马渥洼水中，复次以为《太一之歌》。后伐大宛，得千里马，次以为歌。中尉汲黯进曰："陛下得马诗以为歌"云云，丞相公孙弘曰："黯诽谤圣制，当族。"《汉书·礼乐志》：'武帝定郊祀之礼，祠太一于甘泉，祭后土于汾阴，乃立乐府，作十九章之歌，以正月上辛用事甘泉圜丘。'按《天马歌》，本志云：'元狩三年，马生渥洼水中作。'《武纪》云：'元鼎四年秋，马生渥水洼中。五年十一月，立泰畤于甘泉。太初四年，贰师获汗血马，作《西极天马之歌》。'公孙弘以元狩二年薨，汲黯以元狩三年免右内史，五年为淮阳太守，元鼎五年卒。又黯未尝为中尉。或者马生渥洼水作歌在元狩三年，汲黯为右内史而讥之，言当族者非公孙弘也。虽未立泰畤，或以歌之于郊庙。其十九章之歌，当时未能尽备也。"

案：《通鉴》卷十九于元狩三年书得神马于渥洼水中，次以为歌，汲黯进言。盖知《乐书》之年月不合，而以意修正之，故《考异》之言如此。虽不免调停《史》《汉》之间，曲为迁就。然《乐书》之牴牾刺谬，实自温公始摘发之。即此已可知非大史公原书矣。

王应麟《汉书艺文志考证》卷三引东莱吕氏曰："张晏所列亡篇之目，其五曰《乐书》，其叙具在。自'凡音之起'而下，则草具而未成者也。"

又《困学纪闻》卷十一曰："《乐书》：'得神马渥洼水中，为《太一之歌》。后伐大宛，得千里马为歌。中尉汲黯进曰'云云。'丞相公孙弘曰："黯诽镑圣制。"'说斋唐氏曰：'案：《汉书·武帝纪》："元鼎四年秋，马生渥洼水中，作《天马之歌》。太初四年春，贰师将军广利斩大宛王首，获汗血马来，作《西极天马之歌》。"而"元狩二年春三月，丞相弘薨"，则先元鼎四年已八年矣。《汲黯传》，浑邪王降之岁，汲黯坐法免官，隐田园者数年，至更立五铢钱，复起为淮阳太守，居淮阳十岁而卒。（案：《史记》作七岁而卒，此从《汉书》。）按《武纪》昆邪之降在元狩二年，而行五铢钱在五年，又十岁，则元封四年也。其去太初四年尚六年，则汲黯之卒亦久矣。今《乐书》乃云得大宛马而作《天马之歌》，汲黯尝有言，而公孙弘又从而谮之，不亦厚诬古人哉？况黯在武帝时，始为谒者，迁荥阳令，称疾归，乃召为中大夫，又出为东海太守，又召为主爵都尉，又公孙弘请徙为右内史，数岁而免官，又数岁而起为淮阳太守，则未尝为中尉也。假使黯之言在马生渥洼之年，则弘之死固已久矣。《汉书·司马迁传》言"《史记》十篇，有录无书"，而注言《乐书》亦亡，则非迁之作明矣。使迁在当时而乖舛如此，不亦谬乎？'"

案：此引唐仲友《两汉精义》之言也，（据《纪闻》翁元圻注。）所考亦不能出《通鉴考异》之外，特不信《乐书》为太史公作，无所顾忌迁就，故言之较为明快耳。

又《通鉴答问》卷四曰："案：本纪马出渥洼水中在元鼎四年，《通鉴》书于元狩三年，盖据《礼乐志》。以《黯传》考之，浑邪王降后数月，黯坐小法免，隐于田园者数年。浑邪之降在元狩二年，故《通鉴》附此事于三年。然《史记·乐书》又合大宛马歌载之，以为中尉汲黯。又云：'丞相公孙弘曰，黯俳谤圣制，当族。'案：黯为淮阳太守，在元狩五年，居淮阳十岁而卒，则元封四年也。大宛获马在太初四年，黯卒已六年。弘先卒于元狩二年，而黯未尝为中尉，事皆差舛。盖《乐书》后人所续，非史迁之笔也。"

《史记评林》卷二十四《乐书》"凡音由于人心"句上引杨慎曰："此以下《正义》曰，出褚意。今案卫灵公濮水闻琴声师涓、师旷之事一段，见《韩子》，当是褚先生取《韩子》补之。"

案：濮水闻琴事见《韩非子·十过》篇，故杨氏以为褚先生取自《韩子》。臧氏《拜经日记》则谓为《乐记》《奏乐》篇之文，本出于《韩非子》。两者不同，臧说近是。以《乐书》考之，此节言'凡音由于人心，舜弹五弦之琴，歌南风之诗，故天下治。纣为朝歌北鄙之音，故国亡身死。而卫灵公将之晋，至于濮水之上舍，夜半时间鼓琴声"云云，文义密相衔接。终之曰："夫乐不可妄兴也。"（《韩非子》作"故曰不务听治而好五音不已，则穷身之事也"，乃专指晋平公事言之。）以总结上文，明是一篇文字。而"舜歌南风"，与《乐施》篇相应，"音由于人心"及"濮上之音"，与《乐本》篇相应，其为同出《乐记》，而非后人别取他书补缀，亦可概见。但自"凡音由于人心"至"故国亡身死"百五十八字，为《韩非子》所无。其余不但字句小异，且删节处甚多，其为是否取自《韩非子》，未可知也。《隋书·音乐志》引沈约奏答梁武帝，谓《乐记》取《公孙尼子》者，为《小戴记》中之《乐记》十一篇言之耳。至于刘向所校之二十三篇，则《汉书·艺文忘》言河间献王与毛生等共采《周官》及诸子言乐事者，以作《乐记》，明不尽出于一书，故其第二十三篇，为《窦公》，乃汉文帝时事，（见《艺文志》。）非公孙尼子所及见。然则《史记》所录《奏乐》、《乐器》二篇，是否取自公孙尼子，亦未可知也。古书散亡，阙所不知，可矣。

又引杨循吉曰："《礼记》原笔于汉儒，此篇虽颠倒经文，亦自有条理。如列三问乐于后，而文之升降，反整于经。似子长次之，非皆少孙意也。予不敢从解经例而依《正义》耳。然必欲逐旧，则《正义》为固矣。"

案：《礼记》所以释经，不过传记之流，本不在六经之列。况小戴已自不用《别录》次序。补《史记》者或与小戴时代相先后，各就所见本录之，原无不可，无所谓颠倒升降。杨氏此言，胜于张守节多矣。惟以为出于太史公及褚先生，则非也。

殿本《史记》卷二十四《考证》曰："臣照按《乐书》谓褚先生补者，亦出张守节《正义》。今考'太史公曰'以下，叙《虞书》以至秦二世见古乐之失传，自高祖过沛至天马来，志汉乐之梗概，后载汲黯正直之言，公孙谄谀之语以结之，以明汉乐之所以不兴。当马迁之时，所应作之《乐书》，如是止矣。然则《乐书》未尝不竟也。后人复将《乐记》全写入公孙弘语之下，又取晋平公事不经之谈以附益之，而马迁之义始晦矣。今别而出之。"

案：此信《乐书》为太史公原文，盖未尝考之《通鉴考异》及《困学纪闻》。然钱竹汀、王西庄所见亦如此，（见前《礼书》条。）未可责之张照。但照斥晋平公事为不经之谈，似谓不当载之于史，而吾顾以为出于《乐记》。恐读者之意，或同于照，以为怪诞，是不可以不辩。夫平公之事，诚属不经，然《乐记》固有之矣。《乐本》篇曰："桑间濮上之音，亡国之音也。"郑注曰："濮水之上，地有桑间者，亡国之音于此之水出也。昔殷纣使师延作靡靡之乐，已而自沈于濮水。后师涓过焉，夜闻而写之，为晋平公鼓之，是之谓也。"孔《疏》即引《史记·乐书》为证。当孔颖达之时二十三篇之《乐记》已亡，(《隋志》不著录。) 其引《乐书》固不足怪。至于郑康成所引何书，虽不可考，然郑氏于"昔者舜作五弦之琴，以歌《南风》"，注曰："其辞未闻。"《正义》曰："《圣证论》引《尸子》及《家语》难郑，马昭云：'《家语》王肃所增'，加《尸子》杂说不可取证正经，故言未闻。"由此言之，濮上之事，其必不出于诸子杂说可知也。使郑所引为《韩子·十过》篇，而马昭之言如此，独不畏王学之徒，反唇相稽耶？郑氏既可引以注经，而谓补《史记》者不当采以入史，此何理也？且经传之中，若此者多矣。石言于晋，神降于莘，见于《春秋传》；而穆公之梦钧天，秦使之遇山鬼，太史公载之綦详。精气为物，游魂为变，鬼神之事，古人未尝不信。然则濮上之事，《乐记》取之，《乐书》采之，皆可也。《乐书》之是否为太史公手笔，此自别是一事。若以载此为不经，而深鄙斥之，是真腐儒之见，不可以读古书也。《史记志疑》卷十五曰："《乐书》全缺，此乃后人所补，托之太史公也。以序言之，其曰：'仲尼作五章以刺时。'不知所指。《索隐》谓《彼妇之歌》，殊未确。使如其说，此歌只可五章之一，不得遂该五章也。其曰：'李斯谏二世放弃诗书。'夫斯议焚书，安得有是谏？纵有是谏，亦决非李斯也。其曰：'高祖过沛诗三侯之章。'《大风歌》有三兮而无三侯。明方以智《通雅》四，谓兮与侯古通用。但侯乃发语辞，与兮字不同也。其曰：'今上作十九章，令李延年次序其声。'而《汉志》武帝时作'《安世房中歌》十七章，《郊祀歌》

十九章'。以此为房中歌欤,不可言十九;以为郊祀乐欤,则十九章并太始三年赤蛟数之,又非史公所及睹。盖史公作史时,尚未定十九章之名。《索隐》未经细究,遽云:'房中乐有十九章',妄矣。且因为《郊祀歌》,何以止载四太一天马六章,而太一歌不但字有增换,并删去'志俶傥'四句,《天马歌》全与《汉志》别,俱不可晓。《汉志》《天马歌》凡六章,此独载《蒲梢之歌》,其事他无所见,而《蒲梢》亦云天马,首尾四语,又与《天马歌》首章相似。疑此是咏乌孙马,《汉书》不载,补史者别记所闻,谬以为宛马歌耳。《大宛传》言:'天子得乌孙马好,名曰天马。及得大宛汗血马,更名乌孙马曰西极,名大宛马曰天马。'或者《蒲梢》乃乌孙马之歌,而歌中有'天马来,从西极'之名,故名为西极耶?(自注:《汉书·武纪》称《宛马歌》为《西极天马之歌》,亦因歌有西极语。)其曰:'中尉汲黯讥马歌,丞相公孙弘谓黯诽谤圣制,当族。'考马生渥洼水作歌,在元鼎四年之秋,《武纪》可证。《礼乐志》误以为元狩三年。其所以误者,因元狩二年曾得马余吾水中,遂移属于渥洼耳。获宛马作歌,在太初四年之春,而公孙弘卒于元狩二年三月,不但渥洼大宛事不及见,即不作歌诗之余吾马,亦不见,(自注:得余吾马元狩二年夏。)安得有俳谤圣制之谮哉?黯未尝为中尉之官,得渥洼马时,黯在淮阳为太守,无缘面讥武帝。得大宛马时,黯卒已十二年,(自注:卒于元鼎五年。)又安得诽谤圣制哉?《困学纪闻》、《通鉴答问》谓《乐书》后人所续,厚诬古人,非史迁之笔。岂有迁在当时,而乖舛如此?《通鉴考异》疑马生渥洼作歌在元狩三年,汲黯为右内史,而讥之言当族者非公孙弘,殊不然也。至《乐书》中段,既直写《乐记》,而增易升降,绝无意义。濮水闻琴节，又搀用《韩子·十过》篇末段，尤为冗滥。徐氏（案：徐氏名字远。）《测议》谓是截旧文为之。前后两书'太史公曰'，又称武帝为今上，伪乱其词，欲以假冒真，而不知其不能混尔。"

案：梁氏谓《乐书》全出后人所补，是也。顾其为说，惟汲黯、公孙弘事，据《通鉴考异》、《困学纪闻》而推演之，故颇能入细。其他则立论或失之容易，考证亦不免粗疏。夫《乐书》虽非太史公笔，要出自西汉人手，虽不免传闻异辞，但绝非凭空杜撰。孔子作五章以刺时，其辞若何？《大风》之为三侯章，厥义安在？书缺有间，固所难详。然在当日，自必有说。梁氏执此以相诘难，是凡读书不能解，便谓古人不可信也。李斯于始皇时上书请诸有文学诗书百家语者，蠲除去之，令到满三十日不去，黥为城旦。始皇可其议。然其后二世下诏责斯，征引《韩子》，斯上二世书，并称申韩商君。（并见本传。）夫申韩商君，独非百家语耶？可见斯之焚书，特将以愚黔首，而非欲以自愚也。《乐书》载斯谏二世曰："放弃诗书，极意声色，祖伊所以惧也。轻积细过，恣心长夜，纣所以亡也。"本传亦载"斯居囹圄中，叹二世之无道，过于桀纣。因言古圣王饮食有节，车器有数，宫室有度，出令造事，加费而无益于民利者禁"云云，两者相较，词意相仿。故斯自称曰："吾非不谏也，而不吾听也。"知其谏二世，当实有其事。斯故荀卿弟子，自不能尽忘诗书，故太史公亦称斯知六艺之归。其赞始皇焚书，特阿顺苟合耳。方其被二世诮让时，尚阿意取容，上督责之书。及为赵高所谮，乃貌为正论，则古昔，称先生，以明二世之过。

反覆善变，固小人之常态。而梁氏因其言"放弃诗书"，以为决非李斯之语，似亦过于泥执。凡此皆其立论失之容易者也。其考证之误，如谓史公作史时，尚未守十九章之名（《通鉴考异》言"作《天马》歌时，十九章之歌未能尽备"，则温公固已疑之矣。）是矣。而乃举太始三年《赤蛟》歌为证。考之《汉书·礼乐志》，仅象载瑜第十八，为太始三年行幸东海获赤雁作，《武帝纪》所谓朱雁之歌也。至如赤蛟第十九，并不言何时所作。梁氏匆匆翻阅，遂尔将后作前，其粗疏如此。《乐书》曰："后伐大宛，得千里马，马名蒲梢，次作以为歌。"《汉书·西域传》赞曰："闻天马、蒲陶，则通大宛、安息。自是之后，蒲梢、龙文、鱼目、汗血之马，充于黄门。"可为大宛马名蒲梢之证。梁氏乃谓蒲梢是乌孙马之歌，与《史》《汉》皆不合，又其疏也。若夫书中两称"太史公曰"，又独武帝为"今上"，乃补亡之体应如此。此前人所未喻，梁氏固无以知之。说详总论。

张文虎《舒艺室续笔》曰："《平准书》末：'卜式书曰"今弘羊令吏坐市列肆，贩物求利。亨弘羊，天乃雨。"'此以结桑弘羊罪案。乃《乐书》于汲黯谏天马歌后，亦云'丞相公孙弘曰，黯诽谤圣制，当族'，隐以效《平准书》，（原刻误作《封禅书》，今改。）大可笑也。"

又《舒艺室余笔》卷二曰："《乐记》：'爱者宜歌商，温良而能断者宜歌齐。夫歌者直己而陈德也，动己而天地应焉，四时和焉，星辰理焉，万物育焉。故商者，五帝之遗声也。'案：此五十一字，系错简，当在'肆直而慈'下。郑《注》已云：'换简失其次'，则由来久矣。孔《疏》依《史记·乐书》之次为解，足正其误。

而经'肆直而慈'下，衍一'爱'字。'商人识之'上，衍'商之遗声也'五字。微《史记》则虽疑其误，而无从是正矣。"

案：郑君于"肆直而慈爱"下，注曰："此文换简失其次。'宽而静'宜在上。'爱者宜歌商，宜承此下，读云：'肆直而慈爱者，宜歌商。'"又于"商之遗声也"至"故谓之齐"下，注曰："云'商之遗声也，衍字也。又误上所云'故商者五帝之遗声也'，当居此衍字处也"。其所改正，皆与《乐书》合。孔《疏》曰："此经倒错，上下失叙，今依郑之所注次而解之。其次依《史记·乐书》也。"详孔氏之意，盖谓郑所注次序是依《史记·乐书》校定。然则今之《乐书》，固在郑君之前矣。孔《疏》自依郑《注》解之，张氏谓《疏》依《乐记》为解者，非也。

又曰："《乐记》一篇，《史记》全载其文，而次序颇参错。《史记》自首节至第二十五节'皆以礼经'，与经同，其下接'乐也者施也'至'然后可以有制于天下也'，凡六节，下接'乐者圣人之所乐也'，连下八节，至'生民之道乐莫大焉'下接'君子曰，礼乐不可斯须去身'，至'可谓盛矣'凡十一节，下接《魏文侯》、《宾牟贾》、《师乙》三章。按孔《疏》及张守节所引郑《目录》十一篇，有《乐本》、《乐论》、《乐施》、《乐言》、《乐情》、《乐化》、《乐象》、《宾牟贾》、《师乙》、《魏文侯》诸目。《史记》惟《魏文侯》次《宾牟贾》前为不合耳。经以《魏文侯》、《宾牟贾》跻于《乐情》之后，《乐化》之前，尤为鹜乱。而郑《注》无文，则简策流传，不敢拟议。两存之而已。至其字句异同，或多或少，固有所不暇论也。"

案：《乐记》原书不可见。《礼记》及《乐书》两本，盖各有短长。其文字及次第不同处，《乐记》未必是，《乐书》

未必非。张氏此言,可谓平情之论。张守节谓《乐书》篇次颠倒,梁玉绳至诋其增易升降,绝无意义,皆先入之言为主耳。

嘉锡案:《乐书》之非太史公笔,晓然易见。其信之者如吕东莱、钱竹汀、王西庄(钱、王说见《礼书》条。)之徒,必谓原书未亡,固属毫无证据。而攻之者如张守节之强坐褚先生,梁玉绳之毛举细故,亦不得其当。不若唐说斋、王伯厚,第就汲黯谏天马一事,摘其年月官职之舛误,为能中其要害,虽善辩者,不能之为辞矣。而日本人有泷川资言者,作《史记会注考证》,犹强为之说曰:"按据《汉公卿表》,太初四年得大宛马,时公孙贺方为丞相,则弘字当贺字之讹。《史记·汲黯传》云:'上以黯故,官其弟汲仁至九卿。'而讥武帝者,安知不汲仁乎?后人校《史记》者,熟公孙弘、汲黯名,而不究其事,以意妄改。亦未可知也。"(见《会注》卷二十四。)其立说颇巧。然汲仁之名,不见于《百官公卿表》。太初四年中尉无姓名,盖班固时已不可考,未必即是汲仁。且表首明言"中尉,武帝太初元年,更名执金吾",当四年得大宛马时,安得更有中尉?公孙弘、汲黯之名,纵为后人所改,岂"中尉"二字亦后人所妄改乎?不然,太史公立武帝之朝,记其身所见闻,岂并国家官制而忘之乎?凡著书纪事,固不能无误,然此则必不宜误者也。其为后人据传闻之辞以补亡,而未深考当时之事,亦明矣。吾独爱其所录《乐记》,可正《小戴记》之误,且使已亡之古书,藉以多存二篇,是则深为可宝。不必以其非太史公之笔,遂耳食而议之也。

兵书第八

《太史公自序》曰："非兵不强，非德不昌，黄帝、汤、武以兴，桀、纣、二世以崩，可不慎欤！《司马法》所从来尚矣。太公、孙、吴、王子（徐广曰："王子成父。"）能绍而明之，切近世，极人变，作《律书》第三。"《索隐》曰："此《律书》之赞，而云'非兵不强'者，则此《律书》，即《兵书》也。古者师出以律，则凡出军皆听律声，故云：'闻律效胜负，望敌知吉凶'也。《正义》曰：古者师出以律，凡军出皆吹律听声。《律书》云：'六律为万事根本，其于兵械尤所重，望敌知吉凶，闻声效胜负。'故云：'司马兵法所从来尚矣乎。'"

案：《索隐》、《正义》，均以《律书》为褚少孙所补，（《正义》说见前《迁没后亡十篇》条。）而此乃引《律书》注《自序》，不知果太史公之意否乎。

《自序》又曰："礼乐损益，律历改易，兵权山川鬼神天人之际，承敝通变，作八书。"《索隐》曰：案兵权，即《兵书》也；迁没之后亡，褚少孙以《律书》补之。今《律书》亦略言兵也，山川即《河渠书》也。鬼神即《封禅书》也，故云'山川鬼神'也。

案：《汉书·司马迁传》王先谦《补注》曰："天人之际谓《天官书》，承敝通变谓《平准书》也。"（《自序》曰："作《平准书》以观事变。"）《索隐》又曰：《兵书》亡不补，略述律而言兵，遂分历述以次之。"

案：详《索隐》此两条之意，盖谓大史公本只有《兵书》无《律书》，后人乃不能补，遂略言兵律相关之意，并割《历书》前半之言律者以补之，而改其名为《律书》也。其言甚精，惜发挥未畅。后来洪颐煊、张文虎之说，皆从此悟出。惟谓为褚少孙所补，则毫无证据，不免臆决耳。

《汉书·司马迁传》注："张晏曰：'迁没之后亡《兵书》。'师古曰：'序目本无《兵书》。张云亡失，此说非也。'"

案：张晏所见《大史公自序》，自作《兵书》耳。否则何不直云《律书》亡而必改作《兵书》乎？今本盖后来校史者，嫌序与书不合，遂改兵字为律。《汉书·司马迁传》亦作《律书》，则又后人用《史记》校改耳。师古据以难张晏，非也。刘奉世《刊误》曰："《兵书》即《律书》，盖当时有耳。"所谓当时有者，盖谓当张晏之时，《自序》中本有兵书。特不敢质言今本为后人所改，故语意含混不明。

《朱子语类》卷百三十五曰："王允云：'武帝不杀司马迁，使作谤书。'如《封禅书》所载祠祀事，《乐书》载：'得神马为太一歌，汲黯进曰：先帝百姓，岂能知其音耶？'公孙弘曰：'黯诽谤圣制，当族。'下面却忽然写许多《礼记》。又如《律书》说律又说兵，又说文帝不用兵，赞叹一场，全是个醉人东撞西撞。观此等处，恐是此意。"

案：《乐书》、《律书》皆非大史公笔，朱子以为谤书，非也。然即此亦足见此两篇文字全无章法矣。

《艺文志考证》卷三引东莱吕氏曰："张晏所引亡篇之目，其六曰《律书》，其叙具在。自'书曰七正二十八舍'以下，则草具而未成者也。"

《史记评林》卷二十五引杨慎曰:"《汉书音义》云:'《律书》阙,有录无书。'《索隐》曰:'兵书亡不补,略述律而言兵,遂分历述以次之。'皆疑其为褚所补。今按《太史公自序·律书》云:'非兵不强',又云:'《司马法》所从来尚矣,太公、孙、吴、王子能绍而明之',盖言兵也。《律书》即《兵书》,非亡而不补也。其《律书》略述律而言兵,语焉不详,诚如小司马所云也。其云'分历述以次之者',盖自'书曰七正二十八舍'以下,皆关律法也。然历之月气,实应乎律,非分历述以次之也。兵之与律相因者,然非特以律听兵声而已也。先儒谓太史公论'文帝寝兵息民,天下和乐',为得论律本意。余以为此书虽颇残缺而补缀之,非全失而全出褚少孙手也。"

案:此条所引《汉书音义》,即《史记自序》《集解》所引。杨氏改十篇缺为《律书》阙,可谓妄诞矣。其余辩论,亦多空谈,驳《索隐》处似尚未明小司马之意也。

殿本《史记》卷二十五《考证》曰:"案:张晏数阙书,有《兵书》而无《律书》,颜师古谓《自叙》目录本无《兵书》。窃意律之为用,兵其大者。张晏或即以《律书》为《兵书》,未可知也。其文固太史公之文,非后人所能补。盖以汉武用兵不以律,而推原本始,举孝文以为法,殆即所谓兵戒者欤。"(案:《律书》云:"其于兵械尤所重。"《正义》解为器械之械。张照《考证》以械字为戒字之讹,故有此语。)

王元启《史记三书正讹》卷一曰:"《史记》所阙十篇,说者皆云褚少孙所补。余谓《律书》首言律为兵家所重,因序历代兵制以附其后，未复详述律管长短之数，以为后人审律候气之准。中所阙者，惟景、武两朝兵制耳。要其首尾完善，必非少孙所能代为。惟所述二十八舍十母十二子方隅气候，乃后人读史者剿取术家之言以为训释。"

  案：《律书》所载二十八舍十母十二子方隅气候，实秦汉间术数家相传之古法，故与《月令》《时则训》等书往往有合。盖本《史记历书》之丈，补史者割裂之以附于此篇。太史公世掌天官，其家法固如此。王氏以《律书》为大史公笔，独谓此为读史者剿取米家之言，可谓信所不必信，疑所不当疑也。《廿二史劄记》卷一曰："《史记》所缺十篇，张晏谓《礼书》、《乐书》、《兵书》，颜师古据《史记》目录，但有《律书》而无《兵书》，以驳张晏之误，不知《律书》即《兵书》也。迁《自序》（《自序》语已见前，不重录。）云云，是迁所作《律书》，即《兵书》也。今褚少孙所补序，亦云六律为万事根本，其于兵械尤重，遂极论秦时黩武，汉定天下，偃兵息战等事，是亦尚见兵律相关之意。而其传则又专序律吕上生下生之法，与兵事毫不相涉。此篇最无头绪。盖少孙补作时，见迁序目司马法太公孙吴字样，故其序以兵律相关为言。至其正文，则以《律书》为名，送专取律吕以实之，而与兵事不相涉也。张晏谓《兵书》者，专指史迁序目而言。颜师古驳之者，专据少孙所补律吕而言。度史迁原文，必有兵与律相应之故，惜不可考矣。"

  案：赵氏谓此篇最无头绪，是也。惟不悟《太史公自序》本作《兵书》，今本律字为后人所改，而曰："张晏谓《兵书》者，专指史迁序目而言。"不思序目明言"作《律书》第三"，张晏果据序目，正当称为《律书》，何以擅改其名为《兵书》也。一间未达，遂致说不可通。

《史记志疑》卷十五曰："案律为兵家所重，故史公序律先言兵，昔贤谓《律书》即《兵书》，是已。然言用兵之事几七百言，未免于律太远。且只述历代之用兵，而不详其制，又不及汉景、武两朝，毋乃疏乎。"

案：张晏明言《兵书》已亡，梁氏深信《律书》即《兵书》，遂以为不阙。（说见前《迁殁后亡十篇》条。）此条虽历指其疏谬，仍不以为后人所补。然则大史公之才、学、识三者，不如梁氏远矣。其然岂其然乎？

又卷三十六曰："太史公自序：'律历改易，兵权山川。'案兵权即《律书》，似复出，当衍兵权二字。（自注："《索隐》言《兵书》亡，妄也。"）

案：梁氏以不妄为妄，遂欲删改大史公之文，而不自知其妄也。

《拜经日记》卷九曰："《律书》本名《兵书》。《太史公自序》云：'非兵不强，非德不昌'，本篇云：'六律为万事根本，其于兵械尤所重。又兵者圣人所以讨强暴，平乱世，夷险阻，救危殆'，中述黄帝、颛顼、成汤及王子、孙武等，并桀、纣、秦二世之兴亡，故名《兵书》。今作《律书》，后人改也。特此篇为褚补无明文。《索隐》、《正义》于本篇皆不云褚补。"（《龟策传》《正义》谓十篇皆褚补，臧氏已引用之。此但谓本篇《正义》不以为褚补耳。）

案：《史记》无兵书，而张晏以为兵书亡。刘奉世辈虽谓《律书》即《兵书》，然年无以解于张晏之何以不称《律书》也。

臧氏以《律书》之名为后人所改，其说较为明快，但不如认为补史者所自改之为得也。

洪颐煊《读书丛录》卷十七曰："案：《太史公自序》：'作《律书》第三'，序专论兵。'作《律书》第四'，序兼论律。疑《律书》自'王者制事立法'以下，至'孔子所称有德君子者邪'，本为《兵书》。自'书曰七正二十八舍'以下至篇末，为《律书》篇首，后人误割附于上篇《兵书》之后，而改其目曰《律书》，故张晏以为亡也。班固撰《汉书》称《律历志》，似犹见其原本。"

案：洪氏以七正二十八舍以下为《历书》，极是。惟谓自此以前本为《兵书》，则非也。大史公于《历书》已兼论律，使《兵书》为太史公术，何必更傅会为兵律相关之说乎。

《舒艺室随笔》卷四曰："歙金氏辅之云：（自注云："见所校嘉靖丁酉广东崇正书院重修本《汉书》眉上。海宁唐君仁寿所藏也。"）'孟坚《刑法志》，实本子长《律书》之旨。古者师出以律，故名为《律书》，盖即《兵书》也。褚少孙妄作，辄以《律书》补之，附会《周官》执同律以听军声之说，与子长作书本旨刺谬殊甚。'案：金说是也。自《汉书》以律历同志，后代之史多效之，皆以为本于孟坚，不知孟坚实本子长。其自序《历书》云：'律居阴而治阳，历居阳而治阴。律历更相治，间不容翲忽。'据此，知今本《律书》十二律名义及律数分寸，史公元文必在《历书》。其篇首'王者制事立法，度物轨则，壹禀于六律，六律为万事根本'，此四句当为《历书》起首之文，正孟坚《律历志》所本。其下文'书曰七正二十八舍'云云至终篇，皆《律书》之文。中间'兵者圣人所以讨强暴'以下，至'孔子所称有德君子者耶'，则《律书》本文。盖史公此篇明圣人不得已而用兵之故，以为穷兵黩武，民不聊生及将兵失律者讽，故不曰《兵书》，而曰《律书》。续貂者不知其意，徒见《律书》残缺，辄割裂《历书》之半以足之，又自觉其不可通，乃妄撰'其于兵械尤所重'以下，至'何足怪哉'凡六十字以联络之，谬矣。《史公自序》总论八书，别兵权于律历之外。小司马云：'兵权即《律书》也，（案：各本《史记自序》、《索隐》均作兵权即《兵书》也。惟汲古阁刻单行本《索隐》卷二十八作《律书》。但单行本此条脱误甚多不足据，张氏从之，非也。）迁没之后亡，褚少孙以《律书》补之。'（单行本无此十三字，而多'其云兵'三字，脱误殆不可读。）又似八书别有《律书》者。由不悟律历同篇，而法律乐律字同义异也。"

案：张氏之说，与洪氏大同小异，盖偶忘检洪氏书，故与之暗合而不觉。然《索隐》谓"《兵书》亡不补，略迷律而言兵，遂分历述以次之"，则固已见及于此矣。至信今书中言兵者为太史公本文，以为"古者师出以律，故名曰《律书》"，此尤不然。使史公果有此意，则本书及自序中曷为无一言及之耶？总由不信张晏之说，故不免予夺失据。

又曰："'推孟春以至季冬，杀气相并而音尚宫'，孟春季冬，文当互易，已见《札记》。张氏《校史记札记》卷三云："疑当作自季冬至于孟春，商之十二月正月，即周之一月二月，武王伐纣之月也。"）音尚宫之说，盖附会《国语》伶州鸠之言七律，然此亦非少孙所能为。盖少孙所自撰，惟'其于兵械尤所重'七字及'百王不易之道也'七字、'同声相从，物之自然，何足怪哉'十二字耳，馀亦皆剽袭它人者。"

案:谓《律书》为褚先生所补,乃唐人之臆说,本无明据,张氏从而丑诋之,过矣。

嘉锡案:《太史公自序》,于一百三十篇概括大旨,言其作意,无不与本书相应。今《律书自序》凡十句,皆言兵事,无一字及于律者。至末句乃曰:"作《律书》第三",与上文渺不相关,使人读之茫然不解其所谓,他篇自序,未尝有此也。今之《律书》,在魏晋时已否附入《太史公书》不可知。但张晏所举十篇之目,有《兵书》无《律书》。晏所据者非《史公自序》,即刘歆《七略》也。然则史公所作,本名《兵书》,今《自序》及《司马迁传》中《律书》字,为后人所改,亦明矣。今《律书》仅篇首"自王者制事立法"起,至"何足怪哉"止,略言兵律相关之意。自"兵者圣人所以讨强暴",至"孔子所称有德君子者耶",皆言兵而不复及律。自"书曰七正二十八舍"至篇末,又皆言律而不复及兵。前后截然,各自为谋,不相照应。不似兵书,亦不似律书,殆所谓驴非驴马非马者耶。且史公于《兵书序》无一言及律,于《历书序》乃言律历更相治。若谓古者用兵吹律听声,便名兵书为律书,则试问兵律之相关,较之律历之相关孰重?何以《历书》不言律,而顾于《兵书》言律耶?由斯以谈,即其篇首所谓"六律为万事根本,其于兵械为尤重"云云者,特出于勉强捏合,如后世八股文字之作截搭题者,其非太史公《兵书》本意,又已明矣。篇中言兵处历举黄帝、汤武、咎犯、王子、孙武,若与《自序》相应者。案:《自序》曰:"《司马法》从来尚矣。太公、孙、吴、王子能绍而明之。"此其意著重在《司马法》。至于太公以下,则皆著兵书绍明其法者也。《汉书·艺文志》兵形势有《王孙》十六篇,图五卷。沈钦韩《汉书疏证》卷二十六疑王孙即王子,其说虽不知是否,要之王子成父必著有兵书,则无疑义也。)今篇中不及《司马法》,并不及太公、吴起,而忽牵引一咎犯(钱大昕《史记考异》卷三曰:"古文舅为咎,狐偃为晋文公之舅,故称舅犯。")阑入其间,此何为者耶?未闻咎犯曾著兵书也。岂非不识太公之意,故虽影附《自序》为文,仍不免顾此失彼欤?况《自序》于律历改易之外,别以兵权与山川、鬼神、天人并言,使律即是兵,则兵权二字为赘设矣。凡此种种,皆与《太史公序》牴牾乖剌,无一合者。而张照、王元启之徒,犹猥曰《律书》真太史公笔也,岂不谬哉!若夫《索隐》、《正义》谓古者师出以律,故名《兵书》为《律书》,亦傅会之说也。案:《周易·师》初六:"师出以律,否臧凶。"王弼注曰:"齐众以律,失律则散。故师出以律,律不可失。失律而臧,何异于否?失令有功,法所不赦。故师出不以律,否臧皆凶。"李鼎祚《集解》曰:"初六以阴居阳,履失其位。位既匪正,虽令不从。以斯行师,失律者也。凡首率师出必以律。若不以律,虽臧亦凶。"王弼治古文费氏《易》,李鼎祚所集则今文家言为多。两汉经师之说虽不传,(诸家所辑汉易师初六皆无注。)度其义亦不外此矣。据二家注,则所谓师出以律者,法律之律也,与吹律听声奚涉焉?张文虎谓法律与乐律,字同义异,则已见及于此,而说之不详。又从金鹗之说,以为太史公取师出以律之意,以名《律书》,今篇中言兵者,实《律书》本文,所以讽将兵失律者。不知《自序》中无此意,即《律书》中亦未尝有此意也。名之曰《律书》而不言其义,岂史公欲令后人射覆乎?至于"书曰七正二十八舍"以下,则实史公《历书》之文。其言十母十二子,皆所以明律历更相治之理。故《历书》称张苍学律历,班固遂以律历名篇。律历之为一事，《自序》言之详矣。今本仍附入《兵书》之后，则《索隐》所谓"《兵书》亡不补，遂分历述以次之"者也。褚先生之才，虽远不及史公。然其所补，或闻之时人，或取之故书，未尝割裂太史公之书，以为己作也。惟《武帝本纪》全袭《封禅书》，与此篇之裁截《历书》同一伎俩，必乡里妄人之所为。其言兵处颇有文理，则不知窃自何书。小司马乃以归之褚先生，冤矣！

三王世家第九

本篇褚先生曰："臣幸得以文学为侍郎，好览观太史公之列传。列传中称《三王世家》，文辞可观。求其世家终不能得，窃从长老好故事者，取其封策书，编列其事而传之，令后世得观贤主之指意。"

又曰："夫贤主所作，固非浅闻者所能知，非博闻强记君子者所不能究竟其意。至其次序分绝文字之上下，简之参差长短，皆有意，人莫之能知。谨论次其真草诏书编于左方，令览者自通其意而解说之。"

案：此褚先生语，在所作《三王世家》之后，则诏书在其右方，而云编于左方者，盖因诏书文章尔雅，人莫能知，故就其真草所载之文辞而解释之于左方。自"所谓受此土者"以下，至"勿使因轻以倍义也"，又自"故诫之曰，荤粥氏无有孝行"以下，至"勿使上背德也"，即褚先生论次之语也。

览者观其所释，则自能通知诏书之意，而解说之矣。

《索隐·述赞》曰："三王封世，旧史烂然，褚氏后补，册书存焉。"

《艺文志考证》卷三引东莱吕氏曰："张晏所列亡篇之目，其七曰《三王世家》。其书虽亡，然叙传云：'三子之王，文辞可观，作《三王世家》。'则其所载不过奏请及策书，或如《五宗世家》，其首略叙其所自出，亦未可知也。《赞》乃真太史公语也。"

黄震《日抄》卷四十六曰："《三王世家》，太史公备述群臣奏请皇帝恭让始终启复之辞，以及三王封策之辞，烂然可观也，而不载其行事，褚先生条释其后。"

案：此似未细读褚先生语，故误以为太史公所作。

《史记评林》卷六十引归有光曰："《三王世家》本不阙，读赞文可见。太史公亦不及见三王后事。褚先生浅陋，遂谓求其世家不可得也。序亦云：'三子之王，文辞可观。'可知独载其文辞也。"

案：此亦以世家为真太史公作。果若其言。则褚先生亲见其文，而谓求之不可得，是真盲目人矣。况褚先生自言三王封策为其所编。今既别无证据以折之，第掩耳不听其言，而曰非汝所作，岂足以服其心乎？

又引柯维骐曰："太史公书原缺《三王世家》，独其赞语尚存，故褚先生取廷臣之议及封策书补之。"

《十七史商榷》卷一曰："《三王世家》直列三王封策书，而不置一词。其赞云："王者封立子弟，以褒亲亲，自古至今，由来久矣，非有异，故弗论著也。然封立三王，文辞烂然可观，是以附之世家。'此亦是子长笔。据文虽未定之笔，亦不可云亡，而张晏何以云亡？其后则有褚先生曰：'求其世家终不能得，窃从长老好故事者取其封策书编列而传之。'据《赞》则取封策以当世家者亦子长所为，而褚乃以为其所自编列，是皆不可解。"（自注《索隐》据褚之言以为褚所补。）

又卷四曰："《三王世家》武帝之子，所载直取请封三王之疏及封策录之，与他王叙述迥异。则迁特漫尔钞录，犹待润色，未成之笔也。"

案：王氏既知此篇之叙述与他王迥异，而乃不信褚先生之自言，必欲归之大史公，不知何意。夫以史公发愤著书，成一家之言，将以藏之名山，传之其人，书成后久之而后卒，顾犹有漫尔钞录，留待润色者乎？且何为不加润色，使成完书，而便亟亟焉作自序也？此其为说，殆不可通矣。

《史记志疑》卷二十六曰："《史》缺《三王世家》，褚生从长老好故事者取廷议封策，论亦伪托。而其误处，如元狩六年俞侯栾贲为太常，而曰'太常臣充'。（自注：《索隐》云赵充，未知所出。）公孙贺为太仆，不为御史大夫，是时张汤为御史大夫用事，无因有贺以参之，而曰'太仆臣贺行御史大夫事'。五等之爵，成周定制，而曰'春秋三等，从殷制合伯、子、男为一'。（自注：《左传》昭四年郑子产献伯、子、男之礼六，谓礼仪从同。昭十三年，子产曰："郑伯，男也。"《周语》富辰曰："郑伯，男也。"疏引王肃云："连男言之，足句辞耳。"韦昭曰："郑在男服。"）其余月日亦驳。殆半由好事者传录之误欤？又自序传称'三子之王，文辞可观'，以三策为武帝自制，故《汉书·武纪》特书初作诰也。乃以褚所补者与《武五子传》校之，字句之间，多有同异，岂史臣秉笔敢于窜易耶？抑褚生所编，不尽依元本耶？至其疏解，不但有失史裁，辞亦芜浅，与《五子传》戾，不足论已。"

案：梁氏所指世家中三误，其实皆不误也，梁氏自误耳。《世家》有"太常臣充"，《索隐》曰："盖赵充也。"（三家注《索隐》直作赵充，此据单行本《索隐》卷十六。）赵充不知何人，"盖"者疑之之辞，未可为据。《汉书·百官公卿表》："元狩六年，俞侯栾贲为太常，坐牺牲不如令免。元鼎元年，盖侯王信为太常，考《外戚恩泽侯表》："盖靖侯王信以皇后兄侯，中五年（景帝）五月封，二十五年薨。（殿本作三十五年，此从宋本及汲古阁本。）元光三年，顷侯充嗣。"元光当从《史记》作元狩，始与王信立二十五年合。顷侯充，《史记》作侯偃，盖即一人。（《史记·惠景间侯者表》云："元狩三年，侯偃元年。元鼎五年，侯偃坐酎金国除。"《汉书》于顷侯充下云："侯受嗣。元鼎五年，坐酎金免，校《史记》多一代，疑当从《汉书》。盖侯受嗣位未久即被免，《史记》误遗之耳。夏燮《校汉书八表》卷六，谓侯受即偃之异名，疑顷侯充一世为错简，非也。）王信以元狩二年薨，下距元鼎元年已五年，安得尚为太常乎？王先谦《补注》引王先恭说，据《三王世家》，谓王信当作王充，而移入元狩六年之下，其说确不可易。盖俞侯栾贲免后，王充即继为太常，故得于六年三月，与庄青翟、张汤等奏请立三王，此当据《史记》以纠《汉书》者。而梁氏翻以《史记》为误，可谓是非倒置矣。至于元狩六年，御史大夫之为张汤，不独见于《百官表》，即《三王世家》所载群臣奏议，是年三月乙亥（三月戊申朔，乙亥为二十八日。）丙子（二十九日。）四月戊寅（据下文太常卜入四月二十八日乙巳立诸侯王，则戊寅应是朔日。《二十史朔闰表》作四月丁丑朔。）奏三，皆称御史大夫臣汤。其后复奏，（前奏以四月癸未奏未央宫，留中不下，此奏不署月日。）及四月丙申（十九日。）又奏，称太仆臣贺行御史大夫事。至癸卯（二十六。）仍由御史大夫汤下丞相，乙巳（二十八日。）皇帝使御史大夫汤立三子为王。计贺之行御史大夫事，不过十余日，此必张汤以他事，或因病在告，（《汤传》云："汤尝病，天子至亲视病。"）贺暂代行其事耳。《汉书》张汤及朱买臣传皆云："汤数行丞相事。"考之《百官表》，汤为御史大夫六年，其间仅元狩五年三月甲午，丞相蔡有罪自杀，四月乙卯，太子少傅严青翟为丞相，虚相位者二十二日，当由汤摄。而云"数行丞相事"者，盖丞相因事谒告，辄由汤行其事也。公孙贺之行御史大夫事，亦若此而已。而梁氏又以《世家》为误，其亦未之思矣。《世家》载丞相青翟等奏云："昔五帝异制，周爵五等，春秋三等。"《集解》引郑玄曰："春秋变周之文，从殷之质，合伯、子、男以为一，则殷爵三等，公、侯、伯也。"案此所引，乃《礼记·王制》郑注之文，而郑氏则用《春秋》公羊家说也。《春秋繁露·三代改制质文》篇云："《春秋》郑忽何以名？《春秋》曰伯、子、男，一也，辞无所贬。（此《公羊》桓十一年传文也。何休注曰："春秋改周之文，从殷之质，合伯、子、男为一。"与《王制》郑注同。）何以为一？曰，周爵五等，春秋三等。春秋何三等？曰，王者以制，一商一夏，一质一文，商质者主天，夏文者主地，春秋者主人，故三等也。"又《爵国》篇云："《春秋》曰：'会宰周公'，又曰：'公会齐侯、宋公、郑伯、许男、滕子'，又曰：'初献六羽'，传曰：'天子三公称公，王者之后称公，其余大国称侯，小国称伯、子、男'，（案：此《公羊》隐五年初献六羽传也。"）凡五等。故周爵五等，士三品，文多而实少。《春秋》合伯、子、男为一爵，士二品，文少而实多。"董仲舒治《公羊春秋》，（见《汉书·儒林传》。）景帝时为博士，（见本传。）武帝立五经博士，《春秋》惟有公羊，（见《儒林传》赞。）故青翟等言"周爵五等春秋三等"，与《繁露》合。寻春秋所以与周制不同者，以公羊家有新周故宋，以春秋当新王之说也。（此《公羊传》隐元年何休注说。《繁露·三代改制质文》篇作"黜夏亲周故宋"，又曰：《春秋》上骗夏，下存周，以春秋当新王。"）梁氏乃以《世家》为误，且引《左氏传》王肃说及《国语》韦昭注以驳之。不知《世家》此奏出于丞相青翟、御史大夫汤博士将行等。青翟所学何如不可知，若张汤为廷尉时，实尝承制以朝廷大议问于仲舒，（见《仲舒传》。《繁露》有郊事对，亦汤承制问仲舒者。）又尝请博士弟子治《尚书》《春秋》者补廷尉史，（见汤传。）固钦闻公羊家言者。博士将行虽不知何人，要亦治今文学，必不用古文左氏说，且安知有王肃、韦昭乎？《白虎通·爵》篇云："爵有五等，以法五行也。或三等者，法三光也。或法三光或法五行何？质家者据天，故法三光，文家者据地，故法五行。《含文嘉》曰：'殷爵三等，周爵五等，各有宜也。'《王制》曰：'王者之制禄爵，凡五等，谓公、候、伯、子、男也。'此据周制也。《春秋传》曰：'天子三公称公，王者之后称公，其余大国称候，小者伯、子、男也。'"《白虎通》亦今文家言，可与《繁露》互证。梁氏纵不明经学家法源流,何并不考《公羊传》乎?夫读古书不能解,便以为误,则使村学究执笔,将谓无句不误矣。可乎不可乎?《世家》所载月日,前后秩然,并无舛误。梁氏谓其月日多驳,又不知其何说也。以《史记》所载三王封策与《汉书·武五子传》校,字句虽小有异同,要之无关弘旨。如《史记》三策,皆有"朕承祖考(《汉书》作天序。)维稽古"及"於戏,保国艾民,可不敬与"数句,《汉书》则仅见于齐王策,而燕王、广陵王两策皆无有,明是班固所删。惟《史记》为存其原式,此可一望而知者,梁氏又疑史臣秉笔,不应敢于窜易,然则褚先生独敢于窜易欤?梁氏以考证名家,而其说牟尔操觚,不肯深思博考乃如此,信乎著书非易事也。

《拜经日记》卷九曰:"案《世家》,褚先生曰:'列传中称《三王世家》,文辞可观,求其世家终不能得,窃从长老好故事者取其封策书,编列其事而传之。'此为褚补之明证,不当复称'太史公曰。'今本'古人有言曰'上,有'太史公曰'四字,后人妄加也。褚言'太史公列传称《三王世家》文辞可观'者,此指《史记·自序》'三子之王,文辞可观,作《三王世家》'而云也。"

嘉锡案:《自序》言"三子之王,文辞可观",则太史公原本固当录其封策。然今之《世家》,则直是案牍之文,故其群臣所上奏议,于大司马去病之疏,武帝之制书,皆重录其辞,不遗一字。虽汉时官文书之程式固如此,何其毫无笔削之功欤?班固《汉书》全同太史,(《史通·采撰》篇语。)独于此篇别行撰述,尽削奏疏制诏,而独录其策书,壁垒为之一新,正因其不合史裁耳。历代史书惟《宋史》诸志直纱史牍,见笑方家。若《史记》原本果如此,是孟坚史笔远胜子长，而脱脱、欧阳玄辈可称子长法嗣矣。此必不然之事也。盖褚先生补史，皆依仿《自序》。因此篇《自序》，惟言"文辞可观"，不及他事，故直取其封策编录之，不敢更著一语。虽齐王闳母王夫人事可入传中者，亦但著之下方，其三王后事，史公所不及见者，不入传，则体裁固当如此。其才之不逮作者，即此可见。此篇之为褚所补，观其自言，始末明白，无可疑者。而诸家或谓《三王世家》本不阙，或谓《世家》虽阙而赞语犹存。彼岂谓此等钞胥之事，非子长不能，抑岂真爱赞语之文，谓非子长不能作哉？不过因其有"太史公曰"字，以为果出于褚先生，不应称太史公耳。不知惟其为褚所补，而仍称太史公，便可知称太史公者不必是史迁亲笔，亦绝无依托作伪之意。盖补前人之书，即用其人所自称，文章体例，固当如此也。或以为后人妄加者亦非是。说详总论。

傅靳蒯成列传第十

　　《艺文志考证》卷三引东莱吕氏曰："张晏所列亡篇之目，其八曰《傅靳蒯成列传》，此其篇具在，而无刓缺者也。张晏乃谓褚先生所补。褚先生论著，附见《史记》者甚多，试取一二条与此传并观之，则雅俗工拙，自了然矣。"

　　案：张晏谓迁没后亡十篇，《傅靳蒯成传》其一也。至言褚先生补缺，则只《武帝纪》《三王世家》《龟策》《日者列传》

四篇，并无此传。即《索隐》亦未置一词。谓为褚先生所补者，《龟策传》中《正义》语耳。东莱误矣。

《史记评林》卷九十八引柯维骐曰："傅宽、靳歙战功多，而蒯成侯功少。此传叙傅连用属字，叙靳（原误作蒯，今改正。）功连用别字及破之字，文体变化，与《樊、郦、滕、灌》相类，非太史公不能作也。《汉书》仍其文，少所删润。说者乃谓此传原缺，岂后人采《汉书》补之耶？"

又引归有光曰："《傅靳传》不类补者。"

《十七史商榷》卷一曰："《傅靳传》俱是子长元文，并无补续，又不知张晏何以云亡。"

《史记志疑》卷七曰："《傅靳传》非史公不能作，其叙事简而有法，与《曹相国》、《樊郦滕灌传》同一体例。孟坚仍其文，少所删润。其阙安在。"

案：此即袭取柯维骐之说耳。

《拜经日记》卷九曰："考之本传，并《集解》、《索隐》、《正义》，俱无为褚补之证，不知《龟策正义》，《自序索隐》，何所据而云然。"

案：《自序索隐》未尝以此篇为褚补。

嘉锡案：张晏言迁没后亡十篇。今本乃一篇不阙，诸家考证惟谓《武纪》实后人所补，其余诸篇则各出意见，或以为原书不亡，或曰非也，独于此篇皆以为非太史公不能作，若小司马及钱竹汀、赵瓯北等则不著一语。盖因其文颇高古，叙事除《蒯成侯传》漏康侯应一世外，亦鲜缪误，无可指摘，故群信其为史迁书也。余独以为不然。无论张晏之说必有所本，即以太史公书考之，凡《自序》所举，必其一篇命意之所在，鲜有不相应者。此篇《自序》曰：

"欲详知秦楚之事,唯周缧常从高祖平定诸侯,作《傅靳蒯成列传》第三十八。"是其传中当叙秦、楚之事特详。盖高祖自起兵至定天下,诸将或从征,或别将,有离有合,惟缧始终周旋其间,有他人所不及知者。今其传曰:"蒯成侯缧者,沛人也,姓周氏,常为高祖参乘,以舍人从起沛,至霸上,西入蜀汉,还定三秦,食邑池阳。东绝甬道,从出度平阴,遇淮阴侯兵襄国,军乍利乍不利,终无离上心,以缧为信武侯。"所叙秦、楚之事如是而已,不知所欲详者安在。自起沛至霸上,以及遇淮阴侯诸事,皆仅平平叙出,了无曲折,夫亦孰不知之者,而必读常从高祖之周缧传耶。此其非史迁原书明甚。而诸家见不及此,猥以为非太史公不能作,过矣。此传之文虽未尝不佳,而在百三十篇中,未为特出。西汉人文辞类皆高古,刘氏父子及冯商、扬雄之徒,其笔力自足以及此。若以叙事有法为出于太史公之证,岂补史者必如《武帝纪》之荒陋而后可耶?

日者列传第十一

本篇"司马季主者,楚人也"《索隐》曰:"案:云楚人,而太史公不序其系,盖楚相司马子期、子反后姓也。季主见《列仙传》。"

案:《索隐》从张晏说,以《日者传》为褚先生所补,而于此又以为太史公,盖著书时前后不相检照之过也。

《索隐·述赞》曰:"日者之名,有自来矣。吉凶占候,著于《墨子》。齐楚异法,书亡罕纪。后人斯继,季主独美。取免暴秦,此焉终否。"

《太史公自序》曰："齐、楚、秦、赵为日者各有俗所用，欲循观其大旨，作《日者列传》第六十七。"《索隐》曰："按《日者传》亡，无以知诸国之俗，今褚先生唯记司马季主之事也。"

《史通·因习篇》曰："寻班马之为列传，皆具编其人姓名如行状，尤相似者则其归一称，若《刺客》、《日者》、《儒林》、《循吏》是也。"

案：知幾此言，深明史法。然今《日者传》只叙司马季主一人，无所谓行状相似者，即此可知其非太史公笔矣。

《艺文志考证》卷三引东莱吕氏曰："张晏所列亡篇之目，其九曰《日者列传》。自'余志而著之'以上，皆太史公本书。"

黄震《古今纪要》卷二曰："东莱辩十篇非皆无书，其九曰《日者传》，自'余志而著之以上'皆本书。欧公每制作，必取此读数过。末乃褚所补。晏并疑之，非。"

案：《日者传》文自佳，故欧公爱之。然褚先生非不能文者，不得因此遂断为非褚所补也。

《史记评林》卷一百二十七引刘辰翁曰："张守节谓《日者传》非太史公所作，观其辩肆浅深，亦岂褚生所能。"

又引柯维骐曰："司马季主传，文虽可诵，第赋体非传体也。盖沈沧隐遁不得志于时者之言，亦未必出褚少孙也。"

又引董份曰："太史公虽其体务宏深，然其词极精严，时涉浩漫，义亦微妙。如《龟策》、《货殖》、《游侠》等传，其议论亦有出入，而文则绝高矣。《日者传》汪洋自肆，然其间似亦有繁词，又非褚大之笔。意者所记季主，自有当时旧文，而褚述之耶。"

案：褚少孙为梁相褚大弟之子，大者梁相之名。今以少孙为褚大，谬甚。

《十七史商榷》卷一曰："《日者》、《龟策》二篇，惟末段各另附褚先生言，其元文仍出子长笔。《索隐》以为《日者传》司马季主事为褚补，非也。"

《史记志疑》卷三十五曰："《史》缺此传，褚生取记司马季主事补之，序论亦伪托。然其文汪洋自肆，颇可爱诵。黄震《古今纪要》二言吕东莱谓欧公每制文，必先取《日者传》读数过，疑当时有此文，如客难宾戏之比。故《史记考要》云：'季主传盖沈沦隐遁不得志于时者之言，未必出少孙。'董份曰：'此记季主，自有当时旧文，而褚述之。'应或然也。只篇中谓'文王演三百八十四爻、不免歧异。（自注：向有文王作爻辞之说，《易正义》已辨之。）又谓勾践仿文王八卦以破敌国'，未知何出。褚复缀四百余字，更为蛇足。"

案：《明史·艺文志》柯维骐《史记考要》十卷，（亦见《文苑》本传，无卷数。）梁氏未必见其书，此盖从《评林》或《测义》内转录。司马季主云："伏羲作八卦，文王演三百八十四爻。"梁氏以为歧异，考《太史公自序》云："西伯囚羑里，演周易。"（《报任安书》亦云："文王囚而演周易。"）《汉书·艺文志》云："《易》道深矣，人更三圣，世历三古。"班固此言，采自刘歆《七略》。西汉诸儒，未有以爻辞为周公作者也。孔颖达论卦辞爻辞谁作，略谓《周易·系辞》凡有二说：一说以卦辞爻辞并是文王所作，引《系辞传》《乾凿度》《通卦验》及史迁之言为证。郑学之徒，并依此说。二以爻辞多是文王后事，以为卦辞文王，爻辞周公，马融、陆绩等并同此说。观颖达之言，知以爻辞为周公作者，起于东汉之世。当司马季主、褚先生时，固未之有也。梁氏诧以为异，可谓不明时代矣。

《拜经日记》卷九曰:"案:此传有序有赞,赞后载褚少孙论,初疑本太史公文而褚加论赞。后考《自序》云:'齐、楚、秦、赵为日者,各有俗所用',则非今本徒记司马季主一事已也。传云:'太史公曰:"古者卜人所以不载者,多不见于篇,及至司马季主,余志而著之。"褚先生曰:"臣为郎时,游观长安中,见卜筮之贤大夫。"'又曰:'夫司马季主者,楚贤大夫,游学长安,通《易经》术黄帝老子,博闻远见,观其对二大夫贵人之谈言'云云,则司马季主事为褚补信矣。上文'太史公曰'四字,必后人妄加。"

案:臧氏以褚先生之自言定此篇为其所补,其说至确。惟谓"太史公曰"四字为后人妄加,则非也。

《舒艺室续笔》曰:"《太史公书》百三十篇,其十篇有录无书,相传为褚先生所补。(自注:见《集解》。)其效颦无谓者,如史公《封禅书》首云:'自古受命帝王,曷尝不封禅',此为武帝解嘲耳。乃于《日者列传》首云:'自古受命而王,王者之兴,何尝不以卜筮决于天命哉。'《龟策列传》又云:'自古圣王将建国受命,兴动事业,何尝不宝卜筮以助善。'一袭再袭,何哉?"

案:《集解》何尝谓十篇皆褚所补,张氏误记也。馀与梁玉绳说同。(梁说见后《龟策传》条。)

嘉锡案:太史公《日者传》,记齐、楚、秦、赵之日者,所牵涉人物必多,而今本唯记司马季主一人,其非原书至为明白。《索隐》以此证为褚先生所补,可谓要言不繁,无可复疑者。诸家既无说以解此,而犹纷然信为太史公之作,此无他,爱其文耳。不知太史公及褚先生,去季主已远。方其与二大夫问答时,皆未尝亲聆其语,此必前人有书记其事,而后采之著于篇,则虽褚先生亦何不能作者。且太史公之《日者传》，必不记司马季主。何也？以日者之名，非季主所得专也。裴骃《集解》曰："《墨子》曰：'墨子北之齐，遇日者。日者曰，帝以今日杀黑龙于北方，而先生之色黑，不可以往。'（案：见《墨子·贵义》篇。）然则古人占候卜筮，通谓之日者。《墨子》亦云，非但《史记》也。"（以上皆《集解》语。）余谓司马季主卜人也，而史记入之《日者传》，是卜筮固可称日者。然考《墨子》曰："帝以甲乙杀青龙于东方，以丙丁杀赤龙于南方，以庚辛杀白龙于西方，以壬癸杀黑龙于方。"此乃以日干分配五行，更配以五方五色，而占其吉凶，非由卜筮而知也。而司马季主乃以卜筮为业。然则《史记》之日者，非墨子所谓日者也。《诗·采薇》："曰归曰归，岁亦暮止。"《正义》曰："圣人者，穷理尽神，显仁藏用。若使将来之事豫以告人，则日者卜祝之流，安得谓之圣也。"别卜祝于日者之外，则日者非卜人祝史之名矣。褚先生言："武帝时聚会占家问之：'某日可取妇乎？'五行家、堪舆家、建除家、丛辰家、历家、天人家、太乙家各言其可否吉凶，辨讼不决。"此诸家乃真所谓日者也。以《汉书·艺文志·数术略》考之，历家当即历谱内五星太岁之书，其余五行、堪舆、丛辰、太乙（《汉志》作泰一。）诸书，皆在五行家内。惟建除、天人两家无书。（钱氏《考异》曰："天人家或云当作天一。《艺文志》五行家有天二六卷。"）武帝问以某日可取妇否，盖即后世选择之术。其在汉时，谓之日时。《续汉书·百官志》曰："太史令，凡国祭祀，掌奏良日及时节禁忌。"注引《汉官》曰："太史待诏三十七人，其四人日时。"（此后汉之制，故无武帝时占家之多）。王充《论衡》有《诹时篇》、《讥日篇》。其《讥日篇》曰："世俗既信岁时，而又信日。举事若病死灾患，大则谓之犯独岁月，小则谓之不避日禁。岁月之传既用，日禁之书亦行。是以世人举事，不考于心而合于日，不参于义而致于时。时日之书，众多非一。"是也。以其术在占时日禁忌，故其人谓之日者。世俗举动兴作，无不询之此辈。太史公以其事足以观四方之民风，为之作传。因其为术众多非一，有五行、堪舆、建除、丛辰等诸家之不同，而民间之习尚亦异。故其序曰："齐、楚、秦、赵为日者各有俗所用，欲循观其大旨，作《日者传》。"则其为书必如《货殖传》，分叙各国之风俗，而不仅记一人可知也。若夫卜筮之术，于《汉志》属之蓍龟，自为一家。《百官表》：奉常，有太史太卜令丞。日者当属太史，蓍龟当属太卜。汉官太史待诏有龟卜三人、易筮三人与掌日时之四人，各专其业。虽卜人亦占时日，古者祭祀丧葬皆先卜日，故可通称为日者。然太史公既作《日者传》，又作《龟策传》，则此二者必有别矣。今《日者传》曰："自古受命而王，何尝不以卜筮决于天命哉？太卜之起，由汉兴而有。"《龟策传》曰："自古圣王将建国受命，兴动事业，何尝不宝卜筮以助善。高祖时因秦太卜官"云云。由是观之，其事皆卜筮也，其职皆太卜之所掌也。一记其人，一记其事，简策不多，何以分作两传乎？此篇之必非太史公原书，灼然可知，虽善辩者不能为之辞矣。

龟策列传第十二

《龟策列传》第六十八《索隐》曰："《龟策传》有录无书，褚先生所补，其叙事烦芜陋略无可取。"

褚先生曰："臣以通经术受业博士，治《春秋》，以高第为郎，幸得宿卫，出入宫殿中十有余年。窃好太史公传。太史公之传曰：'三王不同龟，四夷各异卜，然各以决吉凶，略窥其要，故作《龟策列传》。'（案：以上所引皆《太史公自序》语，惟增一故字。）臣往来长安中，求《龟策列传》不能得，故之太卜官问掌故文学长老习事者，写取龟策卜事，编于下方。"

《索隐·述赞》曰："三王异龟，五帝殊卜，或长或短，若瓦若玉。其记已亡，其繇后续。"

《太史公自序》"三王不同龟，四夷各异卜"《索隐》曰："其书既亡，无以知其异。今褚少孙惟取太卜占龟之杂说，词甚烦芜，不能裁剪，妄加穿凿，此篇不才之甚也。"

《史通·编次》篇曰："寻子长之列传也，其所编者唯人而已矣。至龟策异物，不类肖形，而辄与黔首同科，俱谓之传，不亦怪乎。且《龟策》所记，全为志体。向若与八书齐列，而定以书名，庶几物得其朋，同声相应者矣。"

　　案：史公《龟策传》，盖叙古之卜人，与他列传同科。今之全为志体者，褚先生之失也。《史通》不甚信张晏之说，故《叙事》篇以《日者》《龟策》为与苏、张、蔡泽、仓公传同出一手，此篇亦归罪子长，不免好为诋诃。然其说自不可废。

《艺文志考证》卷三引东莱吕氏曰："张晏所列亡篇之目，其十曰《龟策列传》，其序具在。自褚先生以下，乃其所补耳。"

《史记评林》卷一百二十八引董份曰："《龟策传》闳博精雅，惜其文不全，而为褚先生补耳。"

又引杨慎曰:"宋元王杀龟事,连类衍义三千言,皆用韵语,又不似褚先生笔。必先秦战国文所记,亦成一家,不可废也。"

徐孚远、陈子龙《史记测议》卷一百二十八子龙曰:"《龟策》宜载古之善占者,如后史方技传之例可也。褚少孙止序宋元王一事,宜来刘子玄之讥矣。"

何焯《义门读书记》史记下卷曰:"《龟策列传》'褚先生曰'云云,案:此卷但有序论而无传,故褚先生补之。以下乃少孙所补。若序论则非少孙所能为也。今人概焉忽之,惑于《索隐》有录无书之一言耳。"

案:《龟策》有录无书,《索隐》述《汉书音义》张晏之言耳。何氏偶未考《太史公自序》下《集解》及单行本《索隐》。

《廿二史考异》史记五曰:"张晏谓:'《龟策》有录无书',褚先生言:'臣往来长安中,求《龟策列传》不能得。'然此篇有今上即位之文,其词非褚先生所能作。"

案:褚先生补作而有今上即位之文者,盖补太史公书,即作太史公语耳。说详总论。

又曰:"《宋世家》有元公而无元王,宋之称王自偃始。此元王或即王偃之讹。王偃虽战胜攻取,寻即亡灭,暴而不德,非灵龟所能祐也。"

案:秦汉子书中自有宋元王,不必与《史记》合,非王偃之讹也。详见后《史记志疑》条下。

《十七史商榷》卷一曰:"褚《龟策传》末云:'臣往来长安中,求《龟策传》不能得。'然则今所有《龟策》元文出子长者,褚所未见,又不知何时出而得行也。"

《史记志疑》卷三十五曰："史公此传亡,褚生补之,而其序则托之史公者也。史公《封禅书》首曰：'自古受命帝王,曷尝不封禅。'而《日者传》序曰：'自古受命而王,何尝不以卜筮。'此序曰：'自古圣王,何尝不宝卜筮。'胡屡袭之耶。巫蛊起于征和,乃言丘子明之属,因巫盘族诛,则非史讫太初之限。'余至江南'而下,尤义支辞弱,但衍《庄子·外物篇》宋元君得龟事二千八百余言,奇恣自喜,亦必当时旧文而褚述之,惟语多悖慢,不可以训。如宋元公何曾僭王,其时亦无博士之官,而称宋元王（自注：《吕氏春秋·君守》有鲁鄙人遗宋元王闭一事。）召博士卫平。史不言王季之死,《吕氏春秋·首时》谓季历困而死,《竹书》及《晋书·束皙传》俱谓文丁杀季历,即以为真是王季不得正其终矣。而此作纣杀太子历,岂天下之恶皆归欤？且季历不应称太子。若以太子为伯邑考,又不应名历。（自注：《索隐》亦疑之。）文王之出羑里,纣赦之也,而云与阴兢亡入于周。武王载木主伐纣,示不敢专尔,而云文王攻纣,病死,载尸以行,武王代将破纣,其说与淮南齐俗同妄。太白之悬本诬,此又云头悬车轸,四马曳行。射天乃武乙事,此以为桀纣。日辱于三足之乌,月食于虾蟆,孔子宁有斯语？其诞不辨而明。《史通·叙事》篇言,《日者》、《龟策传》无所取,盖误认出于史公之手也。至褚枚述宋元一节,及占卜命召之辞,《索隐》、《正义》讥其烦芜鄙陋,良然。"

案：梁氏以巫蛊事在太初之后,断此篇非太史公作,其言甚确。惟驳宋元王事则非是。元王《庄子·外物》篇作宋元君。《释文》曰："李云：'元公也。'案：元公名佐,平公之子。"（以上皆《释文》语。）梁氏据此故以为元公未尝僭王,然《吕氏春秋》既有鲁鄙人遣宋元王闭事。《淮南·说山训》曰："神龟能见梦元王，而不能出渔者之笱。"(褚先生亦云："神至能见梦元王，而不能自出渔者之笱。"盖即用《淮南》语。)高诱注曰："宋元王夜梦得神龟，而未获也。渔者豫且捕鱼得龟以献元王，元王剥以卜。"《论衡·讲瑞篇》曰："宋元王之时，渔者网得神龟焉，渔父不知其神也。"元王之是否即元公佐不可知，然《吕览》、《淮南》在褚少孙之前，高诱、王充在少孙之后，而皆称宋元王，是秦汉人相传如此，不得谓为褚先生之误矣。《循吏传》曰："公仪休者，鲁博士也。"《宋书·百官志》曰："六国时往往有博士。"盖即指公仪休及此传之博士卫平言之。(说本王国维《汉魏博士考》。宋元王不知何时人，王氏谓与孟子同时，盖以为即宋王偃。考《战国策·宋策》、《墨子·所染》篇、《吕览·当染》篇，皆称偃为宋康王，不闻又谥为元王也。)梁氏于《循吏传》不置一词，而独谓宋元王时无博士之官，岂非以爱憎为进退耶。此篇所叙元王得龟事，自是战国时诸子之寓言，不知与庄子孰先孰后。其中所言纣杀太子历，武王载尸伐纣等事，皆孟子所谓"好事者为之"，百家杂说，往往如此。谓褚先生不当采以补《史记》则可也，必屑屑然与之辩，亦为可已而不可已也。

《拜经日记》卷九曰："案：此传有序，称'太史公曰，自古圣王将建国受命，兴动事业'发端，中述孝文孝景，又至'今上即位，余至江南，问其长老'云云，皆史公语。然则所谓有录无书者，谓但有序录耳，非全篇无一语也。下云'褚先生曰：写取龟策卜事，编于下方'则此以下皆褚补也。"

案：有序则不得谓之无书，况太史公书除自序外，别无所谓序。说详总论。

嘉锡案：褚先生自言："受业博士治《春秋》，以高第为郎，往来长安中，求《龟策列传》不能得。"考褚少孙之应博士弟子选，在宣帝五凤中，（说详后褚先生事迹条。）然已求《龟策传》不能得，是杨恽所宣布之太史公书，固无此篇。今之《龟策传》，必不出于太史公，可不待繁言而解也。史公《自序》曰："三王不同龟，四夷各异卜，然各以决吉凶，略窥其要，作《龟策列传》。"今《龟策传》曰："自三代之兴，各据祯祥，涂山之兆从而夏启世，飞燕之卜顺故殷兴，百谷之筮吉故周王。王者决定诸疑，参以卜筮，断以蓍龟，不易之道也。"其所谓三王不同龟者如此。又曰："蛮夷氐羌，虽无君臣之序，亦有决疑之卜，或以金石，或以草木，国不同俗。然皆可以战伐攻击，推兵求胜。各信其神，以知来事。"其所谓四夷各异卜者如此。又曰："略闻夏殷欲卜者，乃取蓍龟，已则弃去之，以为龟藏则不灵，蓍久则不神。至周室之卜官，宝藏蓍龟，又其大小先后，各有所尚，要其归等耳"云云，其所谓略窥其要者如此。观其下笔遣词，以三代之兴应三王，以蛮夷氐羌应四夷，以略闻夏殷周之事至于终篇应略窥其要，可谓相题行文，亦步亦趋矣。及究其旨趣，则失之弥远。夫龟谓之卜，蓍谓之筮，故蓍龟者卜之器也，卜筮者占之法也。"三王不同蓍"，或其所生之地不同，如《尔雅·释鱼》有山泽水火之龟，或其色与形不同，如《周礼·春官》龟人掌六龟之属，有天地东南西北之龟，书传无文，未知其审。若如今传所言三代之祯祥，及夏殷已卜而弃之，周人藏之，是皆卜筮之事，无以见其龟之不同也。至于蛮夷氐羌,或用金石草木以代蓍龟,是亦卜之器也。传不言其占法之不同,恶睹所谓"四夷各异卜"者乎?略窥其要者,窥见三王四夷所以决吉凶之要也。史公之传为此而作。今传先叙三代卜筮之祥,后言周公、商纣、晋文公、献公、楚灵王之龟兆,皆甚略。于四夷之异卜仅用"或以金石,或以草木"八字了之。独于武帝之事差详。殆非史公作传之意也。盖虽依附《自序》为文,而实不能周知三王四夷之事,故但略加点缀,敷演成篇而已。吕伯恭、何屺瞻、钱辛楣、王凤喈之徒,犹谓之真太史公书,岂不异哉?褚先生补传自称:"之太卜官问掌故文学长老习事者,写取龟策卜事,编于下方。"其下杂引传记,遂及宋元王时得龟事,又重申之曰:"谨连其事于左方,令好事者观择其中焉。"叙事既竟,复称:"褚先生曰:'渔者举网有得神龟,龟自见梦宋元王。元王召博士卫平,告以梦龟状。平谏王留神龟以为国重宝。'美矣,余述而为传。"由是观之,其先引传记以明龟策缘起,乃传前之序,后言所以撰述之意,乃传末之赞,而中间叙宋元王事,则其正传也。略无一语及于篇首所拟太史公之传,与《三王世家》末自言"取其封策书编列其事而传之",《日者传》末自言"观司马季主对二大夫之谈言"不同。疑今传所称太史公云云者,又为元成以后人所补,未必出自褚先生,故二篇并列,各不相谋。且褚先生之传云:"臣为郎时,见《万毕石朱方》,传曰:'有神龟在江南嘉林中。嘉林者,兽无虎狼,鸟无鸱枭,草无毒螫,野火不及,斧斤不至,是谓嘉林。龟在其中,常巢于芳莲之上。'"又云:"南方老人用龟支床足,行二十余岁,老人死移床,龟尚生不死。龟能行气导引。"此所引神龟巢芳莲出于淮南万毕术,所言南方老人用龟支床,龟能行气导引,则褚先生自记其所闻。而其前篇拟传，乃皆窃之，以为太史公之语曰："余至江南，问其长老云，龟千岁乃游莲叶之上，蓍百茎共一根，又其所生，兽无虎狼，草无毒螫。江傍家人常畜龟，饮食之，以为能导引致气，有益于助衰养老，岂不信哉。"此明是用褚先生传敷演成文，不独非太史公书，亦必不出于少孙之手也。然则钱谓非褚所作，王氏谓褚所未见，亦徒有以焉耳。

总论十篇之亡缺第十三

余嘉锡曰：凡考古事，当征之前人之书，不可以臆见说也。《太史公书》百三十篇，十篇有录无书，著于《七略》，载于本传，而张晏复胪举其篇目。其事至为明白，无可疑者。唐人刘知几之徒，始渐持异议。宋明以后，论说蜂起，纷然淆乱。大抵以为十篇未尽亡，张晏之言不可信。余既条列之于上方，考其为说，不外五端，因复综合辩之如下。一曰：十篇之缺，特迁为之而未成，非殁后亡失也。（刘知几、司马贞说。）案：迁遭李陵之祸，被刑之后，《报任安书》曰："仆窃不逊，近自托于无能之辞，网罗天下放失旧闻，凡百三十篇，草创未就，适会此祸，惜其不成，是以就极刑而无愠色。"然则其书之未成，特被刑以前事耳。既已隐忍苟活，函粪土之中而不辞，就极刑而无愠色，欲以成就其书。则出狱之后，苟不既死，尚延数年之命，安得不亟亟撰述以完成其书，而更玩时愒日，犹有未成之篇也哉？《报任安书》，王国维谓在太始四年十一月，（见《观堂集林》卷十一《太史公行年考》。）上距被刑之时六年矣，虽不言书之成否，然其自序曰："迁为太史令，绅史记石室金匮之书五年，而当太初元年。"（《集解》引李奇曰："迁为太史后五年，适当武帝太初元年，此时述史记。"）又曰："于是论次其文，七年，（《集解》引徐广曰："天汉三年。"《正义》曰："案：从太初元年至天汉三年，乃七年也。"）而太史公遭李陵之祸，幽于缧绁。乃喟然而叹曰：是余之罪也夫，身毁不用矣，退而深惟曰：夫《诗》、《书》隐约者，欲遂其志之思也。卒述陶唐以来，至于麟止。"（此节字句从《史记》，删节从《汉书》。）卒者，终也，终述之至于麟止，则武帝以前，（麟止有数说，然皆谓武帝时，详见王先谦《汉书补注》卷六十二。）无不成之篇。故于篇末总叙之曰："上记轩辕，下至于兹，著十二本纪，作十表、八书、七十列传，凡百三十篇，五十二万六千五百字。"篇数字数之详如此，是其全书皆已写定，不独无有录无书之篇，亦不当有草创未成之作矣。（赵翼已有此说，而其言未畅，故复详论之。）二曰：十篇惟《武纪》已亡，其他皆佚而复出。此说创于吕祖谦，而祖述之于王鸣盛。吕氏以东晋《古文尚书》为比，不知其为伪书。王氏最不信晚出古文，故易其辞曰："不知何时出而得行。"（此其论《龟策传》语，于他篇则无此言，然其意实同于吕氏也。）案：《汉书·司马迁传》，录迁自序既竟，即继之曰："迁之自叙云尔，而十篇缺，有录无书。"其下复录《报任安书》一篇，继之曰："迁既死后，其书稍出。宣帝时，迁外孙平通侯杨恽祖述其书，遂宣布焉。"其《报任安书》，乃班氏追录以补《自序》所未言，非谓《报书》在《自序》之后也。至于叙事之词，当以"迁既死"云云遥承上文"有录无书"。详审文义,盖十篇之缺实在迁死之后,故曰"其书稍出",明其出之未全。逮杨恽宣布其书,而此十篇竟不复传,但有录而已。今本十篇虽存,然非杨恽之所宣布,刘向、班固之所著录也。奚以明其然耶?汉时封诸侯王皆有策书,(《续汉书·礼仪志》曰:"并诸侯王公之仪,光禄勋读策书。"《后汉书·光武纪》注引《汉制度》曰:"策书者,编简也。其制长二尺,短者半之,篆书,起年月日,称皇帝以命诸侯王。")而《汉书》诸王传并不载,独于《武五子传》中具录齐怀王闳、燕刺王旦、广陵厉王胥三人封策甚详,此明是采之《史记·三王世家》也。至于《傅宽》、《靳歙》、《周缲列传》,则直写《史记·傅靳蒯成传》,所省改不过数十字。此二篇者,皆在所亡十篇之内,班固即采褚先生等之所补录入《汉书》耳。若以为本太史公书亡而复出,则试问出于何时?将出于班固之前耶,不当云"十篇缺有录无书"。将出于班固之后耶,固安得从而录之也?以此推之,则此十篇除《武纪》外,皆为元成及王莽时人之所补作,亦以明矣。三曰,十篇之中,有其书虽缺,而序赞具存者,未尝竟亡也。不知班固所谓"十篇缺有录无书"者,言百三十篇之中缺此十篇也。若其序、赞犹存,仅篇中文字有所残缺,安得便谓之有录无书乎?且《太史公书》以篇为卷,每卷自为起讫,即是一篇文字。其间或分或合,或叙事,或议论,本无一定之例。遇其意有所感发,更端别起,则称太史公曰,或在篇首,或在篇中,或在篇末,本无所谓序与赞也。百三十篇之中,篇末有太史公曰者固多,然《孟荀》、《儒林列传》在篇首,《天官书》、《外戚世家》、《伯夷》、《货殖列传》在篇中,而篇末无有。《循吏》、《酷吏》、《游侠》、《滑稽列传》及《自序》,则一篇之中,前后两见。(又有篇首似序而不称太史公者,《仲尼弟子》、《佞幸传》是也。)凡此诸篇,不知果孰为序孰为赞欤。史公《自序》,即百三十篇之序也。若于篇首复别为之序,擘拇骈枝,古人无此体也。(十表之文,似是序体,其实史公特总叙其事于篇首,未尝自名为序也。)自班固作《汉书》,始于篇末自为之赞,(《循吏》、《货殖》、《游侠传》无赞。)而范晔又益之以论,后人因以被之《史记》,称为论赞。其实太史公未尝有此。《史通·论赞》篇曰:"司马迁始限以篇终,各书一论。"又《序例》篇曰:"降逮史汉,以纪事为宗,至于表志杂传,亦时复立序文。"刘知几非不知《史记》无序、赞也,盖假后史之名以名之耳。夫马迁之文,行乎其所不得不行,止乎其所不得不止,如常山之蛇,首尾相应,未尝枝枝节节而为之。相其气势不至终篇,必不辍笔。吕伯恭乃谓《礼书》、《乐书》、《律书》、《龟策传》,其序具在,馀则草具而未成,是未知马迁行文之法也。又谓《三王世家赞》真太史公笔,不知赞因传作,无传安得有赞?若谓书缺简脱,则何以适存此赞完好无阙,而《世家》竟一字不存乎?四曰,十篇之书,惟《将相名臣年表》无序、赞,《武纪》伪书不足论,其余八篇皆自称太史公,而《礼书》、《乐书》、《龟策传》又有"今上即位"之语,读者惑焉。或曰是真司马迁之笔,或曰伪托也。余以为皆不然。凡古书已亡,后人补作者,必因袭其体制,模仿其文辞,追古人而代之立言,惟恐其不效,束晳补亡《诗》可证也。补《太史公书》,自当称太史公,曷足怪乎?若曰太史公乃子长自书其官,后人苟非有心作伪,不当以此自称。不知褚先生明言求《三王世家》不能得,而其所补作仍称太史公,则非有心作伪也。且古人作文,摹其体则托之其人。傅武仲《舞赋》,规抚屈宋,则曰:"楚襄王既游云梦,使宋玉赋高唐之事。"谢惠连《雪赋》,希迹马卿,则曰:"梁王不悦,游于兔园,召邹生,延枚叟,相如末至,居客之右。"谢希逸《月赋》,师法建安,则曰:"陈王初丧应刘,端忧多暇,抽毫进牍,以命仲宣。"复托为仲宣之言曰:"臣东鄙幽介,长自丘樊,昧道懵学,孤奉明恩。"盖摹拟之文,体例固应如此,非作伪也。补《史记》者自名太史公,而称武帝为今上,《龟策传》又言"余至江南",亦若此而已。若必断断焉以此辨真伪,则韩愈《毛颖传》,通篇作秦汉人语,末亦称太史公,岂可谓为真子长之笔,抑昌黎有心作伪欤!江文通《杂拟》三十首,命题寓意,皆依仿古人。而《陶征君田居》一首遂羼入陶集,此自编辑者之失,非文通之罪也。今因补史之入《太史公书》,遽斥为后人伪托,其亦不思而已矣。五曰,十篇之中,如《景帝本纪》、《将相名臣年表》、《礼书》、《傅靳蒯成》、《日者》、《龟策传》诸篇,皆叙事简明,文义高古,真子长之笔,非褚先生辈所能作也。不知此十篇中,除褚少孙所补者外,尚有冯商诸人之作。商受学刘向,奉诏续《太史公书》,其高才博学可知。即褚先生亦经学大儒,以鲁诗名家,夫岂章句小生所可比拟。故其所叙宋元王之事,诸家虽讥其烦芜,不能不深赏其文。《滑稽传》叙西门豹事,亦奇伟可喜。然犹可曰此盖录之古书,非所自作。至于《外戚世家》末之叙修成君,《田叔传》末之叙田仁、任安,皆自言闻之于时人,明是其所撰述,何尝不洸洋恣肆,为魏晋以下人所不及。持以与《日者》、《龟策》诸篇相辜较,岂复大相悬远也哉?盖褚先生所不足者史识耳,故议论不免凡鄙,然不得谓之不能文。议者徒见《武帝纪》之庸妄,遂连类而并诋之,非至公之论也。凡此五端,其理皆浅显易明，非有深文奥义，不可解说。然而是非蜂起扰扰然至今未已者，成见锢于中，而俗论炫于外也。吾故不惜繁称博引以折之，夫亦可以息其喙矣。此外尚有一事不可不辩者，即少孙所补诸篇，在两汉时是否已编入《太史公书》中也。吾友高阆仙作《史记举要》，谓今之十篇，决非太史公元书，其识诚高人一等。惟谓褚先生所补，在当时或别行，或附后，必不混入《史记》元书之中，当是魏晋以后所合并，余以其说考之《史记》，乃大不然。《滑稽列传》褚先生曰："窃不逊让，复作故事滑稽之语六章，编之左方，可以览观扬意，以示后世好事者读之，以游心骇耳，以附益上方太史公之三章。"夫云"编之左方"者，指此后所自撰郭舍人等六章言之也。（《建元以来侯者年表》褚先生亦曰："故复修记孝昭以来功臣侯者，编于左方。"）至所谓附益上方，岂非其前已具录太史公《滑稽传》之本文，然后从而附益之乎？此褚先生所续诸篇，已羼入《太史公书》中之证。推之其所补之四篇，亦必依元书次第编入可知也。《七略》言"《太史公书》百三十篇，十篇有录无书"，或中秘所藏为太史公元本，或其中已有褚先生补作，而向、歆除之不数，皆不可知。然褚先生书在汉时必无单行本，则无疑义。班固作《汉书》，颇采用其文，（《武五子传》采《三王世家》，《卫青传》采平阳公主事，《外戚传》采修成君事。）盖即取之太史公书耳。至于《艺文志》省去冯商所续四篇，疑亦因其已入《太史公书》中，说已见《景纪》条下，兹不复论。

十篇外褚先生所续第十四

《秦始皇本纪》"秦并海内,兼诸侯,南面称帝"下《集解》引徐广曰:"一本有此篇,无前者秦孝公已下,而又以'秦并兼诸侯山东三十余郡'继此末也。"

《索隐》曰:"案:贾谊《过秦论》,以孝公已下为上篇,秦并兼诸侯三十余郡为下篇,邹诞生云:'太史公删贾谊《过秦论》著此论,当其义而省其辞。褚先生增续,既已混淆,而世俗小智,不推删省之旨,合写本论于此,故不同也。'(此谓太史公褚先生所录《过秦论》,皆删省其字句,今本全录元文者,出于世俗之徒也。)今颇亦不可分别。"

案:据徐广说,一本只有《过秦》下篇,故《索隐》以今本并录上篇者为褚先生所增续,而又割裂下篇分置前后,故以为混淆。然褚先生之所续补诸篇,自始即附太史公书以行,徐广、裴骃亦为之作注,并不言有别本,何以《始皇本纪》独有一不录《过秦》上篇之本,至晋优存。然则今本自是后人所增益,故颠倒错乱如此,不关褚先生,审矣。

《史记志疑》卷五曰:"此所载《过秦论》,与贾谊书字句多异,必史公略为裁换耳。但贾论二篇,今以下篇后段(自注:"秦并"至"安矣。")置于上篇之前,以下篇前段(自注:"秦并"至"过也。")置于上篇之后,何其紊也。盖史公取上篇为《陈涉世家》论,取下篇为《始皇纪》论,后人妄以上篇增入此纪,而又传写倒乱,遂致次第失旧,且与世家重复矣。故徐广谓一本有下篇无上篇也。"(以上《始皇本纪》。)

《三代世表》褚先生曰:"汉大将军霍子孟名光者,亦黄帝后世也。《黄帝始终传》曰:'汉兴百有余年,有人不短不长,出白燕之乡,持天下之政,时有婴儿主却车行。'霍将军者,本居平阳白燕。臣为郎时,与方士考功会旗亭下,为臣言,岂不伟哉!"

《十七史商榷》卷三曰:"《三代世表》末,褚先生忽缀一段,称大将军霍光为黄帝后。案:光可谓琐琐肮仕,不足道也。少孙因光擅权,为此言以贡谀。遥遥华胄,至推为黄帝苗裔,抑何妄且陋哉!"

《拜经日记》卷九曰:"褚少孙盖谄谀之人,假文学以自饰。'霍子孟亦黄帝后世也'云云,岂非媚大将军乎?此语直当削之。"

案:少孙此篇虽不知作于何时,然王氏、臧氏谓其欲以媚霍光,则未考其世也。霍氏以地节四年族灭,而少孙至五凤之末,始以太学生高第为郎,(说详后《褚先生事迹》条。)相去已十一二年,安所用其贡谀?岂将以媚冢中枯骨乎?盖光死未久,功名犹挂于流俗人之口,故少孙亦津津乐道之,议论诚不免凡鄙,然若疑其曲学以阿世,则诬矣。徐孚远曰:"太史公此表,始于黄帝,讫于共和。共和无天子,大臣摄政,褚先生因其事与霍将军相类,因推论之。"此说甚有理致。(以上《三代世表》。)

《建元以来侯者年表》:"后进好事者褚先生曰:太史公记事尽于孝武之事,故复条记孝昭以来功臣侯者,编于左方,令后好事者得览观成败长短绝，世之适，得以自戒焉。"

又《索隐》曰："七十二国，太史公旧，馀四十五国，褚先生补也。"

案：二当作三，五当作六，非传写之误，则小司马计算偶差耳。《拜经日记》因此谓表末阳平国为褚以后人所附益，非也。其表阳平国云："王雅君女为太子妃。太子立为帝，女为皇后，故侯千二百户。初元以来，方盛贵用事。"初元者，元帝即位后所改元也。此表当即作于元帝初，故以前于孝武、孝昭、孝宣所封皆称谥法，此条独不称孝元所封，且不及其他诸侯国，皆其证也。

俞樾《湖楼笔谈》卷三曰："褚先生补史，张晏已讥其鄙俚。然其人亦未易轻。考《汉书·儒林传》：'褚少孙与张幼君、唐长宾，并受《诗》于王吉，（案：当作王式。）由是《鲁诗》有张、唐、褚氏之学。'是固有功于经学者矣。元成间，王氏向盛，少孙补《建元以来侯者年表》，于阳平侯王稚君云：'初元以来，方贵盛用事，游宦求官于京师者，多得其力，未闻其有知略广宣于国家也。'此可见少孙虽与同时而不屑依附，乃真不辱其师傅者。以视楼君卿、谷子云之徒，犹腐鼠也。论者以旗亭之论，谓其附霍大将军，冤矣。"

案：俞氏此论，读《史记》者当知也。（以上《建元以来侯者年表》。）

《历书》，端蒙赤奋若四年，（太始四年也。）《索隐》曰："自太始征和已下讫篇末，并褚先生所续也。"

案：《索隐》因班固言司马迁书讫于天汉，故以为自太始元年以下至篇末建始四年，并非太史公本书，疑为褚先生所续也。不知史公《自序》明言至太初而讫，则自天汉元年以后，当并为后人所续，安得起于太始乎？凡褚少孙所续补，皆称褚先生，且自叙其所以作书之意甚悉。此篇并无少孙一字。《索隐》谓为褚所续，亦想当然耳。

又《正义》曰："自"右《历书》"已下，小余又非是，年名复不周备，恐褚先生及后人所加。"

案：《正义》以为恐褚先生及后人所加。恐之云者，意拟之而不敢定也。知其为揣测之辞，非有所据矣。

钱塘《史记三书释疑》卷二《历书端蒙单阏》条下引抱经庐先生（文弨）曰："二年三年，疑皆后人所加，观《索隐》、《正义》注可见矣，而岁名则皆太史公元文。盖总计七十六年以为一蔀之数，又得十一月朔旦冬至之岁，故疑以为褚先生及后人所续者，皆考之不审也。今当删去二年三年之类，则成太史公之完书矣。"（此条不知出卢氏何书，遍检未得，疑是钱氏记其口语也。）

案：《历书》端蒙单阏二年（太初二年也。）《索隐》曰："二年（《三家注》本无此二字，单行本误作二月，今改正。）岁在乙卯也。"又游兆执徐三年《正义》曰："三年，丙辰岁也。"以后直至端蒙赤奋若四年，（太始之四年。）均如此注，与正文相复，故卢氏疑为后人据注加之。余谓《史记》本讫于太初之末，则此二年三年字虽不删去无害也。至于天汉太始八年之间，亦据《索隐》、《正义》加以纪元，（《三审注》本《索隐》无某年字，乃合刻时所删去，单行本有。）已昧大史公断限之义矣。乃又自征和以至建始注所不言者，亦一一增加之，愈使人疑为非太史公元书。此则无知妄作，注误后学，必当毅然删去者也。

《舒艺室随笔》卷四曰:"历术甲子篇,(案:即《历书》后半篇。)或以为褚少孙所补,又以为褚取历官旧牒缀之,以太初元年为历元,仍用四分术气朔分演算。梁氏《志疑》、王氏《太岁考》皆以为殷术。不知殷术是年入天纪乙酉蔀第二章,首岁名丁丑,天正气朔皆有余分四之三,不得为元首,并不得为殷术。反覆思之,则疑此即史公与壶遂等初受诏改历时所定也。盖帝诏直以元封六年十一月甲子朔日冬至为历元,不复计及余分。迁、遂等依违承诏,徒以岁星在楚,则太岁在寅,命为焉逢摄提格,其余仍用旧气朔分(自注:黄帝术以下六术皆同四分,推算。)以为太初新历,不能他有所更格。(自注:周历太初元年入地纪第一蔀,首甲子朔旦冬至,气朔皆无余分,正与此合。)迨邓平改定,破纪法八十章为八十一,而谓之统法,一元之终,多五十七年不得复,其岁名岁余朔余皆强于四分,(自注:当时盖亦以气期余分为嫌,而无法消弭之,故《汉志》言姓等奏不能为算。逮邓平定历,增其小余,以四千六百十七年为元法,余分适尽,盖得之巧算,而即以此为张寿王所诋。)而改岁星与日同次之斗建,命为岁在困敦。(自注:此据十一月朔之星次耳,其实此时岁星在婺女六度逮至婺女八度,岁星自丑度子,太岁则自子度丑矣。)史公心、有所不善焉,特以诏用平术,(自注:《汉志》云:"乃诏迁用平所造八十一分律历。")不敢执旧法以争,故于《历书》存此篇以见意。自焉逢摄提格至祝犁大荒落,凡七十六岁,合一蔀之数。(自注:小司马谓太始征和以下并褚先生所续,非也。)其岁名下本不著年,今本有者,后人增之。(自注:盖惟本不著年,故《索隐》、《正义》每注于下。若史文已著,则注为赘矣。)然则前文不及邓平,又诏更七年为太初元年下,不复详定历终始,盖有故焉,非阙略也。"

案:张氏此条,即据卢氏之说而推演之。因其深于历算之学,故能撢究其所以然。学者得此,可以无疑矣。诸家谓为褚先生所续者,其说皆不足辩,故并不录。(以上《历书》。)

《陈涉世家》褚先生曰下《集解》云:"徐广曰:'一作太史公。'骃案:班固奏事云:'太史迁取贾谊《过秦》上下篇以为《秦始皇本纪》、《陈涉世家》下赞文。'然则言褚先生非也。"

又《索隐》曰:"徐广、裴骃据所见别本及班彪奏事,皆云:'合作太史公。'今据此,是褚先生述《史记》加此赞。首地形险阻数句,然后始称贾生之言,因即改太史公之目而自题己位号也。"

案:二说不同,未知孰是。考《汉书》取《史记·陈涉世家》、《项羽本纪》合为一传,即用两篇太史公语以为之赞,而径自"昔贾生之《过秦》"起,无"地形险阻所以为固也"数句,疑因其非太史公语,故削去之,则《索隐》之说似为有理。然班固于史迁书多所增省改易,未可执此以为据。徐广、裴骃既未之言,小司马特就褚先生三字望文生义。无征不信,莫如阙疑。(以上《陈涉世家》。)

《外戚世家》褚先生曰,臣为郎时,问习汉家故事者钟离生。"

黄震《日抄》卷四十六曰:"为武帝生子者,其母无不谴死。褚先生赞其为圣贤事,虽曰有感之言,亦岂人情也哉。"

《十七史商榷》卷四曰:"《外戚世家》末,褚先生附三段。一段记武帝同母异父之姊修成君及卫子夫事,又述卫青尚平阳主事。一段记武帝所幸尹婕妤邢夫人事。一段记钩弋夫人事。每段各系以论断,皆鄙琐。惟卫青尚主事甚详,此事《史记》于《青传》

只一句,而《汉书·青传》则采用褚所补语,惟此稍可取。"

《史记志疑》卷二十六曰:"此所续为褚生极笔,非他芜陋可比。惟言'武帝年七十生昭帝,昭帝立时年五岁',是误耳。然赞武帝遣钩弋为贤圣,虽立言之体,究非人情。"

  案:梁氏说不失为平情之论。王氏云云,则其好为诋诃之习气也。褚先生叙修成君事,曲折如在目前。班固删取以入《外戚传》,虽较简净,然不如元文之生动有致。由是观之,褚先生亦未可轻。王氏不肯细考,遽谓《汉书》惟取卫青尚主一事,可谓粗疏矣。其论断皆因事寄概,不失太史公家法。至称武帝杀生子之母为昭然远见,盖为王氏五侯擅权,有激而发,与《建元以来侯者年表》末讥"王稚君(元后之父。)未闻有知略广宣于国家"同意。黄东发以为有感之言,是也。立论虽偏,然不可谓之鄙琐。大抵褚先生文瑕瑜互见,当分别观之。后儒一概诋毁,皆偏见也。(以上《外戚世家》。)

《楚元王世家》:"王纯立,地节二年,中人上书告楚王谋反,王自杀,国除入汉,为彭城郡。"《正义》曰:"《汉书》云:'王纯嗣十六年,子延寿嗣,与赵何齐谋反,延寿自杀,立三十二年,国除。'与此不同。地节是宣帝年号,去天汉四年二十九年,仍隔昭帝世。言到地节二年以下者,盖褚先生误也。"

  案:此固明是后人所续,然《集解》、《索隐》皆不言出于褚先生,守节安从知之?殆与其言十篇皆褚所补者,同一臆度耳。(以上《楚元王世家》。)

《齐悼惠王世家》:"戴王(城阳景王六世孙。)八年卒,子景立,至建始三年十五岁,卒。"《正义》曰:"建始成帝年号,从建始四年上至天汉四年，六十七矣，盖褚先生次之。"

案：以上两条，《正义》以为盖出于褚先生。"盖"者疑词也，然则非有所据矣。（以上《齐悼惠王世家》。）

《梁孝王世家》褚先生曰："臣为郎时，闻之于宫殿中老郎吏好事者言之也。"

《史记志疑》卷二十六曰："褚先生续语可删。且桐叶封应与《晋世家》异。褚本于《韩诗外传》，非也。烧梁反辞与《田叔》不合，恐皆非事实。惟所言汉诸侯朝见期法，可补汉史之缺。"

案：古书叙事时有异同，正可存以备考。若皆举而删去之，则无完书矣。（以上《梁孝王世家》。）

《张丞相列传》《索隐》曰："自车千秋以下，皆褚先生等所记，然丞相传都省略，《汉书》则备。"

案：《索隐》以车千秋以下为褚先生等所记，等者不只一人也，而不能列举其人，则其言未必有所据也。盖徒见所叙于定国匡衡事称孝元帝，而褚先生为元成间人，遂举而归之。然又谓论匡衡事为后人所述，（见后。）不复云是褚先生，则已不能自坚其说。知所谓褚先生等者，特出于假定。后儒从而信之，过矣。

又曰："案此论匡衡已来事，则后人所述也。而（各本作或。）亦称太史公，其序述浅陋，一何诬也。"

案：单行本《索隐》此条上有大字，标题"太史公曰深惟"六字，而今各本"深惟士之游宦"句上无"太史公曰"。《拜经日记》以为盖因《索隐》诋其浅陋，后人遂删此四字，是也。（以上《张丞相传》。）

《田叔列传》褚先生曰:"臣为郎时,闻之曰,田仁故与任安相善云云。"

《史记志疑》卷三十三曰:"褚生所续之传,多不足据。如御史大夫暴胜之与田仁同坐诛,而云:'帝在甘泉,使暴君下责丞相',何耶?仁之进身由卫将军,而云,'仁居门下,将军不知,因赵禹言始上籍以闻',语各岐别。又杜周两子夹河为守,而云'河南河内太守,皆周父兄子弟',亦非。"

案:褚先生著书于元成时,去武帝已远,多得之时人口叙,自不免传闻异辞,不足为病。且太史公言卫将军进言,褚先生言将军上籍以闻,本无不合。其先不相知而为赵禹所识拔,本传不言,或太史公略之耳。少孙叙田仁事较《史》《汉》为详,任安则两史皆无传,此足以补其阙,不必吹毛求疵也。梁氏又谓《田叔传》末叙田仁刺举三河及坐纵大子族死,事在天汉征和以后,非太史公衣文,其言盖是也。然以为必褚生所增,则毫无所据,故删去不录。(以上《田叔传》。)

《匈奴列传》末《索隐》曰:"《汉书》云:'明年且鞮死,长子狐鹿姑单于立。'张晏云:'自狐鹿姑(单行本无姑字。)单于已下,皆刘向、褚先生所录,班彪又撰而次之,所以《汉书·匈奴传》有上下两卷。'"

案:单行衣《索隐》卷二十五此条大字标题,为"且鞮侯已下"五字,其小注引张晏云云,无"《汉书》云"以下十六字。宋人合刻三家注,见注中所言为狐鹿姑,而标题作且鞮侯,疑其不合,遂移《索隐》此条于传末,而又妄增"《汉书》云,明年且鞮死,长子狐鹿姑单于立"十六字于上,以为张本。不知张晏自为《汉书》作注，此条之语，盖因《汉书·匈奴传》自篇首以至"因杅与左贤王战不利引归"皆用《史记》之文，读者自知，无待说明。惟自"明年且鞮侯单于死，长子左贤王立为狐鹿姑单于"以下至于篇末皆《史记》所无，因言其为刘向、褚先生所录，班彪所撰次耳。司马贞以为《史记》叙事至太初而讫，则《匈奴传》当至"是岁太初四年也"句止，其"且鞮侯单于既立"以下疑为褚先生所续，故引张晏此语以明褚先生等尝续《匈奴传》。张注《汉书》，故举狐鹿姑已下，小司马注《史记》，故改为且鞮侯已下。二人之意原自不同，否则《史记》本无狐鹿姑事，张晏之言与《史记》有何关系也哉。然《史记·匈奴传》并无"褚先生曰"字，《索隐》之说亦臆测尔。

《史记志疑》卷三十三曰："《匈奴传》'且鞮侯单于既立'，此下乃后人所续，非史公本书。史讫太初，不及天汉，故《索隐》于且鞮侯已下引张晏云：'自狐鹿单于已下，（自注云：狐鹿当作且鞮。）皆刘向、褚先生所录。'（自注云：各本误刻张说在末。）且其所载亦多误。如单于归汉使，苏武使单于，皆天汉元年事，而此误在太初四年。匈奴妻李陵，乃陵降数岁后事，而此误以陵降即妻之。贰师出朔方，步兵七万人，而此误作十万。贰师降匈奴，其家以巫蛊族灭，俱征和间事，而此误叙于天汉四年。何足信哉？"

案：梁氏所指续传之误，皆是也。然单于归汉使，苏武使单于，匈奴妻李陵三事，《汉书》之误，皆与《史记》同。足证此为前汉人手笔，班彪因而次之，未能大有所修正也。独于贰师降匈奴事，别叙于后，为能觉其误而改之耳。

王国维《观堂集林》卷十一《太史公行年考》曰："今观《史记》中最晚之记事，得信为出自公手者，唯《匈奴列传》之李广利降匈奴事，（自注云：征和三年。）馀皆出后人续补也。"

案：此由误信今本《史记》所引张晏说，而未考之单行本《索隐》及梁氏《志疑》，故以所叙李广利事为史公本文。不知据《史记》所次年数，实误以广利降匈奴为天汉四年事，故《集解》引徐广说及张守节《正义》皆尝订正其误。使果系史公叙所亲见，不应错谬如此也。（以上《匈奴传》。）

《大宛列传》《索隐》曰："案，此传合在《西南夷》下，不宜在《酷吏》、《游侠》之间，斯盖并司马公之残阙，褚先生补之失也，幸不深尤焉。"

刘壎《隐居通议》卷二十五曰："《大宛传》叙事纵横可观。或曰，此盖并司马公之残缺，褚先生补之。然以予观其笔力奇妙处，非褚所及，校之《龟策传》远矣。"

案：刘壎因《索隐》之言，遂谓《大宛传》为褚先生所补，其实非司马力之意也。单行本《索隐》卷三十有《补史记序》一篇，以为太史公书尽美而未尽善，因历陈其所疑。如本纪阙三皇，世家阙邾、许、张、吴，列传阙延陵、子产、叔向、史鱼，（序后所列补篇之目，有子产、叔向，而无延陵、史鱼，其言前后不符。）外戚不当为世家，柱史只宜共漆园同传，而韩非当与商君并列之类。自言："家传是学，思欲续成先忘，润色旧史，辄黜陟升降，改定篇目，其不有备，并采诸典籍，以补阙遗。"盖其《索隐》初稿，于《太史公书》大有所窜乱，不但循文注释而已。故于序后又附有十六条，具叙其所以改补分合移易之意。于衣纪则补三皇，世家则补许男、邾子、张耳、吴芮、吴濞、淮南。（吴濞与楚元王同篇，淮南与齐悼惠王同篇。）列传则补子产、叔向。又欲降《秦本纪》《项羽本纪》为世家，而分吕后、孝惠为二纪，降《陈涉世家》为列传，而从《管蔡世家》内分出曹叔振铎自为一篇。其《萧何》、《曹参》、《张良》、《周勃》、《五宗》、《三王世家》则合为一篇。（单行本作"《萧相国》、《曹相国》、《留侯》、《绛侯》、《五宗》、《三王》右六篇请合为一篇"。案：《史记》此六篇本各自为卷，何须小司马复为此言？考三家合注本附此条于《萧相国世家》内，作《萧相国》、《曹相国》，《留侯》、《绛侯》、《五宗》、《三王》六篇，可合为一篇，是也。单行本误合字为各耳。盖小司马之意，欲合萧、曹为一篇，留侯、绛侯为一篇，五宗、三王为一篇也。观单行本行款自知。但分萧相国、曹相国为二行，亦非是。）于《老子、韩非》《鲁连、邹阳》《屈原、贾生》诸合传，亦多所移补。欲附尹喜、庄周于老子，附韩非于商鞅，附鲁连于田单，附宋玉等于屈原，附邹阳、枚乘于贾生。（案：《史记》本无尹喜、宋玉、枚乘等传，盖欲补作之也。）又谓司马相如、汲郑传不空在《西南夷》之下，（案：此盖谓司马相如、淮南、衡山、循吏、汲郑等传，皆不宜在《西南夷》之下也。）《大宛列传》宜在《朝鲜》之下，不合在《酷吏》、《游侠》之间。凡此纷纷，意为更张。盖欲点窜《史记》，自为一家之言。然恐后人议其妄改古书，遂归其罪于褚少孙。故于《大宛列传》条下总论之曰："斯盖并司马公之残缺，褚先生补之失也，幸不深尤焉，意谓自此以上自《三皇本纪》至《大宛列传》十有六条，(中惟《孔子世家》一条，谓前史既定，吾无间然，与太史公之意同。)所以宜改补分合移易者，非太史公见不及此也，以其书本残缺不完，而褚先生力不能补，又紊乱其篇次耳。不知史记篇目次第，有太史公《自序》在。自班固所见已同于今本，恶有如贞所云云者哉？此盖贞词穷而遁，不惜厚诬古人以自解免耳。自宋人合刻三家注，取此十六条分附各篇，于是其总论之语，独见于《大宛传》。刘埙读之，遂误会贞意，以《大宛传》为褚先生所补矣。恐后人因之郢书燕说，故详辨之如此。(以上《大宛传》。)

《滑稽列传》褚先生曰："臣幸得以经术为郎，而好读外家传语，窃不逊让，复作故事滑稽之语六章，编之左方，可以观览扬意，以示后世，好事者读之，以游心骇耳，附益上方太史公之三章。

案：外者对内言之，古人重其所学，则谓之内。褚先生先通《鲁诗》，又以治《春秋》高第为郎，故以经术为内，以诸子传记为外也。此外家传语，即谓太史公列传耳。

《史记志疑》卷三十五曰："少孙续传六章，惟郭舍人、东方生、东郭先生、王先生四章为类。但方朔虽杂诙谐，颇能直言切谏，安可与齐赘优伶比？说卫青者，《青传》是甯乘，此云东郭先生，岂东郭即乘耶？至王生从太守就征，乃宣帝征勃海守龚遂，《汉•循吏传》甚明，而以为武帝征北海太守，王先生请俱，妄矣。且东郭之白卫将军，王先生之语太守，皆便计美言，何谓滑稽。其余二章，淳于髡已见本传，复剿入献鹄一节，殊失之赘。况《说苑•奉使》称魏文侯使舍人无择献鹄于齐，《韩诗外传》十称齐使献鹄于楚，(按《外传》作献鸿。)《初学记》二十、《御览》九百十六并引《鲁连子》云：'展无所为鲁君遗齐襄君鸿。'所载各异，皆不说髡，毋乃谬欤！若夫西门豹，古之循吏也，而列于滑稽，尤为不伦。然叙次特妙，非他所续之芜弱。董份疑为旧文，褚先生取而编之耳。

　　案：凡梁氏之所以诋褚先生者，大抵以好恶为是非，吹毛求疵之说也。昔杨子《法言》之论东方生也，曰："非夷齐而是柳下惠，戒其子以尚容。首阳为拙，柱下为工。饱食安坐，以仕易农。依隐玩世，诡时不逢。其滑稽之雄乎。"（《渊骞》篇。）班固取之以为传赞。使《汉书》而有《滑稽传》，必首东方生矣。梁氏乃谓不当入滑稽，以讥褚先生，然则扬雄、班固皆非欤？献鹄之事，姓名不同，传闻异词，古书盖多有之。且《韩诗外传》所称齐使未必非即淳于髡，安见《说苑》、《鲁连子》之必是，而褚先生之必非也。东郭之白卫将军，王先生之语太守，诚为便计美言。然太史公所书，如淳于髡之谏齐威王，优孟之谏楚庄王，独非便计美言耶？太史公曰："谈言微中，亦可以解纷。"滑稽之所以得名，为其谈言微中耳。若如梁氏之说，凡其辞为便计美言，其人为直臣循吏，皆不得谓之滑稽。然则必如市井之打诨说笑，乃得入《滑稽传》耶？西门豹之事，固当出于古书。然史臣载笔叙事，孰能无所本者。司马迁据左氏《国语》，采《世本》、《战国策》，述《楚汉春秋》，非采录旧文欤？而独以讥褚先生，知其所言皆以好恶为是非，而非平心以出之者也。

《十七史商榷》卷六曰："《滑稽传》褚先生附甚多，若王夫人请封其子于齐，重出可厌。邺令西门豹事，又不当附《滑稽》。"

案：王氏之识见与梁氏等，吾无讥焉。（以上《滑稽传》。）

《史记志疑》卷七曰："《三代世表》、《建元侯表》、《外戚世家》、《梁孝王世家》、《田叔传》、《滑稽传》，少孙俱有附益。"

《廿二史劄记》卷一《褚少孙补史记不止十篇》条曰："《汉书·司马迁传》谓《史记》内十篇有录无书。颜师古注引张晏曰：'迁没后，亡十篇。元成间褚少孙补之，文词鄙陋，非迁原本也。'（以上文详见《迁没后亡十篇褚先生补缺》条，此从删节。）是少孙所补只此十篇。然细按之，十篇之外，尚有少孙增入者。如《外戚世家》增尹、邢二夫人相避不相见，及钩弋夫人生子，武帝将立为太子，而先赐钩弋死。又卫青本平阳公主骑奴，后贵为大将军，而平阳公主寡居，遂以青为夫等事。《田仁传》后增仁与任安皆由卫青舍人选入见帝，二人互相举荐，帝遂拔用之等事。又《张苍申屠嘉传》后，增记征和以后为相者车千秋之外，有韦贤、魏相、丙吉、黄霸，皆宣帝时也。韦玄成、匡衡，则元帝时也。此皆少孙别有传闻，缀于各传之后。今《史记》内各有褚先生曰以别之，其无褚先生曰者，则于正文之下另空一字以为识别，此少孙所补，显然可见者也。又有就史迁原文而增改者，《楚元王世家》后叙其子孙有至地节二年者，则宣帝年号也。《齐悼惠王世家》，叙朱虚侯子孙，有至建始三年者，则成帝年号也。此皆在迁后，而迁书内见之，则亦少孙所增入也。又《史记·匈奴传》：太初四年，且鞮侯单于立。其明年，浞野侯亡归。又明年，汉使李广利击右贤王于天山。又使李陵出居延，陵败降匈奴，则天汉二年也。又二年，汉使广利出朔方，与匈奴连战十余日。广利闻家已族灭，遂降匈奴，则应是天汉四年事。然《汉书·武帝纪》天汉二年，李陵降匈奴，与此传同。而广利之降，在征和三年，距天汉四年，尚隔七年，殊属歧互。不知者必以史迁为及身亲见，与班固事后追书者不同，自应以《史记》为准。然征和元年，巫蛊事起，二年，太子自杀。而广利之降，则以太子既死之明年，广利出击匈奴，丞相屈氂饯于郊外；广利以太子既死，属屈氂劝上立昌邑王为太子，此语为人所告发，帝遂诛其家。广利闻之，乃降匈奴。是广利之降，在卫太子死后，而太子之死，实在征和二年。此等大事，《汉书》本纪编年纪载，断无差误，则广利之降，必不在天汉四年明矣。再以《汉书·匈奴传》核对，则李陵降匈奴以前，皆与《史记·匈奴传》同。陵降后二年，广利出兵，与匈奴连战十余日无所得，乃引还，并未降匈奴也。又明年，匈奴且鞮侯单于死，狐鹿姑单于立，是为汉太始元年。狐鹿姑立六年，遣兵入寇上谷、五原、酒泉，汉乃又遣广利出塞，战胜追北至范夫人城。闻妻子坐巫蛊事被收，乃降匈奴。计其年岁正是征和三年之事，与《武帝纪》相合。则知《史记·匈奴传》末所云天汉四年，广利降匈奴者，非迁原本也。迁是时目击其事，岂有错误年岁至此？盖迁所作传，仅至李陵降后二年，广利出塞不利引还便止。（自注云：迁自叙谓讫于太初，则并在陵降匈奴之前。）而褚少孙于数十年后，但知广利降匈奴之事，不复细考年代，即以系于天汉四年出兵之下，故年代错误也。可知《史记》十篇之外，多有少孙所窜入者。"

案：张晏第言褚先生补缺，作《武帝纪》、《三王世家》、《龟策》、《日者列传》，未尝言十篇皆褚所补。赵氏此条既妄改原文，又十篇之外，褚先生所续有明文可据者，如《三代世表》、《建元以来侯者年表》之类，亦漏未举出。而其所举《张丞相传》车千秋以下为褚先生所记,乃《索隐》之说,《楚元王世家》褚先生叙至地节二年,《齐悼惠王世家》褚先生叙至建始三年,乃《正义》之说,本皆出于臆度,未可为据。赵氏乃因其事出于迁后而迁书内见之,定为少孙之所增。不知《史记》为后人所窜乱,出于迁后者多矣。若概归之褚少孙,则《秦始皇本纪》后所录班固《典引》之文、《公孙弘传》后所录太皇太后之诏、《汉书》之赞,《司马相如赞》中"扬雄功百风一"之语,皆少孙之所增入欤?其考《匈奴传》李广利事,繁称博引,颇为详尽。然不知单行衣《索隐》,明言"自且鞮侯单于既立已下,皆刘向、褚先生所录",乃谓太史公原文当至广利出塞不利引还止,(《史记》本文作"单于以十万骑待水南与贰师将军接战,贰师乃解而引归",并无出塞不利引还之语。)考证虽繁,犹是模糊影响之谈耳。

又曰:"《武帝纪》少孙所补,全取《封禅书》下半篇所叙武帝事,赞亦全用史公《封禅书》后文,无一字改易。因思少孙所补,大概多钞录旧文,不必自作。如《龟策传》内宋元王与卫平论龟之文,皆是韵语,此必掌故中本有此文字,其后所云'首仰首俯,足开朌开'之类,亦是当时龟卜成法,特少孙钞入以补缺耳。至《扁鹊仓公传》,虽非少孙所补,然淳于意答文帝诏问之语,所治何人,所疗何证,自成一篇,当时必有此见成文字而钞入者。使史迁为之,必不如此琐屑。窃意《扁鹊传》史迁原文也,《仓公传》亦少孙钞入者也。"

案:此条论《武纪》、《龟策传》语,皆习见之辞。至论《仓公传》则取之《史记评林》董份之说。其言曰:"述臣意对问太详,恐非太史法,然又非褚先生所能。意者汉史氏具藏其本，而褚对录之耳。"夫谓褚先生钞录旧文，事固有之。然纪事之书，必采旧史。自《春秋经传》、《史记》、《汉书》以来，莫不皆然，安可以此诋少孙？至于考证之文，窃取前人之说而没其姓名，则为学者所不许。今赵氏剽袭《评林》，而变易其字句，顾以钞录责少孙，何其自待之薄耶。且其为说亦殊陋妄。凡列传之体，必胪举其所长。为医家作传，叙其方案，与为文人作传录其词赋，为武将作传纪其战功，其义一也。《扁鹊传》中历叙所治赵简子、虢太子、齐桓侯之病，与《仓公传》载其所治何人，所疗何证，未始有异也。第扁鹊事采自古书，故止存其荦荦大者。仓公事出于所自言，故纤悉毕具耳。既欲叙其治病之征验，而淳于意适有对诏问之语，不此之取，将安取之？当时诏书本问意方伎所长，及所能治病者，岁尝有所验，何县里人也，何病，医药已其病之状皆何如，故意详举以对。史公从而录之，将以传其人，且以为后世法，安得病其琐屑耶？如以此为琐屑也，则史公所为《曹相国》、《绛侯》诸世家，《樊郦滕灌》诸列传，历叙其战某地，破某县，捕虏几人，斩首若干级，所将卒斩几人。后又总叙凡下几国，定几县，得相几人，将军几人，二千石以下至五六百石几何人。此复何关大体，而屑屑叙之如此？胡不闻赵氏议之欤？自汉魏以来读《史记》者多矣，未有言《仓公传》非太史公所作者。至董份乃创疑之，疑之而绝无所据，其言亦恶足道？夫囿于所闻，蔽于所不见，而辄恣胸臆，妄论是非，则天下之事，孰不可疑者？势必至无可读之书，无可信之史，而学问之道或几乎熄矣。董份之妄，无足深论。独怪赵氏以史学名家，何乐而拾此牙后慧也。

《拜经日记》卷九曰:"褚续《史记》六篇,一《三代世表》,二《建元以来侯者年表》,三《历书》,四《外戚世家》,五《张丞相列传》,六《滑稽列传》。"

沈钦韩《汉书疏证》卷二十四曰:"《太史公》百三十篇,冯商所续《太史公》七篇。今考书中有题褚先生者:《十二诸侯年表序》,《建元侯者表》,补《外戚、三王世家》及《田仁》、《滑稽》、《日者》、《龟策》等传。有无题而知其补缀者,《景武纪》、《将相名臣表》、《礼》、《乐》、《律志》、(当作书。)韦贤等传,或是冯商所续也。"

案:《十二诸侯年表》未尝题褚先生,当是《三代世表》之误。

又于张晏所举亡十篇之目,去其《傅靳蒯成》一篇不数,亦非也。

姚振宗《汉书艺文志拾补》卷一曰:"案:少孙所补,今可考见者,为《武帝本纪》、《三代世表赞》、《建元以来侯者年表》、《礼书》、《乐书》、《历书》、《陈涉世家赞》、《外戚世家》、《梁孝王世家》、《三王世家》、《张丞相列传》、《田叔列传》、《滑稽列传》、《日者列传》、《龟策列传》,凡十五篇。又《匈奴传》末张晏云:'自狐鹿姑单于以下,皆刘向、褚先生所录,班彪又撰而次之。所以《汉书·匈奴传》有上下二卷。'则褚所补且有在《汉书》者,其篇数终不可考也。"

案:此乃举褚先生所补《史记》亡篇,与其所附盖者并数之。然以《礼书》、《乐书》为褚所补,其说实出于张守节,守节乃取张晏所言迁没后亡十篇者并归之褚先生。今姚氏除其《景帝本纪》、《将相年表》、《律书》、《蒯成侯列传》四篇不数,不知其去取之意安在。何不明著其说,顾为此圈图之语乎。

《史记举要》曰:"褚先生所补,当时或别行,或附后,必不混入《史记》元书之中。故其所益者，尚有《三代世表》、《外戚世家》、《梁王世家》、《田叔列传》、《滑稽列传》等，而张晏不数之者，以不在十篇之目，又未尝羼入元书也。"

案：谓褚先生所补未尝羼入元书，其说非是，辩见总论。所举附益篇目亦未全。（以上诸家论褚先生附益篇目。）

嘉锡案：褚先生书今存者，除所补《三王世家》、《日者列传》、《龟策列传》三篇外，（《武纪》已亡。）其续太史公书附益其事者，诸家所举篇目，互有不同。以余考之，《三代世表》、《建元以来侯者年表》、《外戚世家》、《梁孝王世家》、《田叔列传》、《滑稽列传》凡六篇，皆有褚先生字。《匈奴传》据张晏说有褚先生所录，已不知其可信否。《陈涉世家》虽称褚先生，然徐广所见一本作太史公，当从阙疑。其余他篇，后人纷纷指为褚所续者，皆意必之辞，无征不信，未可从也。

褚先生事迹第十五

《汉书·儒林王式传》曰："式为昌邑王师。昭帝崩，昌邑王嗣立，以行淫乱废。昌邑群臣皆下狱诛。式系狱当死，得减死论，归家不教授。山阳张长安幼君，先事式，后东平唐长宾、沛褚少孙亦来事式，问经数篇。式谢曰：'闻之于师，具是矣，自润色之。'不肯复授。唐生、褚生应博士弟子选，诣博士，抠衣登堂，颂礼甚严，试诵说有法，疑者丘盖不言。诸博士惊问何师。对曰：'事式。'

皆素闻其贤，共荐式。诏除下为博士。式征来。博士江公世为《鲁诗》，心嫉式。遂谢病免归，终于家。张生、唐生、褚生皆为博士。由是《鲁诗》有张、唐、褚氏之学。

案：博士江公者，瑕丘江公之孙也。少孙应博士弟子选，史不言其年月，可以江公为博士之时推得之。《儒林传》云："瑕丘江公受《穀梁春秋》及《诗》于鲁申公，传子至孙为博士。"又云："宣帝即位，求能为《穀梁》者，莫及蔡千狄，乃以千秋为户中郎将，选郎十人从受。会千秋病死，征江公孙为博士。刘向以故谏大夫通达待诏，受《穀梁》，欲令佐之。江博士复死，乃征周庆丁姓待诏保宫，使卒授十人。自元康中始讲，至甘露元年，积十余旁，皆明习。"据此，则江公之为博士在元康以后，其死在甘露元年以前。然《宣帝纪》于甘露三年始书立《穀梁》博士，疑江公仍是《鲁诗》博士，而兼授十人以《穀梁春秋》，故《儒林传》言"江公世为《鲁诗》，心嫉王式"也。甘露三年论石渠时，公羊有博士严彭祖，而穀梁无博士，（亦见《儒林传》。）可以为证。王式之被征，因诸博士闻之于唐生、褚生，始共推荐。式征来后，得与江公相见，则少孙应博士弟子选之时，亦约略可知矣。又考《刘向传》云："向本名更生，既冠，以行修饬，擢为谏大夫。言黄金可成。上令典尚方铸作事，费甚多，方不验。上乃下更生吏。更生兄阳城侯安民上书，入国户半赎更生罪，得逾冬减死论。会初立《穀梁春秋》，征更生受《穀梁》。"此即《儒林传》刘向以故谏大夫受《穀梁》之事也。向父德《传》（向父子均附《楚元王传》。）云："地节中，以亲亲行谨厚，封为阳城侯。立十一年，子向坐铸伪黄金当伏法。德上书讼罪。会薨。"案：《恩泽侯表》，阳城缪侯刘德，地节四年三月封，十年薨。（案：《传》作十一年，此作十年者，自地节四年至五凤二年凡十一年。然五凤二年为节侯安民之元年，则德在位只十年耳。）五凤二年，节侯安民嗣。是向之免侯大夫下吏，在五凤二年，逾冬减死，即征受《穀梁》。近人向、歆父子年谱（定稿载《古史辨》第五册。）系之于五凤三年，是也。江公之为博士，与刘向受《穀梁》同时。不久即死。又征周庆丁姓卒授十人，至甘露元年经始明习。则江博士之死，当即在五凤三、四年间。（五凤纪元只四年，改元甘露。）以此推之，褚先生之应博士弟子选，至早亦不过五凤二、三年间事耳。

《龟策列传》褚先生曰："臣以通经术受业博士，治《春秋》，以高第为郎，幸得宿卫，出入宫殿中十有余年。"

案：《儒林传》言，张生、唐生、褚生事王式，治《鲁诗》，其后皆为博士，则亦《鲁诗》博士也。而褚先生自言受业博士，治《春秋》。盖西汉博士之选，只取学有师法，本不必出身太学。褚先生虽治《春秋》，而因其先通《鲁诗》，故得为《鲁诗》博士也。宣帝选郎十人从蔡千秋受《穀梁春秋》，乃元康时事，而少孙至五凤间始入太学。且十人皆郎官，而少孙乃褚生，自不得与其选。其时《穀梁春秋》尚未立博士。然则少孙所治，盖《公羊春秋》也。少孙为梁相褚大弟之孙，大者董仲舒弟子，则《公羊》乃其家学。《经义考·师承门》春秋家无褚少孙姓名，失之不考耳。《儒林传》："公孙弘请置博士弟子，一岁皆辄课，能通一艺以上，补文学掌故缺，其高第可以为郎中，大常籍奏。"

故褚先生云以高第为郎也。

《三王世家》褚先生曰："臣幸得以文学为侍郎。"

案：《汉书·百官公卿表》：光禄勋属官有侍郎郎中，侍郎比四百石，郎中比三百石。褚先生盖以郎中久次迁侍郎也。

《孝武本纪》、《集解》引张晏曰："《武纪》褚先生补作也。先生名少孙，汉博士。"

又《索隐》曰："张晏云：'褚先生，颍川人，仕元、成间。'韦棱曰：'褚觊《家传》："褚少孙，梁相堵大弟之孙，宣帝时为博士，寓居沛，事大儒王式，故号先生，续《太史公书》。"阮孝绪亦以为然。'"

《三代世表》《索隐》曰："褚先生名少孙，元成间为博士。"

案：张晏云："褚先生汉博士，仕元成间。"而褚颙谓宣帝时为博士，彼此不同。《汉书·儒林传》补注引周寿昌曰："宣帝末距元成间不过二十年，时足相及，所传微有异耳"。余谓此乃褚颙《家传》之误，周氏说非也。褚先生以高第为郎，当在元凤之末，又五年而宣帝崩，（黄龙元年。）元帝即位。《龟策传》自言，宿卫出入宫殿中十有余年，则元帝时优老于郎署，其不得为宣帝博士，亦明矣。由元凤四年下数至成帝建始元年，凡二十四年。是少孙之迁博士，已在元帝之末。班固书少孙官止博士，盖成帝时卒于官；故张晏谓先生汉博士，仕元成间也。王国维《汉魏博士考》(《观堂集林》卷四。)曾举《汉书》列传中之以议郎、中郎、郎中迁博士者为例。褚先生之为博士，盖自侍郎迁耳。

陆德明《经典释文·序录》曰："王式受诗兔中徐公及许生，以授张生长安及唐长宾、褚少孙。"（自注曰：沛人，为博士。《褚氏家传》云："即续《史记》褚先生。"）

案：《隋书·经籍志》杂传类有《褚氏家传》一卷，褚颉等撰。《史记索隐》引作褚颉，《新唐书·艺文志》作褚结撰，褚陶注。颉颀不知孰是，作结者误也。颉始末未详。褚陶吴晋间人，见《晋书·文苑传》。《世说析语·赏誉》篇注引《褚氏家传》曰："陶子季稚，吴郡钱塘人，褚先生后也。陶聪慧绝伦，年三十作《鸥鸟》《水碓》二赋。宛陵严仲弼见而奇之，曰：'褚先生复出矣。'"据此，则少孙之苗裔，有居钱塘者。《家传》作于吴晋，去汉不远，当为可信。考《元和姓纂》卷六曰："汉末褚盛为盐官，因居由拳，生泰，仕吴，封钱塘临平侯，又居焉。"以褚陶之事证之，则自盛泰以下，皆褚先生之后。褚颉作《家传》载入褚先生事迹，疑亦钱塘褚氏也。少孙之子孙可考者如此。《姓纂》又云："褚氏子姓，殷后，宋共公（共，刻本误作若，据文津阁本改。）子石（《唐书·世系表》作宋共公子段，字子石。）为褚师，因氏焉。汉梁相（元脱梁字，据《名贤氏族言行类稿》卷三十六引补。）褚大，元成间褚先生少孙，并以儒学称焉。后汉褚重始居河南"，以下叙其世系，有晋太傅衮，（元误作褒，据《晋书》及《世系表》改。）齐司徒彦回，唐中书令遂良。《唐书·宰相世系表》略同。（惟无彦回一系。）是褚氏自东晋以后，蔚为盛族。然褚大乃少孙之从祖父，本非嫡系。今以大与少孙并举，则河南褚氏，不知谁后。盖姓氏之书，例举名人以为标榜，不如《家传》之足据也。

《史通·史官建置》篇曰："汉兴之世，武帝又置太史公，位在丞相上，以司马谈为之。汉法，天下计书先上太史，副上丞相，叙事如《春秋》。及谈卒，子迁嗣。迁卒，宣帝以其官为令，行太史公文书而已。寻自古太史之职，虽以著述为宗，而兼掌历象日月阴阳管数。司马迁既殁，后之续《史记》者若褚先生、刘向、冯商、扬雄之徒，并以别职来知史务。"

　　案：谓武帝置太史公叙事如《春秋》者，卫宏《汉仪注》之说耳。（见《史记·自序》集解，《汉书·司马迁传》注。）《汉书·百官表》，有太史令，无太史公。《续汉书·百官志》："太史令掌天时星历。"迁《自序》曰："太史公既掌天官，不治民。"又曰："司马氏世主天官。"其《报任安书》曰："仆之先人，非有剖符丹书之功，文史星历，近乎卜祝之间，固主上所戏弄，倡优畜之，流俗之所轻也。"然则迁自用古史官法著书耳。汉太史令之职，何尝叙事如《春秋》哉？太史令既掌星历，则冯商辈虽以别职奉诏修史，与太史之官初无干涉。知幾乃谓之来知史务，岂并其天时星历而亦知之耶？况褚先生自因好览观太史公之传，乃续其书，与冯商之奉诏序列传者又不同，无所谓知史务也。案：《通典》卷二十一曰："其修撰史事，以他官兼领，或卑品而有才者亦直焉，《史通·自序》曰："驿征入京，专知史事，仍迁秘书少监。"是以他职知史务，乃唐时制度，知幾误用之以说汉书耳。

古书通例

绪论

古今载籍，浩如烟海，处则充栋宇，出则汗牛马，老死不能遍读；初学对之，望洋而叹，有废然而返耳！司马谈《论六家要旨》曰："儒者以六艺为法，六艺经传以千万数，累世不能通其学，当年不能究其礼；博而寡要，劳而少功。"（见《史记·太史公自序》。）夫司马谈当西汉初年，且仅就儒者一家六艺言之，已苦其繁博如此。故学者必有守约施博执简御繁之道，"优而柔之，使自求之；餍而饫之，使自趋之；庶乎涣然冰释，怡然理顺"，不至隐其学而疾其师，苦其难而不知其益也。

扬雄论读书，推本于五经，譬之升东岳而浮沧海，以为好书必要诸仲尼。雄作《法言》以拟《论语》，以儒者自居，其言不得不如此。亦以当时所有，皆三代秦汉之书，不能以时代为断，故就其性质为去取。盖亦于繁博之中，力求简约耳。

东汉至隋，书经五厄，（牛弘言书有五厄，见《隋书》卷四十九本传)。古书日亡,其仅有存者,皆以少而见珍。故韩愈自言其为学之始,非三代、两汉之书不敢观,(《答李翊书》)。是已不问出于何家,但属古书,皆宜先读矣。后人论学,率同斯旨。大抵时代愈早,愈为可贵。明胡应麟至谓得明代书百万卷,不能当三代之一;张之洞谓秦以上书,一字千金,皆是意也。明之李梦阳等,禁人勿读唐以后书,虽不免主张过度;且梦阳等之读书,不过资之以为诗文,尚未足以尽古书之用;然欲研究中国学术,当多读唐以前书,则固不易之说也。

胡应麟《经籍会通》卷四《述见闻》篇　宋世书千卷,不能当唐世百;唐世书千卷,不能当六朝十;六朝书千卷,不能当三代一:难易之辨也。然今世书万卷,亦不能当宋千。

张之洞《輶轩语·语学》　读书宜多读古书。除史传外,唐以前书宜多读,为其少空言耳。大约秦以上书,一字千金;由汉至隋,往往见宝;与其过也,无亦存之。唐至北宋,去半留半。南宋迄明,择善而从。

案:治学所以必读古书者,为其阅时既久,亡佚日多,其卓然不可磨灭者,必其精神足以自传,譬之簸出糠秕,独存精粹也。后人之书,则行世未远,论定无闻,珠砾杂陈,榛楛勿翦,固宜其十不足以当一耳。然亦未可一概而论。盖古书之传不传,亦正有幸有不幸。有以牵连而并存,(如《释·道藏》及丛书之类。)有以变乱而俱亡;(如牛弘所言五厄)。其得也或出于无心,(如《敦煌佚书》、《流沙坠简》之类。)其失也或缘于有意;(如范晔之志蜡车,李贺之集投溷之类。)千端万绪,盖非一途。特既幸存于今,则皆足以考古。猥琐之事,可以观物情;(《輶轩语》云:"大抵天地间人情物理,下至猥琐纤末之事,经史所不能尽者,子部无不有之,其趣妙处校之经史,尤易引人入胜。")荒谬之谈,可以见风俗;文字可以明通假,歌谣可以证音韵;至于《拾遗》《搜神》之记,《洞冥》《神异》之编,则刘勰所谓事丰奇伟,辞富膏腴,无益经典,而有助文章者也。(《文心雕龙·正纬》篇。)此不独古籍为然,而古籍则为一切事物之源,弥以寡而可贵。故曰"与其过也,无亦存之"。若夫学问之事,有不可以时代论者。清儒之学,不独陵轶元、明,抑且方驾唐、宋。(清儒经学小学自辟蹊径,远过唐、宋,其他一切考证,则无不开自宋人,特治之益精耳。至于史学,不逮宋人远甚。乾嘉诸儒,鄙夷宋学,窃不谓然。)欲读古书,非观清儒及近人之笺注序跋不可,否则不独事倍功半,或且直无下手之处。张氏此条,专为读古书言之。其论读书不必畏难一条又云:"读书一事,古难今易。无论何门学问,国朝先正皆有极精之书。前人是者证明之,误者辨析之,难考者考出之,(自注:参校考证。以下皆张氏自注,不复出。)不可见之书采集之。一分真伪而古书去其半,一分瑕瑜而列朝书去其十之八九矣。且诸公最好著为后人省精力之书,一搜补,(或从群书中搜出,或补完,或缀辑。)一校订,(讹脱同异。)一考证,(据本书,据注,据他书。)一谱录,(提要及纪元、地理、各种表谱。)此皆积毕生之精力,踵囊代之成书而后成者,故同此一书,古人十年方通者,今人三年可矣。"与此条各明一义,互相发明,读古书所宜知也。

虽然,研治中国古代学术当读古书,最难读者亦莫如古书,古书亦甚繁，读之者不可不知所别择。张之洞谓"一分真伪而古书去其半，一分瑕瑜而列朝书去其八九"，斯固然矣。而欲分真伪，则有三法，亦有三难：

一曰：考之史志及目录以定其著述之人，及其书曾否著录。然周秦之书，不必手著。《汉志》所载之姓名，不尽属之著述之人。其他史志及目录所载书名撰人，（《新唐志》及《宋史·艺文志》。）皆不免有讹误。若其著录与否，则历代求书，不能举天下之载籍，尽藏之于秘府；况书有别称，史惟载其定名；篇有单行，志仅记其总会。（《汉志》多有此例。）又往往前代已亡，后来复出。或发自老屋而登中秘；或献自外国以效梯航。至于晁子止之《读书》，（晁公武《郡斋读书志》。）陈直斋之撰录，（陈振孙《直斋书录解题》。）只纪一家之有无，未及当代之存佚。其余诸家书目，见闻益隘，盖不足言。是则据史志目录以分真伪之法，不尽可凭也。其难一矣。

二曰：考之本书以验其记载之合否。然古书本不出自一人，或竹帛著自后师，或记叙成于众手，或编次于诸侯之客。（见《史记·信陵君传》，详见后。）或定著于写书之官。（刘向。）逸事遗闻，残篇断简，并登诸油素，积成卷帙。故学案与语录同编，说解与经言并载。又笺注标识，混入正文，批答评论，咸从附录；以此语不类其生平，事并及于身后。至于杜撰事实，造作语言，设为主客之辞，鸣其荒唐之说，既属寓言，难可庄论。故摘其纰缪，固自多端，校其因缘，由来非一。是则即本书记载以分真伪之法，容有未尽也。其难二矣。

三曰：考之群书之所引用，以证今本是否原书。然古书皆不免阙佚。盖传写之际，钞胥畏其繁难，则意为删并；校刻之时，手民恣其颠顶，则妄为刊落。又有《兔园》之册，本出节钞，坏壁之余，原非完帙。而类书之采用，笺注之援引，往往著者则署为前人，书名则冠以"又曰"；于是甲乙相淆，简篇互混。况订饾之学，固异专门，掇拾之时，不皆善本；乃欲借宾以定主，何异郢书而燕说。又有古书既亡，后人重辑，（明人所辑之书，多不注出处，并不著明出于搜辑，致后人或认为古书，或斥为伪作，其实皆非也。）讥其疏漏，固所难辞，诋为伪造，则非其罪。是则援群书所引用，以分真伪之法，尚非其至也。其难三矣。

以此三难，是生四误：不知家法之口耳相传而概斥为依托，（《汉志》之所谓依托，乃指学无家法者言之，详见后。）误一。不察传写之简篇讹脱而并疑为赝本，误二。不明古书之体例，（王引之《经传释词》。）而律以后人之科条，误三。不知学术之流派，而绳以老生之常谈，误四。将欲辨此歧途，归于真谛，其必稽之正例变例，以识其微；参之本证旁证，以求其合。多为之方，而不穷于设难，曲致其思，而不安于谬解。不拾前人之牙慧，而遽以立论；不执一时之成见，而附以深文。揆之于本书而协，验之于群籍而通。以著作归先师，以附益还后学。传讹之本，必知其起因；伪造之书，必明其用意。有条有理，传信传疑；如戴东原所谓十分之见者，则庶乎其可以读古书矣。

颜之推云："观天下书未遍，不得妄下雌黄。"（《家训·勉学篇》。）此语亦何容易！然天下书纵不可遍观，而一时有一时之文体，一代有一代之通例。参互考较，可以得其情；排比钩稽，可以知其意。今故将读古书诸难题，条列为篇，每篇又分子目，皆旁搜证据，详加解释。其中成说，多出前修，并加援引，明非臆说。引而伸之，触类而长之，是在善读者耳。

卷一　案著录第一

诸史经籍志皆有不著录之书

凡欲读古书，当知古之学术分为若干家，某家之书，今存者几种，某书为某人所撰凡若干篇、若干卷，而后可以按图索骥，分类以求。又或得一古书，欲知其时代撰人及书之真伪，篇之完阙，皆非考之目录不为功。自唐以前，目录书多亡，今存者汉、隋、唐之《经籍》、《艺文志》而已。宋以后私家目录，虽有存者，然所收仅一家之书，不足以概一代之全；仍非先考史志不可。盖一代之兴，必有访书之诏，求书之使。（《通考》卷一百七十四《经籍·考总叙》，载之甚详。）天下之书既集，然后命官校雠，撰为目录。修史者据为要删，迻写入志，故最为完备，非藏书家之书目所可同年而语。张之洞《书目答问》，历举汉以下诸史志，（张氏所举，尚有《经典释文·叙录》、《文献通考》中《经籍考》。）谓为"目录之最要者，虽非专书，尤为纲领"，职是故也。

昔班固考世所传东方朔之书，张衡辟图纬之妄，皆以刘向不著录为证。唐开元中，令儒官详定《子夏易传》。于是刘知几引《汉书·艺文志》、阮氏《七录》，司马贞引荀勖《中经簿》、《隋书·经籍志》、王俭《七志》，以议其姓名卷数乖剌错谬。（以上所言均详《目录学发微》。）则利用史志及目录以考古书之真伪，由来旧矣。

虽然，谓史志著录最为完备者，特就大较言之耳。好学之士，嗜书若命，古今所同。其抱残守阙，有非君相之威力所能胁取之者。秦政焚书坑儒，定挟书之律，偶语诗书者弃市。然天下学士，如伏生之徒，皆壁藏其书，汉兴复出。夫严刑峻罚所不能禁，则必有高位厚禄所不能劝者。况历代求书，不过每书一卷，赏绢一匹；（隋开皇、宋嘉祐。）献至数百卷，始授以试衔，（后唐同光。）赐以科名，（宋建隆。）与以文资官而已。（宋嘉祐。以上并见《通考》。）清时修《四库全书》，搜访之法，至为详尽。然进书最多至五六七百种者，乃赐以《图书集成》一部；百种以上者，仅赐《佩文韵府》一部耳。（见《四库全书总目》卷首。）持较历代，弥叹其薄。恶能鼓舞天下之人，使尽出其所藏，登诸中秘也哉？又况州县之吏，不善奉行；胥役之徒，所至烦扰。山谷之叟，目不睹文告；遗逸之老，志不慕爵赏。有深闭固拒，藏之惟恐不密耳。至于编目之人，意为去取，修史之时，妄行刊落；其端非一，难可殚陈。故就史志以考古书之真伪完阙，虽为不易之法，然得之者固十之七八，失之者亦不免二三。若仅恃此法以衡量古今，是犹决狱者不能曲体物情，得法外之意，而徒执尺一以定爰书；则考竟之时，必有衔冤者。前人序跋，论列古书，往往似此，不可不察也。诸史为经籍艺文作志者，凡有六家。考其所著录，于当时之书，皆有阙漏未及收入者。今条举之于后。《清史稿·艺文志》，不录古书。今取《四库提要》论之，附之篇末焉。

一、《汉书·艺文志》　案刘向奉诏校书合中外之本，（《管、晏书录》均云，凡中外书若干篇。）考民间书之有无，（《管子书录》云："九府书，民间无有。"）杀青缮写，著为《别录》。子歆继之，总群书而奏其《七略》。宜乎举天下之书尽归著录，无复遗逸矣。

班固删取其要，以为《艺文志》。"《七略》书三十八种，六百三家，一万三千二百一十九卷"，(见《广弘明集》卷三阮孝绪《七录序》。)《艺文志》"大凡书三十八种，五百九十六家，万三千二百六十九卷"，(《志》后总数与今本不合。)较《七略》"入三家五十篇，省兵十家"。(班固自注。)以所"入"与"省"相除，家数卷数皆相符，是则《汉志》全录《七略》，自省兵十家外，无所删除也。乃王应麟作《考证》，(十卷，《玉海》附刻本。)增入不著录之书二十七部，虽其间有志已著录，而今本传其别名者；有自古书中裁篇单行者；有曾否著录，疑不能明者；有出于东汉以后，疑向、歆未见者；有伪托者；然除此之外，亦实有明见于《汉书》纪、传，确为刘、班时书，而本志不收者数种。至今人章炳麟、顾实所举，又往往出于王氏之外。是《七略》及《汉志》，皆有不著录之书也。以班固本书之说推之，其故有三：一则民间所有，秘府未收也。《楚元王传》曰："元王亦次之《诗传》，号曰《元王诗》，世或有之。"云"世或有之"，明非秘府所有，"或有"者，如今人言版本学者所谓少见云耳。以其传本少见，秘府无其书，故不著于录。一则国家法制，专官典守，不入校雠也。《礼乐志》曰："今叔孙通所撰礼仪，与律令同录，臧于理官，法家又复不传，(刘攽谓法家当读上句，王先谦读属下句，王说是。)汉典寝而不著，民臣莫有言者。"夫礼仪律令，既臧于理宫，则不与他书"外则有太常、太史、博士之藏，内则有延阁、广内、秘室之府"(《艺文志》注引《七略》。)者同。《后汉书·曹褒传》言"班固上叔孙通《汉仪》十二篇"，固既深惜汉典之寝而不著，及亲得其书，乃不与刘向、扬雄、杜林书(《汉志》新入三家。)同入《艺文》者，盖班固作《志》，用《七略》之成例，《七略》

不录国家官书,故不得而入之也。(王先谦《礼乐志补注》谓"《汉仪》十二篇固后乃得之,作志时未见。"非是。)一则汉末年人著作,未入中秘者,《七略》不收,《汉书》亦遂不补也。《七略》之作,由于奉诏校书,故当时人著作,成书较后者,皆不收入。班固直录《七略》,新入者仅三家,刘向、扬雄,以大儒负盛名,杜林《苍颉训纂》,因其为小学书,家弦户诵,故破例收入,其余皆不甚留意。《王莽传》之《乐经》,《律历志》之《三统历》,并不见录,他可知矣。(刘向、扬雄书,所收亦尚未尽,《方言》是矣。)《艺文志》于汉时书,不尽著于录,证之本书,章章可考。其他古书,真出于西汉以前而不见于志者,皆可以三例推之。否则一书二名,或裁篇别出者耳。特非证佐明白,未可轻信。不得举后世伪妄之书,概援此例以借口也。

《论衡·案书篇》 六略之录万三千篇(《对作篇》同,惟"录"字作"书"。)

案:此指《七略》言之。六略者,除《辑略》不数。万三千篇,举其成数。与《七录》序合。

《四库全书总目》卷八十五《汉艺文志考证提要》 宋王应麟撰。其传记有此书名而《汉志》不载者,亦以类附入。《易》类增《连山》、《归藏》、《子夏易传》;《诗》类增《元王诗》;《礼》类增《大戴礼》、《小戴礼》、《王制》、《汉仪》;《乐》类增《乐经》《乐元语》;《春秋》类增《冥氏春秋》;道家增《老子指归》、《素王妙论》;法家增《汉律》、《汉令》;纵横家增《鬼谷子》;天文增《夏氏日月传》、《甘氏岁星经》、《石氏星经》、《巫咸五星占》、《周髀》、《星传》;历谱增《九章算术》、《五纪论》;

五行增《翼氏风角》，经方增《本草》；凡二十六部各疏于其下，而以不著录字别之。其间如《子夏·易传》、《鬼谷子》，皆依托显然。而一概泛载不能割爱。（案《考证》所补不著录之书，兵书内尚有《黄石公记》，《提要》失考。）

案：王氏所增二十七部其中如《子夏易传》，即《汉志》《易》家之《韩氏》；（名婴。）《大戴礼》，《小戴礼》，即《礼》家之《记》百三十一篇；《鬼谷子》即纵横家之《苏子》；（名秦。）皆一书而二名。又如《王制》在《礼记》中，《乐元语》为河间献王所传，（《食货志》注引郑展语）。当在《乐》家《王禹记》二十四篇之内。《九章算术》，经张苍删补，（见刘徽《九章算术序》。）当在阴阳家《张苍》十六篇内。《星传》出于黄帝，（见《晋书·天文志》。）当在天文家《黄帝杂子气》三十三篇内。皆古书之裁篇别行者，（此二例，别有专篇考之，详见后。）非不著于录也。至于《连山》、《归藏》，或以为在《易》家《古杂》八十篇中；（沈钦韩《疏证》说。）或以为《连山》即数术略之《夏龟》，《归藏》即《南龟书》，"南"疑"商"之讹；（刘师培《左庵集》卷一《连山归藏考》。）以《古杂》之说为近是。《夏氏日月传》，说日月食（《天文志》）。疑在天文家《汉日食月晕杂变行事占验》十三卷内。《甘氏、石氏星经》，《巫咸五星占》，亦疑在天文家《泰一杂子星》诸书之内。《本草》或谓即经方内之《神农黄帝食禁》。（沈钦韩《疏证》及孙星衍《本草经序》说。）《周髀》疑亦在历谱十八家中，不知当属何家。凡此皆曾否著录，疑不能明者也。《冥氏春秋》、（公羊家。）《老子指归》、（此指《隋志》著录者，今本乃伪书。）《黄石公记》、

《翼氏风角》，皆东汉以后人所称引，未必果出西汉，是否《汉志》失收，不可知。若《乐经》立于王莽，非古书，《素王妙论》则王国维以为魏、晋人所依托，(《观堂集林》卷十一《太史公行年考》。) 皆不得谓《汉志》不著录。惟《元王诗》、《汉律》、《汉令》、《五纪论》，皆为《汉书》所引，且确为《七略》未收之书耳。

章炳麟《检论》卷二《征七略》 萧何之《九章》，(见《刑法志》。) 叔孙通之《礼器制度》，(案见《周礼·凌人》注及诸经疏中，详《玉海》卷三十九。) 王官所守，布在九区，及秦氏图籍，高祖以知地形陁塞户口多少强弱者，(案见《萧何传》。) 皆阙不著。《律历志》所述和声、审度、嘉量、权衡，职之大乐内官大仓大行者，今在《历谱》十家与否，无文可知。(案《律历志》"二曰和声"以上，尚有"一曰备数"，又云"其法在算术，宣于天下，小学是则，职在太史，羲和掌之"。章氏不引者，以算术已著录《汉志》，而太史之书，又为《七略》所有也。) 及夫大尊桂酒，征于元帝时大宰丞李元之记。(见《礼乐志》晋灼注引。案《志·郊祀歌》云"尊桂酒，宝八乡"注：灼曰：尊，大尊也。元帝时大宰丞李元记云：以水渍桂，为大尊酒。) 盖其大者国之典章，刊剟一字，罪至殊死，固不待校，其细者笾豆之事，佐史之职，官别为书，亦不暇校雠缮写：是以不著于录也。

二、《隋书·经籍志》 《隋书》十志本为《五代史》而作，(梁、陈、齐、周、隋。) 其篇第编入《隋书》，俗呼为《五代史志》。(见《史通正史》篇。) 六朝以前目录书皆亡，仅此书《经籍志》见其崖略，故读古书者必取资焉。《志序》云："炀帝即位，秘阁之书，限写五十副本,分为三品,又于内道场集道、佛经,别撰目录。(此所言目录即本志簿录类之《隋大业正御书目录》九卷,非道佛经之目也。)大唐武德五年,克平伪郑,(王世充。)尽收其图书及古迹焉。行经底柱,多被漂没,其目录亦为所渐濡,时有残缺。今考见存,分为四部。其旧录所取,文义浅俗、无益教理者,并删去之。其旧录所遗,辞义可采,有所弘益者,咸附入之。远览马史、班书,近观王、阮志录,挹其风流体制,削其浮杂鄙俚,离其疏远,合其近密,约文绪义,凡五十五篇。"以此考之,则当时撰述,实据《大业目录》为底本,参以王俭《七志》、阮孝绪《七录》之体制,《四库提要》以为皆"根据于《七录》者",(卷二十一《夏小正戴氏传提要》。)非也。惟注中梁有某书,或有出于《七录》者耳。既于旧录有所删去,则六朝以前古书为所刊落,不见于著录者,必甚多。故为唐人所不满。《旧唐书·马怀素传》(卷一百二。)言怀素于开元初上疏曰:"南齐已前坟籍旧编,王俭《七志》以后著述,其数盈多。《隋志》所书亦未详悉。或古书近出,前志阙而未编;或近人相传,浮词鄙而犹记。"序方自谓于文义浅俗者并删去之,又言削其浮杂鄙俚,而怀素正诋其记载浮鄙,不啻以矛刺盾,知自序之言,盖不足信。夫其所记者既不必佳,则其所删去者,未必不佳矣。《新、旧唐志》所载隋以前书,多《隋志》所不著录或注为残缺亡佚者,则怀素所谓古书近出,阙而未编者也。《旧唐志》本之毋煚《古今书录》,《新志》本之《四库书目》,二书皆修于开元时,正在怀素之后。故其所录,当为可信。而后来目录家之论古书者,或反以《隋志》不著录,至唐复出为可疑,其亦不考之甚矣!清章宗源尝作《隋志考证》,用王应麟之例,每类补入不著录之书。今其全稿已佚，只存史部，就其书考之，凡补六百一十九部，《志》注为梁有隋亡，或残缺者，尚不在此数。推之经、子、集三部，至少当亦不下一千余种，亦可骇矣！章氏所考，大抵精确，不似王氏之疏略。虽其间见于六朝人书中，至修《隋志》时已亡者固甚多。然即以正史言之，其为刘知几所评论，《书钞》、《类聚》、《初学记》等书所征引，而不见于《志》者，往往有之。（鱼豢《魏略》即其一也。至《太平御览》所引，不皆采自本书，不可以断存佚。）此皆唐人所亲见，竟不著于录，知马怀素之言，不吾欺也。

三、《旧唐书·经籍志》《志序》云："煚等（案指毋煚）。《四部目》，及《释道目》，并有小序，及注撰人姓氏，卷轴繁多，今并略之。但纪篇部，以表我朝文物之大。其《释道录》目附本书，今亦不取。据开元经篇为之志，天宝已后，名公各著文章，儒者多有撰述。臣以后出之书，在开元四部之外，不欲杂其本部。（是不能也，故不为也。）今据所闻，附撰人等传。其诸公文集，亦见本传。此并不录。"据其所言，盖全从毋煚《古今书录》中录出，但删其小序，存其书名而已。天宝以后书且不录，遑望其于古书有所增益乎。他姑不论，即《新志》所收开元以前书，《旧志》亦往往不著录。知其并《开元四库书目》，亦未尝一考也。（《旧志》惟录毋煚原序，较胜《新志》之空谈。）

四、《新唐书·艺文志》《新志》每类后所著右某类若干家，若干部，若干卷，皆开元以前书。又注云自某书以下不著录，则天宝以后书也。考其所著录，凡《旧志》所有皆已收入。且开元以前书，亦有《旧志》所无者。（如开卷《连山》十卷，司马膺注,即《旧志》所不著录也。)《旧志》载毋氏《古今书录》,大凡五万一千八百五十二卷,而《新志》序云:"藏书之盛,莫盛于开元,其著录者五万三千九百一十五卷,而唐之学者自为之书,又二万八千四百六十九卷。"卷数较《古今书录》加多,知其所据,非毋氏书,与《旧志》不同。考《通志·艺文略》,于《古今书录》之外,别有《开元四库书目》四十卷,(亦见《崇文总目》卷二十三。)盖修于毋氏书之后。(毋书修于开元九年。)故书多于《旧》。《新志》盖即据之以为蓝本,固可稍补《旧志》之阙憾,然仍多不著录之书。盖历代求书,皆不能尽天下之藏。故古书往往不入秘府,而复出于民间。要在随时搜访之耳。今《新志》断自开元以前,此后只以唐人著作充数,则古书之出于天宝以后者,自不见收。唐人书成于开元以前者,其中所引古书或后复亡佚,姑置不论。今举天宝以后者言之。如释慧琳《一切经音义》,成于元和五年,所引用书不见于《唐志》者,不下数十种。而日本人藤原佐世所撰之《日本现在书目》,(在《古佚丛书》中。)载其国使臣入唐所得之书,为《志》所不著录者尤多。近年敦煌石室所出唐写本书,亦间有出于两《志》之外者。(读罗振玉《雪堂校刊群书叙录》自知。)然则考古书者,第见史志不著录,便谓当时已佚,岂通论哉?

五、《宋史·艺文志》 宋时官撰书目,见于《玉海》者极多。(卷五十二。)《宋志》著录四部。(《崇文总目》、《秘阁书目》、《中兴馆阁书目》、《中兴馆阁续书目》。)又宋时国史尝屡修,每史皆有《艺文志》;见于《通考·经籍考》所引者,有《三朝志》、《两朝志》(仁宗、英宗。)《四朝志》、《中兴志》,(高宗。)元人修志时以国史《艺文志》为本，(见《宋志》序。)合此数者，删除重复，编次成之，各书体例不一，史官无识，削足适屦。故或一书数见，或竟失收。历代史志，惟此为最不足据。且《通考》(卷一百七十四。)言"《崇文总目》或相重，亦有可取而误弃不收者"，(《玉海》卷九十二引《两朝艺文志》同。)则《宋志》之丛脞，无怪其然。至中兴以后，并无书目及史志，修志者遂不能复补，故南宋著作多不著于录。清黄虞稷作《千顷堂书目》，(张氏《适园丛书》本。)始补辑之。倪灿作《明史艺文志稿》，(在《群书拾补》及《八史经籍志》内。)题为《宋史志补》，亦并录南宋之书。然两家所录仍不能完备。各家藏书目所收宋人书，尚有出于其外者。益可想见《宋志》之荒陋。其于有宋一代尚如此。然则欲据此志以考古书之存亡完阙，鲜不为所误者矣。

六、《明史·艺文志》 黄、倪两氏之书，皆《明志》之底稿，其后重修诸臣，削其南宋以下四朝之书，独录有明一代著作，以为此《志》。盖用宋孝王《关东风俗传·坟籍志》，唯取当时撰者之例。(见《史通·书志》篇。)历代著录之例，自是一变；论者皆以为恨。然有明一代藏书仅有杨士奇《文渊阁书目》。(《读画斋丛书》本)。其书以《千字文》编号，但录书名册数，而无撰人卷数，此何可入史志？至张萱之《内阁书目》，(《适园丛书》本。)所载多残编断简，编次无法，官书既如此，私家藏书目，尤不足据。修史者无所取资，故不得已从此变例，盖亦未可甚责也。惟明人书亦多不著录，此则无词以自解，而以晚季著作语涉忌讳者为尤甚。今遗书日出，多不见于志中。以非古书，故不具论。

附《四库全书总目》 《七略》、《别录》既亡，宋以后目录书，盖未有如《四库总目》之完善者。故张之洞谓为读群书之门径。（见《𬨎轩语》。）然体既博大，谬误自多。举之更仆不能尽；（详见拙著《四库提要辨证》。）今只就古书不著录言之。推原其故，盖有数因：

一曰：藏书家宝惜，不愿献官。陆心源《宋椠婺州九经跋》(《仪顾堂续跋》卷一。）曰："怡贤亲王为圣祖之子。其藏书之所，曰乐善堂，大楼九楹，积书皆满。乾隆中，四库馆开，天下藏书家皆进呈，惟怡府之书未进。其中为世所罕见者，如《施注苏诗》（宋施元之注，《四库》著录者为宋荦翻刻之宋残本。）全本有二，此外可知矣。怡府之书，藏之百余年，至载垣以狂悖诛，而其书始散落人间。"以当时亲贵，处辇毂之下，而于求书之诏，熟视无睹。推之海澨山陬，从可知矣。

二曰：献书者以为书已收入，不及进呈。如鄞县范懋柱进书至六百余种，曾被褒赏。然考其《天一阁书目》，(《文选楼》本。）中有罕见之书，为《四库》所不著录者尚夥。彼固非有所吝惜，然尚如此。则夫抱一二残册，保护之若头目者，安望其送官献纳耶？

三曰：官司之搜访，馆臣之纂修，每详于远而忽于近，有四证焉：（甲）清内阁大库中，贮有明文渊阁所藏书，修四库书时，竟不一检视。其作《文渊阁书目提要》，(《总目》卷八十五。）徒羡其《永乐大典》所收之书，世无传本者，往往见于此目，又惜其已阅百载，散失无余，宁非笑端？（宣统元年大库屋坏，移出所贮，始为人知。大学士张之洞，奏请以阁中所藏四朝书籍，设学部图书馆。缪荃孙、夏曾佑，均有《学部图书馆善本书目》。其书今并入北京图书馆。）（乙）内庭所藏宋、元、明刊及影钞精本，集为《天禄琳琅》，有乾隆四十年官撰书目，亦录入《四库全书》。（此指《前编》言之，

《续编》修于嘉庆十年，《四库》不著录，两编皆有王先谦刻本。）其中与著录本异同甚多，亦不一考。(丙)《道藏》刻于明正统，《释藏》且有雍正时敕编之本，板藏内府。除彼教经典外，(《四库》例不录道、佛经。）古书极多。四库馆臣未之知，竟不入目。故《总目·释家类》，（卷一百四十五。）有宋释赞宁之《宋高僧传》，而无梁释慧皎、唐释道宣之书。道家类(卷一百四十六。）有宋林希逸之《庄子口义》而无《老子、列子口义》。其他尚不能遍举也。(乾嘉诸儒始读《释、道藏》，取其善本校刊之，然尚不能尽。）(丁)修四库书时，自《永乐大典》辑出佚书三百余种，诚为有功文献。然有签出备辑，而其后竟付阙如者。今所传《大典》残本封面后，间有馆臣签出佚书单，尚可考见。（又有旧钞残本《永乐大典书目》，即四库馆辑书底本，中多不著录之书。）又有书已辑成，而未经编录，遂不复收者，如路振《九国志》，苏过《斜川集》之类皆是也。凡此数端，皆近在咫尺之间，只须一举手一投足之劳，即可校录，乃皆忽而不察。昔人所以致慨于目能见千里，而不能见其睫也。

　　以上三事，不过举其荦荦大者言之。又有销毁查禁之书，（有目录三种，咫进斋、式训堂皆有刻本。）不登著录，以其皆明、清人著作，故不暇论。凡兹所举，虽就《四库总目》言之，然历代官修书目，皆不免此弊。举一反三，可以悟古书不著录之故矣。（阮元有《四库未收书目提要》，即《揅经室外集》，但即当时古书收采，亦尚不能尽。后来所出，更无论矣。）

　　本篇所言不著录之古书，多已散佚，惟杂见于前人著述中援引，清儒往往搜辑成书，恐学者读之，疑其不见著录，故就诸史志证明其故，非为一切伪书作辩护也。至于今日尚存之书，惟周、秦诸子。因有一书二名，及裁篇别出二例，故多不见于《汉志》。其他则虽暂佚于前，而复出于后，其为时必不能甚久，皆有端绪可寻，隋、唐以来相传之古书是也。时代既早，纵属依托，亦自有其价值。除海舶传来，石室发掘，断无伏匿数千百年之理。若《古三坟》、《子华子》之突出于宋，子贡《诗传》、申培《诗说》、《於陵子》、《天禄阁外史》之突出于明，伪妄显然，不得并援此例。当于"辨真伪篇"中言之。

古书不题撰人

欲读古书，当考作者之姓名，因以推知其身世，乃能通其指意。孟子曰："诵其诗，读其书，不知其人，可乎？"焦循曰："古人各生一时，则其言各有所当。惟论其世，乃不执泥其言，亦不鄙弃其言，斯为能尚友古人。"（《孟子正义》。）陈启源曰："考孟子所论读诗之法，然则学诗者必先知诗人生何时，事何君，且感何事而作诗，然后其诗可得而读也。"（《毛诗·稽古篇》卷二十五。）其言可谓明切矣。然古书多不题撰人。则欲知人论世，其事乃至不易也。

司马迁曰："西伯拘而演《周易》。"（《汉书·司马迁传·报任安书》。）《汉书·艺文志》亦云："文王重《易》六爻，作上下篇。"然《易·系辞传》只云："《易》之兴也，其于中古乎？作《易》者，其有忧患乎？"又曰："《易》之兴也，其当殷之末世，周之盛德耶？当文王与纣之世耶？"其辞乃疑而未定。盖古书本无撰人，既未题为文王所作，作《易传》者亦不敢质言之也。

《尚书》百篇之《序》，汉儒皆以为孔子所作。然其《序》于作者姓名，有著有不著。至于"伊尹作《咸有一德》，咎单作《明居》，周公作《无逸》，周公作《立政》"，皆只一句，不言所以作之之意。此由古书不题撰人，故考得其作者，即以为序。其所不知，则从阙如矣。

陈启源曰："《诗》三百篇，其作者之主名，有诗人自著之者：如《节南山》、《巷伯》、《烝民》、《崧高》，是也。有见于他籍者：如《载驰》、（自注：《左传》，亦见叙。）《鸱鸮》、（《书·金縢》，亦见叙。）《常棣》、（《国语》。）《抑》、（《国语》，亦见叙。）《桑柔》、（《左传》亦见叙。）《时迈》、《思文》（皆《国语》。）是也。其诗人不言。他典不载，而《序》得其姓氏者：《风》之《清人》、（公子素。）《渭阳》、（秦康公。）《七月》。（周公。）《小雅》之《何人斯》、（苏公。）《宾之初筵》，（卫武公。）《大雅》之《公刘》、《泂酌》、《卷阿》、（皆召康公。）《民劳》、（召穆公。）《板》、凡伯。《荡》、（召穆公。）《云汉》、（仍叔。）《韩奕》、《江汉》、（皆尹吉甫。）《常武》、（召穆公。）《瞻卬》、《召旻》、（皆凡伯。）及《鲁颂》四篇（皆史克。）尔。其余或言某大夫，某人，或言大夫，或言微臣，或言下国，或言太子傅，或并不言其人。盖古世质朴，人惟情动于中，始发为诗歌，以自明其义。非若后世能文之士，欲暴其才，有所作辄系以名氏也。及传播人口，采风者因而得之，但欲识作诗之意，不必问其何人作也。国史得诗，则述其意而为之叙，（案陈氏先云"《大、小叙》，子夏之徒为之"。此云国史，前后不同。）固无由尽得作者之主名矣。师儒传授，相与讲明其意，或于叙间有附益；然终不敢妄求人以实之。阙所不知，当如是耳。"（书名见前。）陈氏之言，可谓通达。不惟可以解诗，即凡古书之不题撰人者，皆可以其说推之，学者可无事穿凿也。

案：《小序》所考得诗人之姓氏，尚有《鄘风》之《柏舟》篇，以为共姜所作，陈氏失考。又案《常棣》、《时迈》、《思文》，《国语》皆引作周公之诗，而《诗序》不言。《左氏》哀四年传："申包胥如秦乞师，秦哀公为之赋《无衣》"，与"卫人所为赋《硕人》"，(隐三年。)"郑人为之赋《清人》"，(闵二年。)"国人哀之，为之赋《黄鸟》"（文六年。）义例正同。且味其诗中语气，与包胥乞师情事亦相合。故王夫之《诗经稗疏》，谓为秦哀公所作。其说至确。而《序》以为刺用兵，列于康公《渭阳》诗之前。然则《小序》所言作诗之主名，未必果可据也。

《周礼》、《仪礼》，相传皆周公之书；而《周礼》则自汉儒已有异论。（林硕、何休之说，均见贾公彦《序周礼废兴》。）《汉志》但以《礼记》为七十子后学者所记。郑玄《目录》，始间考得其作者。然诸儒之说，往往不同。（如《王制》《月令》。）计六经之中，惟孔子作《春秋》，独有明文可考，后无异议耳。《史记》言"曾参作《孝经》"，(《仲尼弟子列传》。)而郑玄以为孔子作。(《孝经序疏》疏引《六艺论》。）刘向、（何晏《论语序》引。）班固以《论语》为孔子弟子所记，而郑玄指为仲弓、子夏、子游等所撰定。（见《论语序》邢疏。）盖汉儒之说，虽多有所受之，而亦不免于意度。善读书者，亦惟慎思明辨，好古敏求，信其所可信，疑其所可疑耳。

周秦古书，皆不题撰人。俗本有题者，盖后人所妄增。段玉裁曰："《经典释文》、唐石经初刻，皆云《丧服经传》第十一，无'子夏传'三字。贾公彦《疏》单行本亦无。今各本皆作《丧服》第十一《子夏传》，非古也，盖浅人增此三字。贾《疏》曰：'传曰者，不知是谁人所作，人皆云孔子弟子卜商字子夏所为。按公羊高是子夏弟子，《公羊传》有云者何、何以、曷为、孰谓之等，今此传亦云者何、何以、孰谓、曷为。弟子却本前师。此传得为子夏所作。'玩贾氏此语，知贾氏作《疏》时，古经未尝有此三字，贾氏因人言而傅会之，要亦未尝妄增于古经传标题也。自唐石经改刻增窜，遂使古人意必之辞，成牢不可破之论矣。"(《经韵楼集·古丧服经传无子夏传三字说》。)凡古书之题撰人者，皆所谓意必之辞也。

《史记·韩非传》云："人或传其书至秦，秦王见《孤愤》、《五蠹》之书曰：'嗟乎！寡人得见此人与之游，死不恨矣。'李斯曰：'此韩非之所著书也。'"《司马相如传》云："蜀人杨得意，为狗监侍上。上读《子虚赋》而善之曰：'朕独不得与此人同时哉！'得意曰：'臣邑人司马相如自言为此赋。'上惊，乃召问相如，相如曰：'有是。'"秦皇、汉武，亲见其书，乃不知为何人所作，非李斯与韩非同门，杨得意与相如同邑，熟知其事，竟无从得其姓名矣。此皆古人著书不自署名之证也。

《汉志·六艺略》不独于经不著姓名，即诸家传记章句，亦有著有不著；其例颇不画一。以《易》一家言之，如"《易传》周氏二篇,(字王孙。)《杨氏》二篇,(名何,字叔元。)《韩氏》二篇,(名婴。)《王氏》二篇,(名同。)《丁氏》八篇"(名宽。以上皆班固自注。)此于注中见其名字者也。"《孟氏京房》十一篇,《灾异孟氏京房》六十六篇,五鹿充宗《略说》三篇,《京氏段嘉》十二篇"，此于正文书名中姓名全具者也。而"《蔡公》二篇"，注云："卫人事周王孙"，则知其里贯而失其名字。"《服氏》二篇,(颜师古注："刘向《别录》云服氏,齐人号服光。")《章句》施、孟、梁丘氏各二篇"，

（施雠、孟喜、梁丘贺均见《儒林传》。）其名皆有可考，竟不复注。《淮南道训》二篇，（淮南王安聘明《易》者九人，号《九师说》。）虽知其事迹，而不能详其名氏。至于"《古五子》十八篇，《古杂》八十篇，《杂灾异》三十五篇，《神输》五篇，图一"，则并不知出于何人，即姓氏亦无之矣。盖古人著书，不自署姓名，惟师师相传，知其学出于某氏，遂书以题之，其或时代过久，或学未名家，则传者失其姓名矣。即其称为某氏者，或出自其人手著，或门弟子始著竹帛，或后师有所附益，但能不失家法，即为某氏之学。古人以学术为公，初非以此争名；故于撰著之人，不加别白也。

《书》家有《传》四十一篇，不注姓名，《隋志》云："伏生作《尚书传》四十一篇，以授同郡张生，张生授千乘欧阳生。"《晋书·五行志》云："伏生创纪《大传》。"《经典释文·叙录》云："《尚书大传》三卷，伏生作。"故今本皆题曰"汉伏胜撰。"（《通考》卷一百七十七引《崇文总目》已题汉济南伏胜撰。）考《玉海》卷三十七引《中兴书目》：案郑康成叙云："盖自伏生也。伏生为秦博士，至孝文时，年且百岁。张生，欧阳生，从其学而授之。音声犹有讹误，先后犹有差舛，重以篆隶之殊，不能无失。生终后，数子各论所闻，以己意弥缝其阙，别作章句；（案《汉志》有《欧阳章句》三十一卷，《大、小夏侯章句》各二十九卷，而无张生《章句》。考《儒林传》夏侯胜之学由其先夏侯都尉从张生受《尚书》，则夏侯《章句》即张生之学。）又特撰大义，因经属指，名之曰《传》。刘向校书得而上之，凡四十一篇。"寻此序之意，盖张生、欧阳生之《尚书》，虽受自伏生，而其所作《章句》，则以己意弥缝其间，不纯记伏生之口说，故别自专门名家。而此《传》则杂成众手，不出一人，故不可以题为张氏或欧阳氏。传之者，推本师授，知其出自伏生耳。乃自唐以后，遽从而实之曰伏生作。故知自《隋志》以后，凡古书之注某人撰者，多误以传其学之人，即为著书之人。而今本所题之撰人，又后世浅人据《隋、唐志》所妄增矣。《四库提要》（卷十二。）引康成序谓"此《传》乃张生、夏侯生所述，特源出于胜，非胜自撰"。其说诚是，特不知古书似此者正多，不独《大传》为然也。

诸经传注，最初只加姓氏于书名之上，并不别题撰人。至于《齐诗》、《鲁诗》，则不以氏而以地，盖惟取与他家相识别耳。《公羊传》疏云："《左氏传》者，左丘明亲自执笔为之，以说经义，其后学者题曰《左氏》矣。且《公羊》者，子夏口授公羊高，高五世相授，至汉景帝时，公羊寿与弟子胡母生乃著竹帛。胡母生题亲师，故曰《公羊》，不说卜氏矣。《穀梁》者，亦是著竹帛者题其亲师，故曰《穀梁》也。"陆德明《毛诗音义》解《毛诗》二字之义云："《诗》是此书之名，毛者，传诗人姓。既有齐、鲁、韩三家，故题姓以别之。或云小毛公加《毛诗》二字。又曰河间献王所加。"是则并书名上之姓氏，亦非本人所题矣。

自《诗》分为四，《春秋》分为五，乃题姓氏于传之上以为识别。其后一传之中，又多别自名家，各为章句故训，于是复题其姓氏。盖其初由后人追题者，久而变为著者自署矣。其初只称氏者，久而并署姓名矣。今虽不能考其所自始，要是汉、晋以后之事。不可以例周、秦及汉初古书也。郑玄、赵岐、杜预注经皆只称氏，惟何休、何晏、王弼称名。然《公羊解诂》亦有作何氏者，则题"何休学"者，或后人所妄改也。

案：《公羊疏》云："案旧题云：《春秋隐公经传解诂第一》，公羊何氏。今定本云何休学。今案《博物志》曰：'何休注《公羊》，云何休学。有不解者，或答曰，休谦辞，受学于师，乃宣此义不出于己。'是其义也。"（见卷一。）阮元《校勘记》云："臧礼堂曰：'何氏题何休学，非也。杜预解《左传》，止题杜氏。赵岐《孟子章句》，但题赵氏。郑注《孝经》，但题郑氏，古人逊谦，不欲自表其名。（此说非是，详见后。）但著氏族，俾可识别耳。'按《唐石经·桓公第二》何休学，原刻作何氏，后磨改作何休。据疏引《博物志》，则晋时已称何休学矣。"

《诗疏》释郑氏笺三字曰："不言名而言氏者，汉承秦灭学之后，典籍出于人间，各专门命氏，以显其家之学。故诸为训者，皆云氏不言名。"此言深得古人之意。夫古书既不署名，而后人乃执相传之说，谓某书必某人所自作。就其时与事以求之，鲜有不见其牴牾者矣。

传注称氏，诸子称子，皆明其为一家之学也。《诸子略》中，自黄帝至太公、尹佚不称子者，（此等书大抵作于六国时。）此其人皆古之君相，平生本无子之称号也。（周初惟《鬻子》称子。）自陆贾、贾谊以下不称子者，学无传人，未足名家也。（此举其大较言之，六国子书亦有不称子者，盖皆用当时所通称以题其书，不可一概而论；详《法家篇》。）盖专门之学衰，而后著述之界严；口耳之传废，而后竹帛之用广。于是自著之书多而追叙附益之事乃渐少。然不可以例周、秦古书。夫《春秋三传》皆不题左丘明、公羊高、穀梁赤，故既题《荀卿新书》，（见刘向叙录。）不别题荀况撰，既题《晏子》，不别题晏婴撰。推之他书莫不皆然。古人既未自题姓名，则其书不必出于自著矣。

古书之题某氏某子，皆推本其学之所自出言之。《汉志》本之《七略》，上书某子，下注名某者，以其书有姓无名，明此所谓某氏某子者，即某人耳，非谓其书皆所自撰也。今所传刘向《叙录》，如《管子录》云："管子者，颍上人也，名夷吾，号仲父。"《晏子录》云："晏子名婴，谥平仲，莱者，今东莱地也。"《孙卿书录》云："孙卿赵人，名况。"此特因其书名《管子》、《晏子》、《孙卿子》而加以解释，以下即叙其平生事迹，于其书是否本人所作，或门弟子所记，不置一词，与《别录》言"《论语》皆孔子弟子记诸善言"（何晏《论语集解序》引。）者不同。惟《晏子录》云："又有颇不合经术，似非晏子言，疑后世辩士所为者。"此特言其记载失实，不似出于晏子之口，非辨其是否婴所自著也。自《隋志》不明此义，于《晏子春秋》则曰齐大夫晏婴撰，《孙卿子》则曰楚兰陵令荀况撰，《管子》则曰齐相管夷吾撰，其他古书，莫不求其人以实之。古人既不自题姓名，刘向、刘歆、班固又未言为何人所撰，不知作《隋志》者何以知之？然因此后人遂谓"管子自序其事泛滥而不切"，（《汉书艺文志考证》卷六引叶适说。）"晏子已亡，后人采婴行事为之，（按今《晏子》实即《汉志》著录之本，说详孙星衍《晏子春秋序》。）以为婴撰则非也。"（《通考》卷二百十二引《崇文总目》。）可谓辩乎其所不必辩者矣。（按《汉志考证》引《傅子》曰："《管子》书过半是后之好事者所加"，则傅玄已不能解此。《隋志》之误，亦有所自来也。）

《汉志·数术略》中所著录之书，无姓氏者十之八九。其小序曰："史官之废久矣，其书既不能具，虽有其书而无其人。"由此言之，则周、秦以前书之有其人者，必其学有授受，师师相传，知其出于某某，始因以题之。若数术则史官放废，专门之家法已亡，而其人遂不可知。然则古书之姓名，皆非其人所自题。《六略》中凡书名不著姓氏者，皆不可考者也。刘、班特于数术略言之，以当发凡起例耳。

汉无名氏《中论序》曰："予以荀卿子、孟轲，怀亚圣之才，著一家之法，继明圣人之业，皆以姓名自书，（按荀子名况不名卿，孟子名亦只见于书中，此语不可据。）犹至于今，厥字不传。原思其故。皆由战国之世，乐贤者寡，同时之人，不早记录，况徐子《中论》之书，不以姓名为目乎？恐历久远，名或不传，故不量其才，喟然感叹，先目其德以发其姓名，述其雅好不刊之行，属之篇首，以为之序。"（《中论》卷首）是汉末人著书，尚不自题姓名也。而谓周、秦人书，有自题某官某人撰者乎？

约而言之，则周、秦人之书，若其中无书疏问答，自称某某，则几全书不见其名，或并姓氏亦不著。门弟子相与编录之，以授之后学，若今之用为讲章；又各以所见，有所增益，而学案、语录、笔记、传状、注释，以渐附入。其中数传以后，不辨其出何人手笔，则推本先师，转相传述曰，此某先生之书云耳。既欲明其学有师法，又因书每篇自为起讫，恐简策散乱，不可无大题以为识别，则于篇目之下题曰某子，而后人以为皆撰人姓名矣。古书既多不出一手，又学有传人，故无自序之例。汉以后惟六艺立博士，为禄利之途。学者负笈从师，受其章句，大儒之门，著籍者辄数千人。而所自著之书，则无人肯受。于是有于篇末为之叙，自显姓名者，如太史公、扬雄自序是也。或奏进之书，则于文中自称某官臣某，如道家《郎中婴齐》、杂家之《博士臣贤对》之类是也。然仍无于篇题之下自标某人撰之例。后人因其所自称以题其书，故专家之书，有传其氏不传其名者。而自著之书，则有传其名不传其氏者矣。若既无自序，文中又不自称名，久之或竟无可考。故《中论序》谓"恐历久远，名或不传"，则有同时之人为之作序之例。要之皆因著者不自题姓名之故也。至于每卷自署某人撰，虽不详其所自始，要其盛行，当在魏、晋以后矣。

《论衡·书解篇》曰："著作者为文儒，说经者为世儒。二儒在世，未知何者为优？或曰文儒不若世儒。世儒说圣人之经，解贤者之传，义理广博，无不实见。故在官常位，位最尊者为博士，门徒聚众，招会千里。身虽死亡，学传于后。文儒为华淫之说，于世无补，故无常官。弟子门徒，不见一人。身死之后，莫有绍传。此其所以不如世儒者也。"读此可以知汉以后著作，亟亟不自显姓名之故矣。而遂以此例古之作者，必求其人以实之，又从而辩其某书非某人所撰。此乃执曹公之律令以案肃慎氏之不贡楛矢，先零之盗苏武牛羊也。不知古人著述之体例，而欲论古书之真伪，其弊往往似此。

古书书名之研究

古书之命名，多后人所追题，不皆出于作者之手，故惟官书及不知其学之所自出者，乃别为之名，其他多以人名书。今列举古人名书之例，叙之如下：

一曰：官书命名之义例。　章学诚曰："六经皆史也。古人不著书，古人未尝离事而言理，六经皆先王之政典也。"（《文史通义·易教》上。）其说树义甚精。《汉志》谓"诸子出于王官，皆起于王道既微，诸侯力政，时君世主，好恶殊方，是以九家之说，蜂出并作"，是则春秋以前，并无私人著作，其传于后世者，皆当时之官书也。（其他诸子在三代以前者，多出依托，详见后。）其书不作于一时，不成于一手，非一家一人所得而私，不可题之以姓氏，故举著书之意以为之名。如"连山似山出内云气；（原作出内气变，据阮氏《校勘记》改。）归藏者，万物莫不归而藏于其中"，（《周礼·春官·太卜》注。）"生生之谓易"，（《系辞传》）"'乘'者兴于田赋乘马之事，因以为名，'梼杌'者，嚚凶之类，兴于记恶之戒，因以为名"，（《孟子》赵岐注。）"《春秋》者，鲁史记之名也，记事者，以事系日，以日系月，以月系时，以时系年，年有四时，故错举以为所记之名也"，（杜预《春秋序》。）此其命名皆有意义。至于《诗》、《书》、《礼》、《周官》之类，尤为显而易见。《六经》之外，《尔雅》之名最古。《大戴记·小辩篇》云："子曰：'《尔雅》以观于古，足以辩言矣。'"魏张揖以为即今之《尔雅》，又云"周公著《尔雅》一篇"，（《上广雅表》。《经典释文·序录》云：《释诂》一篇，盖周公所作。）其言虽不知信否，要是古之官书，后人递有附益耳。（详见后。）《汉志·六艺略》中之书，如《司马法》、《国语》、《世本》、《战国策》、《太古以来年记》，儒家中之《周政》、《周法》，大抵源出古史，故皆举所记之事以命其书。若《汉著记》、《汉大年纪》之类，盖亦汉史所记。即《楚汉春秋》，亦不在《陆贾》二十三篇之内。盖记事之书，与立言之体，固自不同耳。

二曰：古书多摘首句二字以题篇，书只一篇者，即以篇名为书名。程大昌曰："《荡》之诗，以'荡荡上帝'发端。《召旻》之诗，以'旻天疾威'发端。盖采诗者摘其首章要语，以识篇第，本无深义。"（《考古编》卷一《诗论》九。）顾炎武曰："《三百篇》之诗人，大率诗成取其中一字二字三四字以名篇，故十五国并无一题，《雅》、《颂》中间一有之。（颂为宗庙之乐，出于士大夫之手，故另命名，非民间歌谣。）五言之兴，始自汉、魏，而《十九首》并无题，《郊祀歌》、《铙歌曲》各以篇首字为题。"又曰："古人之诗，有诗而后有题；今人之诗，有题而后有诗。有诗而后有题者，其诗本乎情；有题而后存诗者，其诗徇乎物。"（《日知录》卷二十二。）王国维曰："诗之《三百篇》、《十九首》，词之五代、北宋，皆无题。非无题也，诗中之意，不能以题尽之也。"（《人间词话》卷上。）愚谓不独诗词也，古人之著书作文，亦因事物之需要，而发乎不得不然，未有先命题，而强其情与意曲折以赴之者。故《诗》、《书》之篇名，皆后人所题。诸子之文，成于手著者，往往一意相承，自具首尾，文成之后，或取篇中旨意，标为题目。至于门弟子纂辑问答之书，则其纪载，虽或以类相从，而先后初无次第。（邢昺《论语疏·学而第一》，《正义》曰："其篇中所载，各记旧闻，意及则言，不为义例，亦或以类相从。"）故编次之时，但约略字句，断而为篇，而摘首句二三字以为之目。叶梦得曰："古书名篇，多出后人，故无甚理，老氏别道、德为上下篇，其本意也。若逐章之名，则为非矣。惟《庄》、《列》似出其自名。"（《避暑录话》卷一。）此言是也。（按《庄子·内篇》诸篇目，虽皆有意义，而《外篇》《骈拇》、《马蹄》之类，仍是摘字名篇。）《孝经》之名，见于《史记》，（《仲尼弟子列传》云："曾参作《孝经》。"邢《疏》引《钩命决》："孔子曰，吾志在《春秋》,行在《孝经》。"纬书之言,恐不可据。)其源甚古。《汉志》云:"夫孝,天之经,地之义,民之行也。举大者言,故曰《孝经》。"则此书亦是摘篇中字句以题篇。(邢《疏》云:"《易》有《上经》、《下经》,《老子》有《道经》、《德经》,孝为百行之本,故曰《孝经》。经之创制,孔子所撰也。"阮福《义疏》,因谓"以经为书之名目,实自《孝经》始",其说皆不免于穿凿,非是。)因书只一篇,故即以篇名为书名也。王国维曰:"《诗》、《书》及周、秦诸子,大抵以二字名篇,此古代书名之通例。字书亦然。《苍颉》篇首句虽不可考,然《流沙坠简》卷二第十八简上,有汉人学书字中有'苍颉作'三字,疑是《苍颉》篇首句中语,故学者书之。其全句当云'苍颉作书'。《爰历》、《博学》、《凡将》诸篇,亦有首二字名篇,今《急就》篇尚存,可证也。"(《观堂集林》卷五《史籀篇疏证序》,按今《急就》篇首句云:"急就奇觚与众异。"按《汉志》,《苍颉》、《凡将》诸书,皆只一篇,故摘字名篇,别无书名也。《史记·孔子世家》云:"子思作《中庸》。"沈约曰:"《礼记·中庸》取《子思子》。"(见《隋书·音乐志》。)《汉志》儒家有《子思》二十三篇,此篇盖在其中。使其单行,则只名《中庸》,不名《子思》矣。盖书只一篇,篇名即书名也。儒家有《王孙子》一篇,注云:"一曰《巧心》。"严可均以为未详。(《铁桥漫稿》卷五《王孙子叙》。)愚谓《汉志》诸子,除不知作者外,皆只以人名书。其只一篇者,盖别无篇题。独《王孙子》又别题其篇曰《巧心》,故注为"一曰"也。(《尹文子》一篇,今本作二篇,曰《大道上》,《大道下》,此为有书名又有篇名者,或为汉以后人所题,或班固略之,皆不可知。)

三曰:古书多无大题,后世乃以人名其书。 古人著书,多单篇别行；及其编次成书，类出于门弟子或后学之手，因推本其学之所自出，以人名其书。《史记·韩非传》云："作《孤愤》、《五蠹》、《内、外储说》、《说林》、《说难》，十余万言。"《孟子传》云："驺衍深观阴阳消息，而作怪迂之变，终始大圣之篇，十余万言。"《汉书·董仲舒传》云："仲舒所著，皆明经术之意，及上疏条教凡百二十三篇，而说《春秋》事得失，《闻举》、《玉杯》、《繁露》、《清明》、《竹林》之属，复数十篇十余万言。"《史记·管子传》、《庄子传》、《商君传》、《屈原传》、《汉书·东方朔传》，引其所著书，亦只有篇名。）此所叙诸子著书，皆只有篇名，无书名；又因全书不可胜举，故只随举数篇，以见其大凡。盖由古人著书，其初仅有小题，（谓篇名。）并无大题也。（谓书名。）馀若《史记·老子传》云："于是老子乃著书上下篇，言道德之意五千言而去。""或曰老莱子，亦楚人也，著书十五篇，言道家之用。"《孟子、荀卿传》云："慎到著十二论，环渊著上下篇。""荀卿于是推儒、墨、道德之行事兴坏，序列著数万言而卒。"《汉书·贾谊传》云："凡所著述五十八篇。"《公孙贺传》云："贺祖父昆邪，著书十余篇。"《王贡两龚鲍传》云："蜀有严君平，依老子、严周之指，著书十余万言。"此所叙诸子著书，只云若干篇若干言，初不云所著为何书，盖其书本无大题，后人始以人名名之也。《史记·孟荀传》云："赵有公孙龙，为坚白同异之辩，魏有李悝，尽地力之教。"此特叙其著书之意，犹之荀卿推儒、墨、道德之行事兴坏云耳，非其书名坚白同异及尽地利也。（《汉志》《公孙龙子》十四篇，《李子》三十二篇。）《史记·虞卿传》云："不得意，乃著书，上采《春秋》，下观近世，曰《节、义》、《称、号》、《揣、摩》、《政、谋》，凡八篇，以刺讥国家得失，世传之曰《虞氏春秋》。"然则《虞氏春秋》之名，乃世之传其书者名之耳，非卿所自名也。《晏子》之名《春秋》，亦同此例。《司马穰苴传》云："齐威王使大夫追论古者司马兵法，而附穰苴于其中，因号曰《司马穰苴兵法》。"《陆贾传》云："陆生乃粗述存亡之征，凡著十二篇，每奏一篇，高帝未尝不称善，左右呼万岁，号其书曰《新语》。"是则《司马穰苴兵法》，乃齐威王之大夫号之；《新语》之名，亦高帝之所号也。此古人著书不自命名之证也。推之《申子传》云"著书二篇。号曰《申子》"，《汉书·蒯通传》云"通论战国时说士权变，亦自序其说，凡八十一首，号曰《隽永》"。亦当是时人号之矣。《史记·孙武传》云"世俗所称师旅，皆道《孙子》十三篇"，《信陵君传》云"诸侯之客，进兵法，公子皆名之，(《索隐》云，公子所得进兵法，而必称其名，以言其恕也。) 故世俗称《魏公子兵法》"，此亦是世俗之人所称，与世传《虞氏春秋》同。独《孟子传》云"退而与万章之徒序《诗》、《书》，述仲尼之意，作《孟子》七篇"，与他传但言著书若干篇者不同。盖史公率尔言之，非作书之时已名《孟子》也。《司马相如传》云："相如已死，家无书，问其妻，对曰长卿固未尝有书也。时时著书，人又取去，即空居。长卿未死时，为一卷书，曰有使者来求书，奏之。无他书。"此亦古人著书不自编次之证也。盖因事作文，不自收拾，后人取而编辑之，因以人题其书。故《汉志》诸子，诗赋二略，题某人或某官某者，居十之九。古人之学，专门名家，所作杂文，皆在诸子，独于诗赋，别为一略。及至东京专家之学衰，而后别集兴，(《隋志》云别集之名，盖汉东京之所创也。) 又追为西汉以前人编集。《隋志》自(楚兰陵令荀况集)以下，凡四百三十七部，皆题某官某人，与《汉志》诸子诗赋之例同；其别为集名者只数部耳。（见后。《隋志》经子史三部撰人，皆用双行注于书名之下，独集部因以人名书，故不别注撰人。）汉、魏以后，学者著书，无不自撰美名者，独至文章，多由后人编定。故别集直书姓名者，至宋犹多。元、明以后，此风渐寡。然文集之不必手定，则今人尚多有之。古之诸子，即后世之文集也。出于门弟子所编，其中不皆手著，即题为某子。出于后人所编，非其门弟子，则书其姓名。汉武以后，传记不立博士，专家之学衰，故书名无称子者，考之《汉志》可知也。（汉人书称子者仅有蒯通一家。）东汉以后人著书，皆手自编定，其称某子，乃其人自子之耳。而《论衡·案书篇》乃曰："董仲舒著书不称子者，意殆自谓过诸子也。"此由不知古人著作体例，故有此傅会之说矣。

四曰：《汉志》于不知作者之书，乃别为之名。古之诸子，皆以人名书。然《汉志》中，亦有别题书名者，则大率不知谁何之书也。如儒家有《内业》十五篇，注曰："不知作书者。"《谰言》十篇，《功议》四篇，《儒家言》十八篇，阴阳家有《杂阴阳》三十八篇，法家有《燕十事》十篇、《法家言》二篇，并注曰："不知作者。"道家有《道家言》二篇，阴阳家有《卫侯官》十二篇，并注曰："近世不知作者。"杂家有《杂家言》一篇，注曰："《王伯》，（注："师古曰：言王伯之道。"）不知作者。"此皆《数术略序》所谓虽有其书，而亡其人也。《内业》、《谰言》之属盖皆后人之所题，或即用其首篇之名以名书。（《管子》有《内业篇》。）《儒家言》、《杂阴阳》、《法家言》、《杂家言》，则刘向校雠之时，因其既无书名，姓氏又无可考，姑以其所学者题之耳，皆非其本名也。（此条当与《古书不著撰人篇》

第十三条参看。）

五曰：自撰书名之所自始。 古书自六经官书外，书名之最早而可据者，莫如《论语》。《坊记》出于子思，（《隋书·音乐志》沈约曰：《坊记》取《子思子》。）已引《论语》曰："三年无改于父之道，可谓孝矣。"则当时已谓之《论语》矣。盖他书多散篇单行，后人编次，独《论语》则门人论纂之时，已勒为成书。既袞然巨帙，不可无大名以总汇之也。《史记·吕不韦传》云："是时诸侯多辩士，如荀卿之徒，著书布天下，不韦乃使其客人人著所闻，集论以为八览，六论，十二纪，十二余万言，以为备天地万物古今之事，号曰《吕氏春秋》。"（此言以为备天地万物古今之事，号曰《吕氏春秋》，则《春秋》之名，出于不韦之意，与他书为时人所号者不同。）自著书而自命之名，始见于此。不韦之举，纯出于好名。又其书成于众人之手，非所自撰，与他人著书以传后学者不同，故亟亟焉表章之。盖古以学术为公器者，至是始为私人争名之具矣。（其始已有《魏公子兵法》，亦宾客所进。不韦之养士，即系效法四公子，故亦有此举。）其后淮南王安，招致宾客方术之士数千人，作为《内书》二十一篇，《外书》甚众，（见《汉书》本传。高诱《淮南鸿烈解叙》云："天下方术之士，多往归焉。于是遂与苏飞、李尚、左吴、田由、雷被、毛被、伍被、晋昌等八人，及诸儒大山、小山之徒著此书。"）其事与吕不韦正同，故亦自号曰《鸿烈》。（《淮南·要略》篇云："此《鸿烈》之《泰族》也。"高诱叙云："鸿，大也；烈，明也。"《西京杂记》卷三云："淮南王安，著《鸿烈》二十一篇。"）其《要略篇》即全书之自序，具列篇目与其所以作文之意，前后两言故著二十篇，是其书已自行编定矣。司马迁作《史记·自序》云："凡百三十篇，五十二万六千五百字，为《太史公书》序。"是迁书亦出手定，且自名为《太史公》也。（王国维《太史公行年考》谓史公原书本有小题，而无大题。然此语明见于《自序》，今案《孝武本纪》、《集解》引韦昭说，谓"《史记》称迁为太史公，是外孙杨恽所称"。《索隐》引桓谭《新论》，以为"太史公造书，书成示东方朔，朔为平定，因署其下。太史公者，皆东方朔所加之也。"此二说盖谓于每卷篇目之下，别题太史公三字，所谓小题在上，大题在下，非谓《自序》中之书名也。至迁书在汉时只名《太史公》，不名《史记》，则钱大昕《潜研堂文集》卷十二《答问》九已发其端，王氏《行年考》引证尤为详尽。其说固确不可易。）盖自撰书名，萌芽于《吕氏春秋》，而成于武帝之世。适当罢黜百家之后，文儒著书，无人可传，不能不自行编次。专门之学衰而后著述之界严，于此可以知体例变迁之故矣。其后宣帝时则有桓宽之《盐铁论》，西汉末则有刘向、扬雄所序书。东汉以后，自别集之外，几无不有书名矣。

汉志著录之书名异同及别本单行

《汉书·艺文志》著录之书，其名往往与今本不同，亦或不与六朝、唐人所见本同，并有不与《七略》、《别录》同者，其故由于一书有数名，《汉志》只著其一也。古书书名，本非作者所自题。后人既为之编次成书，知其为某家之学，则题其氏若名以为识别；无名氏者，乃约书中之意义以为之名。所传之本多寡不一，编次者亦不一，则其书名不能尽同。刘向校书之时，乃斟酌义例以题其书。至汉人著述，颇有自题书名者矣，而刘、班牵于全书著录之例，虽其本名，或不尽用；《别录》中盖详著之。《七略》、《别录》既亡，班固之自注甚略，书名异同，不尽可考。又有古书之名，为后人所改题，出于向、歆校书以后者。故虽其书真出古人，求之《汉志》而无有，则辩论纷然，疑议蜂起矣。今于其有可考者，旁引群书，为之疏通证明之，其无可考者，不敢强为之说也。试条举其例如下：

一曰《七略》之书名，为班固所改题。如《子夏易传》，即《韩氏易传》是也。（此谓《七略》著录之《子夏易传》。若《隋、唐志》之书，张惠言疑为晋以后人作。至北宋人所见，据《通考》引晁说之说，乃唐张弧伪撰。今所传十一卷本，据《经义考》及《四库提要》，乃宋以后人伪作，不可混为一书。）《汉志》、《易》家有《易传韩氏》二篇，注云"名婴"，按《唐会要》司马贞引《七略》有"《子夏易传》，刘向云：韩氏婴也"，是其书初名《子夏易传》，不名《韩氏易传》。班固因诸家《易传》至《丁氏》以至《周氏》，皆题某氏，（《古五子》及《淮南道训》以不知作者，故为例外。）欲使先后一律，遂采《七略》之语，题为《韩氏》。但《儒林传》不言韩婴字子夏，后人误以为是孔子之弟子卜商，因疑子夏并不传《易》，而韩婴之《易》，又不详其所从受，何以婴作《易传》，题子夏之字？遂不信刘向之说，别自以意推测，云或丁宽所作，或驸臂子弓所作。（均见后。）盖谓子弓、丁宽之《易》，均传自商瞿，宜得接闻子夏之绪论也。是已邻于想当然矣。至《隋志》遂从而实之曰："魏文侯师卜子夏传。"于是刘知几、司马贞皆以为疑。夫疑当时传来之非真，可也；并疑《七略》之题韩婴，而斤斤致辨于非卜子夏，则非也。宋人乃别求汉人之字子夏者以当之，孙坦以为杜邺，（见《书录解题》

卷一,《玉海》卷三十五,《经义考》卷五。)赵汝楳以为邓彭祖,(见《经义考》卷五,清崔应榴亦以子夏为彭祖,见《吾亦庐稿》卷一。)以二人皆字子夏也。其说均不免于无征不信。至清儒张惠言,始信《七略》之《子夏传》为韩婴所作,而又以为韩氏之学,或出于子夏,则仍以子夏为卜商矣,不如臧庸直谓韩婴字子夏,扫昔人之所疑而空之,可谓痛快。然谓婴为幼孩,故字子夏,夏,大也,其解释犹不免迂曲。惟宋翔凤据《儒林传》韩婴之孙名商,谓子夏当是商之字。与卜子夏名字正同。此说文义既协,又与《七略》、《汉志》及《儒林传》均无不合,千古积疑,至斯可释。韩婴之传而题以韩商之字者,盖商又有所附益,古人家法相传,固多如此。其后弟子题其亲师,因曰《子夏》矣。《七略》说之不详,班固又不云"《易传韩氏》,一曰子夏",遂使后人附之魏文侯师,而异说纷然并作,古书之不易读如此。

《唐会要》卷七十七 开元七年诏:《子夏易传》,近无习者,令儒官详定。刘知几议曰:"按《汉志》易有子三家,而无子夏作传者。至梁阮氏《七录》,始有《子夏·易》六卷,或云'韩婴作',或云'丁宽作'。然据《汉书》,《韩易》十二篇,《丁易》八篇'。求其符会,则事殊乖剌者矣。夫以东鲁服膺,文学与子游同列,西河告老,名行将夫子连踪;而岁越千龄,时经百代,其所著述,沈翳不行,岂非后来假凭先哲。必欲行用,深以为疑。"司马贞议曰:"按刘向《七略》有《子夏易传》,但此书不行已久,今所存多失真本。又荀勖《中经簿》云'《子夏传》四卷,或云丁宽所作',是先达疑非子夏矣。又《隋书·经籍志》云:'子夏传残阙,梁六卷。'今二卷,知其书错谬多矣。

又王俭《七志》引刘向《七略》云：'《易传》子夏，韩氏婴也。'今题不称韩氏，而载薛虞记。又今秘阁有子夏传，薛虞记，其质粗略，皆趣非远，无益后学。"

张惠言《易义别录》卷十四《释文·叙录》："《子夏易传》三卷。"（按《叙录》此下有"卜商字子夏，卫人，孔子弟子，魏文侯师"十五字。）《七略》云："汉兴，韩婴传。"《中经簿录》云："丁宽所作"，张璠云："或驲臂子弓所作，薛虞记，虞不知何许人。"《隋书·经籍志》："《周易传》（按《隋志》无传字。）二卷，魏文侯师卜子夏传，残阙，梁六卷。"案《汉书·艺文志》，《易》有《韩氏》二篇，《丁氏》八篇，而无驲臂子弓，则张璠之言不足信。丁宽受《易》田何，上及驲臂子弓，受之商瞿，非自子夏，则荀勖言丁宽亦非。刘向父子，博学近古。以为韩婴，当必有据。《儒林传》称韩生亦以《易》授人，推《易》意而为之传，不闻其所受，意者出于子夏，与商瞿之传异耶。今所传《子夏传》十一卷，《崇文总目》云十卷，以《释文》、《集解》诸书所引校之，都不相合。晁以道云："是唐张弧所作"，惠征士栋以为唐时《子夏》残书尚存，无容伪为，（按《子夏》残书自经开元议驳，更不行用，安知不亡于中唐以后耶？）为之必宋人也。然予谓即唐时二卷者，亦非真《韩氏》书。其文浅近卑弱，不类汉文。（按唐人所见之《子夏易传》，固未必真韩婴书，然其遗文传者甚少。张氏《别录》所辑，仅数十条，大抵零章断句，惟解元亨利贞一条，至五十余字耳。不知何以知其浅近卑弱。且多据朱震《汉上易传》辑入，震所见者，是否为《隋、唐志》著录之本，抑为张弧伪本，尚不可知也。)殆永嘉以后,群书既亡,好事者聚敛众说而为之也。

臧庸《拜经日记》卷三(《学海堂经解》本。)《释文·叙录》:"《子夏易传》三卷。"《七略》云:"汉兴韩婴传。"《文苑英华》载唐司马贞议云:"王俭《七志》引刘向《七略》云:'《易传子夏》,韩氏婴也。'"案考校是非,大较以最初者为主,虽千百世之下可定也。《七略》刘子骏作,班孟坚据之以作《艺文志》,《七略》既云是汉兴子夏韩氏婴传,(按《释文·叙录》与王俭《七志》所引文各不同,《七志》引云《易传子夏》,韩氏婴也。《易传》是一类之名,《子夏》是一书之名,韩氏婴也,是释《子夏易传》之语,刘、班著录之例,经传章句各归其类。如《汉志》、《易传周氏》二篇以下,自《服氏》至《淮南道训》,皆《易传》也。《七略》所言《易传子夏》,亦同此例,其汉兴韩婴传又其下文之语。今臧氏割裂其文,合两处及上下句为一,使子夏韩氏婴五字相连属,以证其子夏为韩婴字之说,实非《七略》之意。)便可知非孔子弟子卜子夏矣。《汉书·儒林传》云:"韩婴燕人,婴推诗人之意而作《内、外传》数万言,亦以《易》授人,推《易》意而为之传",此尤为韩婴作《易传》之明证。婴为幼孩,故名婴字子夏。夏,大也。《汉志》"《易传韩氏》二篇。名婴",与刘《略》合,但孟坚于志传皆只书其名,而不载其字,所以滋后人之疑。王俭、陆德明所引《七略》,可补班书所未备。

宋翔凤《过庭录》卷一 《汉书·儒林传》云:"韩生亦以《易》授人,推《易》意而为之传。燕、赵间好《诗》,故其《易》微,唯韩氏自传之。其孙商为博士,孝、宣时涿郡韩生其后也。

以《易》征，待诏殿中，曰：'所受《易》即先太傅所传也。'"翔凤案子夏当是韩商之字，与卜子夏名字正同，当是取传《韩氏易》最后者题其书，（按韩商之后，尚有涿郡韩生，则商不可为传韩《易》最后者。此自是商于韩婴之《传》，以己意有所弥缝于其间耳。）故《韩氏易传》为《子夏传》也。

二曰《别录》书有数名者，《汉志》只著其一，如《淮南道训》是也。《初学记》卷二十一引刘向《别录》云："所校雠中《易传·淮南九师道训》，除复重定著十二篇。（《汉志》作二篇。）淮南王聘善为《易》者九人，从之采获，故中书题曰《淮南九师书》。"（今本《九师书》上无"淮南"二字，据《玉海》卷三十五引《初学记》补。）按《道训》当是淮南著书时所题，犹《淮南子》自名曰《鸿烈》也。然汉中秘书只以著书之人目之，题曰《淮南九师书》。刘向又合此二名，题为《淮南九师道训》。班固《汉志》又省称之曰《淮南道训》，注又有《九师说》之名，（自注云：淮南王安聘明《易》者九人，号《九师说》。）是可见古书之无定名矣。

三曰刘、班于一人所著，同为一家之学者，则为之定著同一之书名，如《淮南内、外》是也。《汉志》杂家《淮南内》二十一篇，《淮南外》三十三篇，《淮南王安传》亦只云："招致宾客方术之士数千人，作为《内书》二十一篇，《外书》甚众，又有《中篇》八卷，言神仙黄白之术，亦二十余万言"，而不言其书名。然《淮南·要略》篇历举所著《内书》二十篇之名，而总括之曰"此《鸿烈》之《泰族》也"。高诱叙云："其大较之于道，号曰《鸿烈》。光禄大夫刘向，校定撰具，名之《淮南》，又有十九篇者，谓之《淮南外篇》"。（按《外篇》篇数，与《汉志》不合。《西京杂记》卷三，言安著《鸿烈》，号为《淮南子》，不可据。)夫刘安既自号其书为《鸿烈》，何以刘向校定谓之《淮南》？盖尝考之群书之例而得其说焉。安所著虽有《内》、《外》书之分，体例不同，同为杂家之学。(《要略》篇末历举太公、儒家、墨家、管子、纵横、刑名、商鞅之书，论其学之所由生，而终之曰：若刘氏之书，观天地之象，通古今之论云云，是即杂家兼儒墨合名法之旨，特其大较归之于道耳。)《鸿烈》特其《内篇》之名，不可以该《外书》。刘向既为之撰具，因改题为《淮南》，以总会之。犹之《鬼谷子》编入苏秦书，则不名《鬼谷》，《新语》编入《陆贾》书，则不名《新语》也。特《鬼谷》、《新语》，乃合之于其他著述之内，此则《内》、《外》篇仍分别著录，为小异耳。

　　四曰今所传古书之名，有为汉以后人所改题，故与《汉志》参差不合，如老子《道德经》是也。《史记·老子传》只言"著书上下篇，言道德之意"。周、秦、西汉人引其书，均只称为《老子》。故《汉志》著录《老子》四家，(《老子邻氏经传》,《老子傅氏经说》,《老子徐氏经说》,刘向《说老子》。)皆不名《道德经》。扬雄《蜀王本纪》云"老子为关令尹喜，著《道德经》"，(《御览》卷一百九十二、《太平寰宇记》卷七十二引。)《道德经》之名，始见于此。《蜀王本纪》叙事多荒诞，又其书《汉志》不载，《隋志》始著录，是否扬雄所作，盖不可知。(洪颐煊《经典集林》有辑本。)《烈仙传》卷上《老子传》云："关令尹喜强使著书，作《道德上、下经》二卷。"《列仙传》旧题刘向撰，应劭《汉书音义》已引用之，当是东汉人伪作。边韶《老子铭》曰："肥遁之吉，避世隐声，见迫遗言，《道德》之经。"(见《隶释》卷三。)是《道德经》之名，盛行于汉末。(《金楼子·立言》篇引河上公《序》言："周道既衰，老子疾时王之不为政，故著《道德经》二篇。"今河上公注有葛仙翁序曰："于是作《道德》二篇，五千文上下经焉。"河上公注，晋以后伪书，不足据。）刘向校书时所未有，故不见于《汉志》。古书似此者其多，如唐天宝中号《老子》为《玄通道德经》，（《唐志》云世不称之）《庄子》为《南华真经》，《列子》为《冲虚真经》，《文子》为《通玄真经》，（尚有《亢桑子》为《洞灵真经》，本无其书。）此是奉诏所改，故书于《唐志》。其他出于私人意为题署者，盖不可尽考矣。

以上释书名异同之例。

别本单行者，古人著书，本无专集，往往随作数篇，即以行世。传其学者各以所得，为题书名。及刘向校定编入全书，题以其人之姓名，而其原书不复分著，后世所传，多是单行之本，其为自刘向校本内析出，抑或民间自有古本流传，不尽行用中秘定著之本，皆不可知。今略举数以明其例。

《鬼谷子》编入《苏子》。《汉志》纵横家有《苏子》三十一篇，注云"名秦"，而无《鬼谷子》，世皆以为伪书。柳宗元《辩鬼谷子》曰："汉时刘向、班固录书，无《鬼谷子》。《鬼谷子》后出，而险蟄峭薄，恐其妄言乱世，难信。"（见《柳集》卷四。）疑《鬼谷》者以此为最早。明胡应麟《四部正讹》（卷中。）因诋为浅陋，谓"即仪、秦之师，宜不至猥下如是"。又云："《鬼谷子》文体不类战国，晋皇甫谧序传之。案《汉志》纵横家有《苏秦》三十一篇，《张仪》十篇，隋《经籍志》已亡。盖东汉人本二书之言，会萃附益为此，或即谧手所成，而托名鬼谷，若子虚、亡是云耳。"（《少室山房笔丛》卷三十一。）《四库提要》（卷一百十七。）谓"其言颇为近理，然亦终无确证"。今案《史记·苏秦传》云："苏秦东师事于齐，（时天下之学在齐鲁。)而习之于鬼谷先生。"《索隐》曰:"乐台(《正义》作乐壹。)注《鬼谷子》云:'苏秦欲神秘其道,故假名鬼谷。'"《正义》云:"《七录》有《苏秦书》,《鬼谷子》有《阴符》七篇,有《揣》及《摩》二篇。《战国策》云:'得太公《阴符》之谋,伏而诵之,简练以为揣摩,期年揣摩成。'按《鬼谷子》乃《苏秦书》明矣。"(今殿本《史记正义》无此条,此据《玉海》卷三十五引。)《汉书·杜周传》赞云:"业乘危而抵陒。"(案谓杜业。)注:"服虔曰:'抵音坻,陒音羛,谓罪败而复抨击之,《苏秦书》有此法。'师古曰:'一说陒读与戏同,鬼谷有《抵戏篇》也。'"详师古之意,盖证明服虔所引之《苏秦书》,即《鬼谷子》也。马总《意林》卷二云:"《鬼谷子》五卷,总按其序云:'周世有豪士隐者居鬼谷,自号鬼谷先生,无乡里族姓名字。'注云:'此苏秦作书记之也。鬼之言远,有司马相如假无是公云尔。'"(按此当是乐台注。)《新、旧唐志》皆有《鬼谷子》二卷,注云"苏秦"。司马贞、张守节、颜师古、马总皆唐人,《旧唐志》本之唐毋煚《古今书录》,是唐人自柳宗元外,皆以为《鬼谷子》即《苏子》也。张守节言《七录》有《苏秦书》,今《隋志》有《鬼谷子》,而《苏秦书》不著录。考《隋志》之例,凡阮孝绪《七录》有,而隋目录无者,辄注曰梁有某书,亡。今于纵横家,不注梁有《苏秦书》,盖因阮孝绪以《鬼谷子》为苏秦撰也。乐台《鬼谷子注》,见于《隋志》,当是隋以前人。台谓苏秦名鬼谷,是南北朝人亦以为《鬼谷子》即《苏子》也。《文选·吴都赋》刘逵注云:"鬼谷先生书有《抵巘篇》。"按左思《三都赋》成,刘逵、张载作注,皇甫谧作序;使《鬼谷子》为谧所伪撰,逵与之同时,安肯遽引其书?是胡应麟谓成于谧手之说，不足据矣。刘向《说苑·善说篇》引《鬼谷子》曰："人之不善，而能矫之者，难矣。说之不行，言之不从者，其辨之不固也。既固而不行者，未中其心之所善也。辨之，明之，持之，固之，又中其人之所善，其言神而珍，白而分，能入于人之心。如此而说不行者，天下未尝有也。"（今《鬼谷子》无此文，按《内揵篇》陶弘景注云："揵者，持之令固也。言上下之交，必内情相得，然后结固而不离。"正用辨之，明之，持之，固之之意，知此是《内揵篇》佚文。《汉书艺文志考证》及《四库提要》，仅以"人之不善而能矫之者难矣"一句为《鬼谷子》语，非是。）是西汉时已有《鬼谷子》。胡应麟谓为东汉人会粹附益之说，又不足据矣。刘向既引用其语，则不能谓为未见其书，何以《七略》不著于录？盖《鬼谷子》为苏秦手著，其《战国策》中合纵说六国之词，不在此书之中。向合而编之，为《苏子》三十二篇，（或是秦、汉间为纵横说者所编。）故《鬼谷子》不别著录也。（此为拙著《四库提要辨证》之说，后见顾实《汉书艺文志讲疏》，亦持此论，惟不及余说之详。）

《新语》编入《陆贾》书。《史记、汉书·陆贾传》皆言高帝号其书曰《新语》。《史记》又曰："余读陆生《新语》书十二篇。"班固《宾戏》云："近者陆生优游，《新语》以兴。"而《汉志》儒家无《新语》，仅有《陆贾》二十三篇，《四库提要》（卷九十一。）以为兼他所论述计之，是也。王充《论衡》于《新语》，极口独赞，推崇备至，（见《书解篇》、《案书》篇。）而其书引《陆贾》者凡三处，（见《本性》篇、《书虚篇》、《薄葬篇》。）均不见于《新语》，盖皆在十二篇之外也。刘向既并贾他所论述合著于录，《新语》乃奏进十二篇之名，不可以概全书，故以人名书，题为《陆贾》。此本古书之通例，如《中庸》之编入《子思子》，尤其显著者也。后人以《新语》见于本传，故知其与儒家之《陆贾》为一书，而他书似此者，则不能推类以及之，不可谓之善读书也。（今所传《新语》皆出于明弘治间李庭梧刻本，实是陆贾原书。《提要》疑为后人依托，所引证纰缪百出，余作《辩证》已驳正之，考订极详，文繁不录。）

《六韬》编入《太公》书。《汉志》道家有《太公》二百三十七篇，分为《谋》八十一篇，《言》七十一篇，《兵》八十五篇，《隋志》兵家书名冠以太公者凡十种，（又梁有《太公杂兵书》一种。）其中盖真伪错出，未必皆《汉志》著录之书，然亦当有由二百三十七篇之中析出别行者。其书今存者惟有《六韬》六卷，自陈振孙以为世俗依托，（见《书录解题》卷十二。）《四书提要》（卷九十九。）因谓："《汉志》不著录，《三国志·先主传》注，始称间暇历观诸子及《六韬》、《商君书》，《隋志》始载太公《六韬》，大抵词意浅近，不类古书。"今按《淮南子·精神训》云："故通许由之义，而《金縢》、《豹韬》废矣。"高诱注曰："《金縢》，《豹韬》，周公太公阴谋图王之书也。"是其书西汉已有之。《后汉书·何进传》云："大将军司马许凉、假司马伍宕说进曰：'太公《六韬》，有天子将兵事。'"是《六韬》之名，后汉已有之，不始于三国。再进而征之于《庄子·徐无鬼》篇云："横说之则以《诗》、《书》、《礼》、《乐》，从说之则以《金版》、《六弢》。"陆德明《释文》云："本又作《六韬》，谓太公《六韬》：文、武、虎、豹、龙、《犬》也。"（此与今本次序不同，《何进传》注载其篇第为文、武、龙、虎、豹、犬，与今本合。）则周末已有是书矣。（《庄子》语《提要》亦引之，但谓陆德明即以为太公《六韬》，未知何据。）自颜师古以为即儒家之《周史六弢》，宋刘恕因班固自注云："惠、襄之间，或曰显王时，或曰孔子问焉。"今书乃文王、武王问太公战之事，愈疑其出于后人依托。（见《通鉴外纪》卷一。）不知儒家之《六弢》，六当作大，《庄子·则阳》篇所谓"仲尼问于太史大弢也"，师古自误说耳。（此本沈涛《铜熨斗斋随笔》之语。）至于诸家讥其浅驳，诋其鄙俚，书中多言骑战，春秋以前中国未有；（《汉志考证》卷五引唐氏说。）避正殿乃战国以后之事；将军之名，始见《左传》，周初亦无此名；（《提要》说。）不知班固于道家《太公》下明有自注云："吕望为周师尚父，本有道者；或有近世又以为太公术者之所增加也。"此亦《七略》之语。刘、班云近世增加，则其书有秦、汉间人所作，其记春秋、战国以后之事，自不足怪。古人著书，不皆精粹，浅陋之说，固所时有。九流百家，所出既异，故操术不同。宋以后人读书，好以理学家言是非古人，尤非通方之论。《六韬》之为古书，流传有绪，而说者乃以书名不见《汉志》为疑，此不知古书编次著录之例也。（祖谟案：山东临沂银雀山所出汉代竹简有《六韬》。）

　　以上所举三书，皆就其书名出于西汉以前，今确知其编入某书者言之。若夫《本草》之名，见于《平帝本纪》（五年，征天下通知方术、《本草》者。）及《游侠传》。（楼护诵医经《本草》方术数十万言。）《周礼·疾医》疏："《中经簿》云：'子义《本草经》一卷'，并不说神农。"然则今之《本草》，乃子义所作，传者托之神农，犹之阴阳家之《黄帝泰素》，本韩诸公子所作，（见班固自注。）而题为黄帝耳。子义亦作子仪，扁鹊之弟子（见《贾疏》引刘向说及《韩诗外传》卷六）。其书当在扁鹊书之内。（弟子书附先师，亦古书之通例。)《汉志》医经有《扁鹊内、外经》，方有《泰始黄帝扁鹊俞拊方》，今不能定知编入何书。又《九章算术》，后汉马续、(见《马援传》。)郑玄(见本传。)并善之，而《汉志》不著录。考魏刘徽《九章算经序》云："周公制礼而有九数，九章足矣。汉北平侯张苍，大司农中丞耿寿昌，皆以善算命世。苍等因旧文之遗残，各称删补，故校其目，与古或异，而所录者多近语也。"(近语谓汉人之语。《提要》卷一百七疑书中长安上林之名，苍不及见，不知此出于耿寿昌。上林苑作于武帝时，寿昌宣帝时人，故引用入书，此之谓所论多近语也。)按苍本传言苍善用算律历，《史记•自序》云："汉兴张苍为章程。"《集解》如淳曰："章，历数之《章术》也。"则"章程"之"章"，即谓《九章算术》。《汉志》阴阳家有《张苍》十六篇，本传亦云著书十八篇，言阴阳律历事，疑《九章算术》当在其内。因无确据，不敢以为定论。古书似此者，不胜枚举，学者举一反三焉，可也。至于《孙子》十三篇，在《吴孙子兵法》二十八篇之内，其事与书名无与，详见《论编次》篇。

以上释别本单行之例。

卷二 明体例第二

秦汉诸子即后世之文集

章学诚曰:"周衰文弊,六艺道息,而诸子争鸣。盖至战国而文章之变尽,至战国而著述之事专,至战国而后世之文体备。故论文于战国,而升降盛衰之故可知也。"又曰:"后世之文,其体皆备于战国,何谓也?曰子史衰而文集之体盛,著作衰而辞章之学兴。文集者,辞章不专家,而萃聚文墨以为蛇龙之菹也。"(《文史通义·诗教》上。)此其言是矣。周、秦、西汉之人,学问既由专门传受,故其生平各有主张,其发于言而见于文者,皆其道术之所寄,"九家之说,各引一端,崇其所善",(三语见《汉志·艺文略》。)"不能相通,皆有所长,时有所短"。(见《庄子·天下篇》。)则虽其平日因人事之肆应,作为书疏论说,亦所以发明其学理,语百变而不离其宗,承其学者,聚而编之,又以其所见闻,及后师之所讲习,相与发明其义者,附入其中,以成一家之学。故西汉以前无文集,而诸子即其文集。非其文不美也,以其为微言大义之所托,言之有物,不徒藻绘其字句而已。故《昭明文选·序》曰"老庄之作,管孟之流,盖以立意为宗,不以能文为本"也。然而因其不专于为文,遂谓"专名为文者,必沈思翰藻而后可",(见阮元《揅经室三集》卷二《书昭明太子文选序后》。)若欲摈之不得与于文章之列，则非也。(《文心雕龙》有《诸子篇》。)诸子之文，何尝不"事出于沈思，义归于翰藻"耶？专以沈思翰藻为文，乃后世学术之所以日衰也。章氏又曰："周、秦诸子之学，专门传家之业，未尝欲以文名。苟足以显其业而可以传授于其徒，则其说亦遂止于是，而未尝有参差庞杂之文也。两汉文章渐富，为著作之始衰。然贾生奏议，编入《新书》，相如词赋，但记篇目，皆成一家之言，与诸子未甚相远。初未尝有汇次诸体，裒焉而为文集者也。"(《文史通义·文集篇》。)可谓知言。今取子书中诸文体，略依《文选》分类序次，胪举于后，皆就其确为古人手著，体制业已成立者言之。若夫今日某体虽源出于古书某篇，而当时实无此名，则不复详。

赋

《荀子·赋篇》　汉志诗赋略，有《孙卿赋》十篇，儒家有《孙卿子》三十三篇。(王应麟《考证》云，当作三十二篇。)本是二书。然今《荀子》书内有《赋篇》，(刘向原目第三十二，杨倞移入卷十八。)凡《礼》、《知》、《云》、《蚕》、《箴》五篇，《遗春申君赋》一篇。又有《成相篇》，亦赋之流，(《汉志》杂赋内有《成相杂辞》十一篇。)胡元仪按其文义，分为五篇，(见王先谦《集解》卷首胡氏《荀卿别传考异》。)较《汉志》反多一篇。是孙卿所作赋，刘向定著《新书》之时，皆已收入矣。诗赋略所著录，盖别本单行者也。

贾子《新书》内有《吊湘赋》。　《书录解题》卷九曰："贾子十一卷，首载《过秦论》，末为《吊湘赋》。"(即《史》、《汉》本传内之《吊屈原赋》，《文选》之《吊屈原文》，今本无此篇。)案《汉志》有《贾谊赋》七篇,《新书》独载《吊湘赋》者,以此篇尤其平生意志之所在也。

《东方朔》书中有赋　《汉志》无东方朔赋,惟杂家有《东方朔》二十篇。本传言"刘向所录朔书,有《封泰山》、《责和氏璧》及《皇太子生禖》、《屏风》、《殿上柏柱》、《平乐观》、《赋猎》"。考《枚皋传》云:"武帝春秋二十九,乃得皇子,群臣喜,故皋与东方朔作《皇太子生赋》及《立皇子禖祝》。"然则《朔传》所言,自皇太子生以下,皆所作赋也。赋不入诗赋略,而入杂家者,以其学为杂家,而诗赋则非其所长耳。(《枚皋传》云:"皋为赋善于朔,自言为赋不如相如",皋赋既不如相如,而朔又不如皋,故知非其所长。)

《汉志》杂家"《臣说》三篇,武帝时所作赋"。王氏补注引沈涛说,谓"志所引杂家皆非词赋,此赋字误衍",其说非是,东方朔非杂家乎?

诗

《荀子》有《佹诗》　《赋篇》内《佹诗》一篇,前后皆四言,中杂长句,其体盖在诗赋之间。

《东方朔》书内有诗　《朔》本传言"朔书有七言、八言上下",《注》晋灼曰:"八言、七言诗,各有上下篇。"

诏策

《汉志》儒家"《高祖》十三篇,高祖与大臣述古语,及诏策也"。案《古文苑》卷十有汉高祖手敕太子五条,(宋淳熙无注本在卷五。)盖出此书。

又"《孝文传》十一篇,文帝所称及诏策"。

令

商子有《垦令篇》　案《更法篇》云："孝公曰：'善。'于是遂出《垦草令》。"即指是篇也。凡《管》、《商》书中多当时之教令，特此篇明见篇名，最为可据耳。

教

《汉书·董仲舒传》云："仲舒所著，皆明经术之意，及上疏条教，凡百二十三篇。"

上书　疏

《韩非子·存韩》篇云："诏以韩客所上书，书言韩之未可举，下臣斯甚以为不然。"　案此乃附载李斯驳议韩客所上书，即指《存韩篇》也。非书内《初见秦》、《言难》，亦皆所上秦王书。（《言难》篇首云："臣非非难言也。"末云："愿大王熟察之也。"）

《汉志》儒家"《贾山》八篇"。　王氏《补注》引叶德辉曰："本传惟载《至言》一篇，（《传》云，孝文时言治乱之道，借秦为谕，名曰《至言》。）其言谏文帝除铸钱，讼淮南无大罪，言柴唐子为不善，皆无其文，当在此八篇中"。

又"《贾谊》五十八篇"。　王应麟《考证》云："颜师古曰：'谊上疏可为太息者六，今三而止，盖史取其切要者。'考《新书》诸篇，其末缀以痛哭者一，流涕者二，太息者四，其余篇目或泛论事机，而不属于是三者，班固作传，分散其书，参差不一。总其大略，自'陛下谁惮而久不为此'已上，则取其书所谓《宗首》、《数宁》、（案《数宁》

篇。）班固录为首段，即所谓臣窃惟事势，可为痛哭者一，可为流涕者二，可为长太息者六也。"痛哭"《新书》作"痛惜"。《藩伤》、《藩强》、《五美》、（自注："'一动而五业附'，《新书》云'五美'。"）《制不定》、《亲疏危乱》，凡七篇而为之。自'天下之势方病大肿'以下，以为痛哭之说，与其书合。（按此节乃《新书·大都》篇之后半，其前有"可痛惜"一段。《汉书》删去。）至于流涕二说：其论足食劝农者，是其一也，（按即《新书·无蓄》诗。）而固载之《食货志》，不以为流涕之说也。《论制》、《匈奴》，其实一事，凡有二篇，其一书以为流涕，（《新书·威不信》篇有可为流涕语。）其一则否，是与前所谓足食劝农而为二也。固既去其一，则以为不足，故又分《解县》、《匈奴》二篇，以为流涕之二。（按《汉书》两流涕乃翦裁《新书》四篇为之。其前一节，乃《解县》及《威不信》二篇。后一节则《匈奴》及《势卑》二篇也。于《匈奴》篇删节尤甚。）说庶人上僭，（按即《孽产子》诗。）礼貌大臣，（按即《阶级篇》。）皆其书所谓太息之说也。固从而取之，当矣；而其书又有《等齐篇》论当时名分不正，《铜布》篇论收铸铜钱，又皆其太息之说也，固乃略去《等齐》之篇不取，而以《铜布》之篇附于《食货志》，顾取《秦俗》、《经制》二篇，其书不以为太息者，则以为之。"（案《治安策》中尚有"豫教太子"一段，凡分二节，前一节自"夏为天子"起，至"此时务也"止，乃《保傅》篇文。）自"凡人之智能见已然"起，至"人主胡不引殷、周、秦事召观之也"，《新书》无之。古书残阙，事所恒有也。

案：《汉书》谊本传所载《治安》之策，及《食货志》所载谊《疏》二篇，皆取之《新书》。而《治安策》一篇，乃班固取十数篇删节连缀为之，故首言"其大略曰"，赞言"凡所著述五十八篇，掇其切于世事者，著于传"也。王氏考之详矣。《传》尚有《请封建子弟疏》一篇，即《新书》之《益壤》篇；《谏封淮南诸子疏》一篇，即《新书》之《淮难》篇；其他《事势》诸篇，为《汉书》所不采者亦多是所上疏中语。《传》言"谊数上疏陈政事，多所欲匡建"，明所上不止此数篇，特不知其平生凡几上疏，而某一疏新书分为某某篇耳。后人习于读汉书之文，见其首尾连贯有条理，乃不谓《汉书》录《新书》，而反谓《新书》录《汉书》，(《书录解题》卷九云："皆录《汉书》语，非《汉书》所有者，辄浅驳不足观。")可谓颠倒事实矣。《四库提要》(卷九十一。)又谓"决无摘录一段立一篇名之理，亦决无连缀十数篇合为奏疏一篇上朝廷之理。疑《过秦论》《治安策》等，本皆为五十八篇之一，后原本散佚，好事者因取本传所有诸篇，离析其文，各为标目，以足五十八之数"。其说亦非。《新书》名"篇"不名"卷"，"篇"者简策之名。今《汉书》所录《治安策》，首尾凡六千四百八十八字，而六太息只存其三，是已明有刊落，颜师古所谓"取其切要者"也。况即所录取者，亦复多所删节，则其原疏，当有一万数千字，是岂一篇之简策所能容？既因其段落分为篇章，自不能不为之标目。古人书疏编入子书者，皆有篇名。贾山上书名曰《至言》，晁错上疏谓之《守边》、《备塞》、《劝农》、《力本》，并见本传，盖即《汉志》、《贾山》八篇，《晁错》三十一篇中之篇名。《商君书》内如《算地》、《错法》、《徕民》等篇，其文前后无首尾，中自称"臣"，疑亦是奏疏之底稿耳。《大戴礼·保傅》篇，即《新书》之《保傅》、《傅职》、《胎教》、《容经》四篇，而《保傅》篇实即《治安策》中之一节。何谓不可摘录一段立一篇名乎？陆贾《新语》为高祖述存亡之征，而分为十二篇。桓宽《盐铁论》，叙贤良文学与御史大夫、丞相史、御史等互相诘难，语气前后贯注，而分为六十篇。推之《子虚》《上林》《两京》《三都》，亦皆以数篇相为首尾开阖。何谓不可连缀十数篇合为一篇乎？不通古书之体例，固不可与之论是非也。

《汉志》儒家"《钩盾冗从李步昌》八篇，宣帝时数言事"。案此八篇，盖皆其上书言事之文也。

又纵横家"《秦零陵令信》一篇，难秦相李斯"。　案《文选·吴都赋》，引秦零陵令上始皇帝书云："荆轲挟匕首，卒刺陛下，陛下以神武，扶榆长剑以相救。"是此一篇，乃其所上之书也。因与李斯相难，故上书言之，篇中引及荆轲之事。洪亮吉以为零陵令有上始皇书，又有难李斯书，（见《晓读书斋二录》卷下。）非是。

又"《徐乐》一篇，《庄安》一篇。"《补注》：沈钦韩曰："皆见本传。"案《汉书》为二人立传，独载其所上书一篇，了无一事可纪，亦不言有他著述，则此所著录，即其上书之稿，更无疑义也。

又案《汉志》儒家之刘敬、董仲舒、兒宽、公孙弘、终军、吾丘寿王、庄助，法家之晁错，纵横家之邹阳、主父偃，《汉书》皆有传；其传志中所载对策上书诸文，盖皆采之所著书中，以无确据，姑附著于此。

书

《鲁仲连子》(《汉志》儒家十四篇。)有《遗燕将书》。 案书见《史记》本传。据《艺文类聚》(卷六十。)引《鲁连子》曰:"燕将城守数月,鲁仲连乃为书,著之于矢,以射城中遗燕将。燕将得书泣三日,乃自杀。"与《史记》合。杨倞《荀子•议兵篇》、《注》引《鲁连子》曰:"弃感忽之耻,立累世之功",正此书中语。故严可均以为《史记》取之《鲁连子》(《全上古三代文》卷八。)是也。

《燕丹子》有《与其傅麴武书》,《麴武报书》(卷上)。

《汉书•东方朔传》,刘向所录朔书,有《从公孙弘借车》。 案《初学记》卷十八,《御览》卷四百十,共引有一节,又《艺文类聚》卷八十九引一节,皆题作《与公孙弘借车书》。

又案《古文苑》卷十有董仲舒《诣丞相公孙弘记室书》,疑亦在百二十三篇之内。

设论

《东方朔传》:"朔因著论,设客难己,用位卑以自慰论。" 案据《传》末言,此文亦在朔书二十篇之内。其体本是杂文,源出于屈原之《渔父》,宋玉之《对问》,而屈、宋又仿《庄子》之寓言,故《文心雕龙•杂文篇》曰:"自《对问》以后,东方朔效而广之"也。其后扬雄《解嘲》,复规抚之,作者继起,遂自成一体。《文选》题为设论,今姑仍之。

序

扬子《法言》有《自序》篇 案《庄子•天下》、《淮南•要略》

皆序也，但无序之名。其以自序入著述，始于司马迁《史记》，扬雄仿之。后此如魏文帝《典论》，葛洪《抱朴子》之类，皆有自序，不可胜数。又如班固《汉书》，谓之《叙传》，王充《论衡》，谓之《自纪》，王符《潜夫论》，谓之《叙录》，皆自序也。

颂

董仲舒《春秋繁露·山川颂》第七十三　案此颂选入《古文苑》卷十二。

《汉志》儒家刘向所序六十七篇内有《列女传颂》。

论

《后汉书·何进传》注："太公《六韬》篇，第一《霸典文论》，第二《文师武论》。"　案《文心雕龙·论说》篇云："昔仲尼微言，门人追记，故抑其经目，称为《论语》。盖群论立名，始于兹矣。自《论语》已前，经无论字。《六韬》二论，后人追题乎？"二论即谓此二篇，今本只作《文韬》、《武韬》，故黄叔琳注不得其解。

《荀子·天论篇》第十七，《正论篇》第十八，《礼论篇》第十九，《乐论篇》第二十。

《庄子·齐物论》第二。

《吕氏春秋》有《开春论》,《慎行论》,《贵直论》,《不苟论》,《似顺论》,《士容论》凡三十六篇。　案《文心雕龙》云："庄周《齐物》，以论为名，不韦《春秋》，六论昭列。"

《东方朔》书有《非有先生论》。（见本传。）

《汉志》杂家"《荆轲论》五篇。轲为燕刺秦王，不成而死，司马相如等论之"。　案王氏《考证》卷七云："《文章缘起》：'司马相如作《荆轲赞》。'《文心雕龙》：(《颂赞篇》。)'相如属词，始赞荆轲。'"据其所考，则此"论"一作"赞"，未详孰是。案贾谊《新书·过秦上》第一，《过秦下》第二，本无"论"字，昭明选入《文选》，题以为论。考《典论》已云："余观贾谊《过秦论》。"左思《咏史》诗亦云："著论准《过秦》，作赋拟《子虚》"，则此篇之得"论"名，其来旧矣。

箴

《汉志》儒家"扬雄所序三十八篇。"注云："箴二。"　王氏《补注》沈钦韩曰："箴二下有脱字，《后书·胡广传》：'初扬雄依《虞箴》作《十二州、二十五官箴》，其九箴亡阙。'则雄见存应有二十八箴也。"陶宪曾曰："《州箴》、《官箴》，合为箴二。"(按陶说是也。今《古文苑》有雄《箴》二十八篇，但多杂入他人之作。)

铭

《汉志》道家"《黄帝铭》六篇"。

又杂家"孔甲《盘盂》二十六篇"。《文选》卷五十六《新刻漏铭》注引《七略》曰："《盘盂》书者，其传言皇帝之史为之。孔甲，黄帝之史也。书盘盂中为诫法，或于鼎，名曰铭。"

对

《春秋繁露》对胶西王越大夫不得为仁》第三十二，《郊祀对》第七十一。　案《对胶西王》首云："命令相曰"，末云："臣仲舒伏地再拜以闻。"《郊祀对》,《古文苑》选入卷十一,其篇首云:"廷尉臣汤昧死言:臣汤承制以郊事问故胶西相董仲舒。"末云:"臣犬马齿衰,赐骸骨,伏陋巷,陛下乃奉使九卿问臣以朝廷之事,臣愚陋曾不足以承明诏,臣仲舒冒死以闻。"

又案《汉志》儒家有河间献王《对上下三雍宫》三篇,杂家有《博士臣贤对》一篇,其体皆当如此,要亦奏疏之类耳。

以上所举各体,特随手掇拾,容有未尽,然即此已可见其大凡矣。刘师培曰:"西汉之时,总集、专集之名未立,隋、唐以上,诗集、文集之体未分。于何征之?观班《志》之叙艺文也,仅序诗赋为五种,而未及杂文。诚以古人不立文名,偶有撰著,皆出入六经诸子之中,非六经诸子而外,别有古文一体也。如论说之体,近人列为文体之一者也,然其体实出于儒家。(自注引见后。)书说之体,亦近人列为文体之一者也,然其体实出于纵横家。(自注云:"如苏子,张子,蒯通,邹阳,主父偃之文,皆文章中之书说类也,而《汉志》咸列之纵横家中。")推之奏议之体,《汉志》附列于《六经》;(自注云:"如《尚书》类列《议奏》四十二篇,礼类列《议奏》三十八篇,《春秋》类列《议奏》三十九篇,《奏事》二十篇,《论语》类列《议奏》二十篇。")敕令之体,《汉志》附列于儒家。(按即指《高祖》及《孝文传》言之,已见前。)又如传记、箴、铭亦文章之一体,然据班《志》观之,则传体近于《春秋》,(自注云:"故太史公、冯商所著书,列入《春秋》类。")记体近于古《礼》,(自注云:"如《周官经》,《古佚礼》,《大、小戴记》,皆记体之先声。")箴体附于儒家,铭体附于道家。(按即指扬雄《箴黄帝铭》,均见前。)是今人之所谓文者,皆探源于六经诸子者也。故古人不立文名，亦不立集名。若诗赋诸体，则为古人有韵之文，源于古代之文言，故列于六艺九流之外；亦足证古人有韵之文，另为一体，不与他体相杂矣。"（刘氏之说见所著《论文杂记》；分载乙巳年《国粹学报》，北京朴社有单行本。）

吾前之所举，仅就诸子中名篇，与后世文体合者言之。刘氏则务究其源，与吾各明一义。合而观之，思过半矣。虽然，刘氏之论文，本于其乡人阮元，其说以为必有声韵对偶，出于沈思翰藻，而后谓之文，故往往流于门户之见，而不自觉，如其所举诸体，皆骈文古文之所共有。谓古人于六经诸子之外，更无古文一体，是也。不知又何尝别有骈文一体耶？若谓班《志》于诗赋有韵之文，别于六艺九流之外，不与他体相离，以见骈文乃在六经诸子外，自为一体。不知以《七略》中史部附《春秋》之例推之，则诗赋本当附入六艺诗家，故班固曰赋者古诗之流也。其所以自为一略者，以其篇卷过多，嫌于末大于本，故不得已而析出。此乃事实使然，与体制源流之说无与也。使诗赋而必不可与他体相杂也，则荀卿、东方朔之赋何为而入诸子也？使有韵之文而必不可与他体相杂也，则箴铭颂赞，何为而不入诗赋也？

古人之文，所以皆在六艺诸子之中，而不别为文集者，无他焉，彼以道术为体，而以文章为用，文章特其道术之所寄而已。自吟咏情性，登高能赋之外，未有无所为时为文者，章学诚所谓"古人未尝离事而言理也"。孙卿之赋，皆以发明其儒家之学，故编入所著书中。然赋分四家，孙卿其一（《汉志》分屈原赋、陆贾赋、孙卿赋、杂赋为四家。）不可不见于《诗赋略》，故又别著于录。至于东方之学，兼儒墨，合名法，而诗赋不足名家，（本传赞曰：

"扬雄以为朔言不纯师,行不纯德,其流风遗书蔑如也。"即谓其学出杂家,而文章非所长。故颜师古曰:"言辞义浅薄,不足称也。")故惟录之杂家,而不以入诗赋。若"宋玉、唐勒、枚乘、司马相如,下至扬子云,竞为侈丽闳衍之词,没其风谕之义",(《汉志·诗赋略》小序语。)则虽扬雄所作,不入儒家矣。此刘向辨章旧闻之义也。(《志》又云:"大儒孙卿,及楚臣屈原,离谗爱国,皆作赋以风,咸有恻隐古诗之义。"此言二人均出于《诗》三百篇,但屈原究非儒家,故不与孙卿同例。)

徐乐、严安,书止一篇,著录纵横。《汉书》诸传章奏多矣,何以不尽见于《志》,以此例彼,深以为疑。及读《文心雕龙·章表》篇云:"按《七略》、《艺文》,谣咏必录,章表奏议,经国之枢机,然阙而不纂者,乃各有故事,而在职司也。"然后知其不列九流者,学不足以名家,而其文则副在官守,故不暇为之校雠著录也。古人之于条别学术,可谓严矣。

刘氏又曰:"九家之中,凡能推阐义理,成一家者,皆为论体。互相辩难者,皆为辩体。儒家之中,如《礼记》《表记》、《中庸》各篇,皆论体也。《孟子·许行》等章,皆辩体也。即道家、法家、杂家、墨家之中,亦隐含论、辩两体。宣口为说,发明经语大义亦为说。《汉志》于发明经义之文,即附于本经之下。又贾谊《过秦论》,亦列于《新书》,而《汉志》杂家,复有《荆轲论》五篇,皆论体之列于子者也。"(此即前条"论说之体出于儒家"句下注。)余谓周、秦诸子,皆有以自名其学,而思以其道易天下,故无不窥世主之好恶,度时君之所能行以为之说,其达而在上,则其条教书疏,即其所著书。其穷而在下,则与其门弟子相与讲求之,或著之简策,或传之口耳,从游者受而记焉。《庄子·天下》篇之论宋钘、尹文曰:"上说下教,强聒而不舍也。"夫上说者,论政之语也,其体为书疏之类。下教者,论学之语也,其体为论说之类。凡古人自著之文,不外此二者。其他纪载言行,解说义理者,则后学之所附益也。贾谊《过秦》,本是泛论秦事,与其论时政诸疏,同为编次,而后世标之以论。故知诸子之文,以论为最多矣。

《论衡·对作篇》曰:"或曰:'圣人作,贤者述,以贤而作,非也。《论衡》、《政务》,(亦王充所著书名。)可谓作者。'曰:'非作也,亦非述也,论也。论者,述之次也。五经之兴,可谓作矣;太史公书、刘子政序、班叔皮传,可谓述矣。桓君山《新论》、邹伯奇《检论》,可谓论矣。今观《论衡》、《政务》,桓、邹之二论也,非所论作也。'"又曰:"汉家极笔墨之林,书论之造,汉家为多。"是汉人多命所作子书为论也。自桓宽《盐铁论》已开其先。其汉、魏两代人著书,见于《隋志》者,儒家有桓谭《新论》、王符《潜夫论》、王逸《正部论》、周生烈《要论》、魏文帝《典论》、徐幹《中论》、王肃《正论》、王粲《去伐论集》、(见《新、旧唐书·艺文志》。)杜恕《体论》、袁准《正论》。孙毓《古今通论》,道家有任嘏《道论》;法家有崔寔《正论》、刘邵《法论》、刘廙《政论》、阮武《正论》、桓范《世要论》;名家有卢毓《九州人士论》,又《通古人论》;(不著名氏。)杂家有王充《论衡》、蒋济《万机论》、杜恕《笃论》、钟会《刍荛论》。自晋以下不计也。论文之源,出于诸子,则知诸子之文,即后世之论矣。

周、秦诸子,以从游之众,传授之久,故其书往往出于后人追叙,而自作之文,乃不能甚多。汉初风气,尚未大变。(详《辨附益》

篇。）至中叶以后，著作之文儒，弟子门徒，不见一人，凡所述作，无不躬著竹帛。如《东方朔》书之类，乃全与文集相等。篇目具在，可覆案也。及扬雄之徒，发愤著书，乃欲于文章之外，别为诸子。子书之与文集，一分而不可复合。然愈欲自成一家，而其文乃愈与词赋相近。当于下篇详论之。

汉魏以后诸子

周、秦以及西汉初年诸子，或自著，或追记，或自著与追记相杂糅，其体例至为不一。就自著者言之，大抵不外两种：一书疏，一论说也。其平生随时随事所作之文词，即是著述，未闻有自薄其文词，以为无关学术，而别谋所以自传之道者也。自汉武帝以后，惟六艺经传得立博士。其著作之文儒，则弟子门徒，不见一人，身死之后，莫有绍传。（《论衡》语见前。）故其时诸家著述，有篇目可考者，如《东方朔》、《徐乐》、《庄安》等，乃全类后世之文集。然九流之学，尚未尽亡，朔等或出杂家，或出纵横，考其文词，可以知之，故犹得自成一子。自是以后，诸子百家，日以益衰。而儒家之徒，亦流而为章句记诵。其发而为文词，乃独出于沈思翰藻。而不复能为一家之言。一二魁儒硕学，乃薄文词为不足为，而亟亟焉思以著述自见矣。

《汉志》有《诗赋略》而无文集。《隋志》云："别集之名，盖汉东京之所创也。"然余则疑西京之末，即已有之。何者？刘向著作，见于《汉志》者，有《尚书》家之《五行传记》，道家之《老子说》，儒家之《新序》、《说苑》、《世说》、《列女传颂图》，《诗赋略》之《刘向赋》。(三十三篇。)扬雄著作见于汉志者,有小学家之《苍颉训纂》,儒家之《太玄》、《法言》、《乐》、《箴》,《诗赋略》之《扬雄赋》(十二篇),皆非杂文。若《汉书》所录诸封事,及《扬雄传》所载雄自叙,《匈奴传》所载雄上书,《元后传》所引莽诏雄作诔,(全文见《艺文类聚》卷十五,《古文苑》卷二十。)不知当载于何书。(王氏《汉志补注》,引陶绍曾说,据《说文》所引,谓《解嘲》古亦谓之赋,当在十二篇中,是也。)虽《文心雕龙》谓章表、奏议"各有故事,而在职司",然二人非碌碌者流,不应无人为之收拾。况向之忠言嘉谟,篇章甚富乎。《金楼子·立言篇》曰:"诸子兴于战国,文集盛于二汉。"故疑西京之末,已有别集。班固录扬、刘之文,即就本集采掇之耳。(《司马相如传》云:"相如它所著,若《遗平陵侯书》、《与五公子相难》、《中木书篇》不采,采其尤著公卿者云。"而《汉志》仅有《司马相如赋》二十九篇,疑本传所载《谏猎书》、《封禅文》及此诸篇,皆在其内。盖相如固诗赋家也。)

刘向本传言:"向采取《诗》、《书》所载,次序为《列女传》,及采传记行事,著《新序》、《说苑》。"而向所作《列女传·叙录》,则只谓"臣向与黄门侍郎歆所校《列女传》,种类相从为七篇。"(《初学记》卷二十五,《御览》卷七百一引。)《说苑·叙录》云:"所校中书《说苑》杂事,及臣向书,民间书,除去与《新序》复重者,其余者浅薄不中义理,别集以为百家,更以造新事十万言以上,号曰《新苑》。"(见宋本《说苑》,亦见《全汉文》卷三十七。)则此三书,皆非向所创造,特虽采自古书,而能自以义法部勒之,故得为一家之言。向自作之文,以《七略》之义例推之,自当著录于儒家。班固因其非向所自定,故不入录。若扬雄则固不自以所作之文为儒家也。

《法言·吾子篇》云："或问吾子少而好赋。曰：'然。童子雕虫篆刻，壮夫不为也！'或曰：'赋可以讽乎？'曰：'讽则已，不已，吾恐不免劝也。'"雄自叙其作《太玄》之意云："雄以为赋者，将以风也。必推类而言，极丽靡之辞，闳侈巨衍，竞于使人不能加也；既乃归之于正，然览者已过矣。往时武帝好神仙，相如上《大人赋》以风，帝反缥缥然有凌云之志。繇是言之，赋劝而不止，明矣。又颇似俳优淳于髡、优孟之徒，非法度所存。贤人君子，诗赋之正也。于是辍不复为，而大潭思浑天。"（见《汉书·扬雄传》，即雄自叙也。）不知雄自好丽靡之辞，故流入于俳优耳。使雄能如"诗人之赋丽以则"，而不没其风喻之义，则荀卿之赋，何尝不可入儒家之书耶？况赋出于《三百篇》，古人所以专对四方，故曰："登高能赋，可以为大夫。"（《汉志》引《传》曰，按见《毛诗·定之方中》传。）诗赋自别为一家之学，何必壮夫不可为？子云欲为西道孔子，（《意林》卷三引《新论》："张子侯曰：扬子云西道孔子也"。）乃拟《易》，拟《论语》，刻画以求其似。其文愈工而其去古之立言者愈远。杨德祖曰："今之赋颂，古诗之流，不更孔公，风雅无别耳。修家子云，老不晓事，强著一书，悔其少作。"（《文选》杨德祖《答临淄侯笺》。）诚哉其不晓事也！

《自叙》又言："雄见诸子各以其知舛驰，大氐诋訾圣人，既为怪迂、析辩、诡辞以挠世事，虽小辩终破大道而或众。使溺所闻，而不自知非也。及太史公记六国，历楚、汉，记麟止，不与圣人同，是非颇缪于经。故人时有问雄者，常用法应之，撰以为十三卷，象《论语》，号曰《法言》。"雄之所以自命者绝高，然大抵欲与孔子争名耳。

凡雄所作，皆有所规模，亦步亦趋，得其形似。《周易》及《论语》，体制本不与诸子同，雄既拟此二书，故其平生所作之文，乃不见于著作之中；亦因雕虫篆刻，不可以入子书也。究之以艰深之词，浅陋之说，与雕虫篆刻，固无以大异。本欲度越诸子，而其书乃不逮诸子远甚。盖歧文章与著述而二之，自雄始矣。（昔人论《太玄》、《法言》之语，详见《经义考》卷二百六十八及二百七十八。）

东汉以后，文章之士，耻其学术不逮古人，莫不笃志著述，欲以自成一家。流风所渐，魏、晋尤甚。曹子建之在建安，一时独步。然其《与杨德祖书》云："吾虽德薄，位为蕃侯；犹庶几戮力上国，流惠下民，建永世之业，留金石之功。岂徒以翰墨为勋绩，辞赋为君子哉？若吾志未果，吾道不行，则将采庶官之实录，辩时俗之得失，定仁义之衷，成一家之言。虽未能藏之于名山，将以传之于同好。非要之皓首，岂今日之论乎？"植年四十一而薨，竟不至于皓首，故其所志不就。然观其言，知其不以能翰墨、工辞赋自满也。魏文帝《与吴质书》云："伟长著《中论》二十余篇，成一家之言。辞义典雅，足传于后；此子为不朽矣。"又《典论·论文》云："融等已逝，唯幹著论，成一家言。"（此上所引并见《文选》。）于建安七子中独盛推徐幹者，以其辞赋之外，能自成著作也。此足见当时之重诸子而薄文章矣。又《与王朗书》云："生有七尺之形，死惟一棺之土，惟立德扬名，可以不朽。其次莫如著篇籍，故论撰所著《典论》、诗赋，盖百余篇。"（《魏志·文帝纪》注引。）以储君之尊，擅诗赋之美，而犹自撰书论。至明帝乃诏三公，以为"先帝昔著《典论》，不朽之格言，其刊石立于庙门之外"。（亦见《魏志·文纪》注。）然不闻并刊诗赋，其重视子书可知矣。

晋葛洪《抱朴子》自叙云："先所作子书内外篇，幸已用功夫，聊复撰次，以示将来云尔。"又云："洪年二十余，乃计作细碎小文，妨弃功日，未若立一家之言，乃草创子书。会遭兵乱，流离播越，有所亡失。连在道路，不复投笔十余年。至建武中乃定，（时年三十六。）凡著《内篇》二十卷，《外篇》五十卷，碑颂诗赋百卷，军书、檄移、章表、笺记三十卷。又撰俗所不列者为《神仙传》十卷，又撰高尚不仕者为《隐逸传》十卷，又抄五经、七史、百家之言、兵事、方技、短杂奇要三百十一卷，别有目录。"又云："念精治五经，著一部子书，今后世知其为文儒而已。"洪本传称其"博闻深洽，江左绝伦，著述篇章，富于班、马"。观洪之自叙，可谓富矣。汉人上书一篇，即可自为一家。洪所作诗赋杂文，过之百倍，岂犹不得为文儒？而洪以为未足，再三致意于子书，且以细碎小文妨弃功日，是可见魏、晋人之厌薄其文矣。

魏桓范《世要论·序作篇》曰："夫著作书论者，乃欲阐弘大道，述明圣教，推演事义，尽极情类，记事贬非，以为法式，当时可行，后世可修。且古者富贵而名贱废灭，不可胜记。惟篇论倜傥之人为不朽耳。夫奋名于百代之前，而流誉于千载之后，以其览之者有益，闻之者有觉故也。岂徒转相放效，名作书论，浮辞谈说，而无损益哉？而世俗之人，不解作体，而务泛溢之言，不存有益之义，非也。故作者不尚其辞丽，而贵其存道也。不好其巧慧，而恶其伤义也。故夫小辩破道，狂简之徒，斐然成文，皆圣人之所疾矣。"观范之持论，盖谓著书者以明道为尚，不以能文为高。东汉以后，文词渐趋华藻，虽所作诸子，亦皆辞丽巧慧，故范以为小辩破道。然而当时文士，其学本无专门传受，强欲著书以图不朽。谈道初无异致，而行文正其所长。故虽欲于文章之外别作子书，而卒不免文胜其质，转不如西汉人之即以文章为著作，尚去周、秦不远也。

《汉书·儒林传》曰："自武帝立五经博士，开弟子员，设科射策，劝以官禄，讫于元始，百有余年，传业者寖盛，支叶蕃滋。一经说至百余万言，大师众至千余人，盖禄利之路然也。"由此言之，则学问之道，亦正赖功名为之驱使，汉人经术之盛，因其能发策决科，而诸子不立博士，故其学日以益微。古之九流，且无专门授受，况时人自作之子书乎？故《扬雄传》言："刘歆谓雄曰：'空自苦！今学者有禄利，然尚不能明《易》，又如《玄》何？吾恐后人用覆酱瓿也。'"《论衡·齐世篇》亦言："子云作《太玄》、《法言》，张伯松不肯一观。"观之且不肯，安肯传其书。故当时受其学者，仅一侯芭而已。(《雄传》言巨鹿侯芭，常从雄居，受其《太玄》、《法言》焉。《论衡·案书篇》云："子云作《太玄》，侯铺子随而宣之。")《论衡·书解篇》云："文儒之业，卓绝不循，人寡其书，业虽不讲，门虽无人，书文奇伟，世人亦传。"然则汉人子书，初无门人受业，其书之幸而得传者，端赖文章之奇伟。此所以汉、魏以后诸子，无不鬐悦其文词也。

《论衡》言："汉家极笔墨之林，书论之造，汉家尤多。"(详见前篇。)桓范论子书，亦谓之著作书论，故汉以后著作名为"子书"，其实"论"也。《文心雕龙·诸子篇》云："陆贾《典语》，贾谊《新书》，扬雄《法言》，刘向《说苑》，王符《潜夫》，崔寔《政论》，仲长《昌言》，杜夷《幽求》，咸叙经典，或明政术，虽标论名，归乎诸子。何者？博明万事为子，适辨一理为论。"刘勰之言欲使"论"与"子"分，然汉、魏子书，大抵适辨一理而已，未见其能博明万事也。其间虽如王充《政务书》，以其上郡守之奏记，题为备乏禁酒，（见《论衡·对作篇》，今《论衡》无此二篇，知在所作《政务书》中。）傅玄选入著作，撰集《魏书》，亦以其史传之稿，编入《傅子》，（《傅子》四卷，严可均辑本，编入《全晋文》。）颇有西汉以前人以文章为著作之意。然他家率皆论语居多，书疏殊寡。至于门人笔记，则尤绝无而仅有矣。详观子部体制之变迁，亦可知古今学术之得失矣。

东汉以后，以儒立教，以农立国，故所著子书，惟儒家著作得其近似。农家如《齐民要术》之类，亦出儒者之手。道家以魏、晋人重《老》、《庄》，作者较繁。然亦惟传注义疏之类多。若《参同契》、《抱朴子内篇》之流，名为道家，实则神仙家言耳。法家若崔寔、刘廙之《政论》，桓范之《世要论》，皆本儒术，与管、商、申、韩之说异。至如唐律《疑狱集》之类，旧皆入史部刑法，其入之法家者，后人以意为之耳。名家惟有刘邵《人物志》，意在论辨人才，分别流品，与邓析、公孙龙之学不同。墨家无新著。纵横家仅《唐志》有梁元帝《补阙子》，已无一字之存。杂家者"兼儒墨，合名法，知国体之有此，见王治之无不贯"，故必杂取各家之长，如《吕览》、《鸿烈》而后可。后世杂家，若《抱朴子外篇》、刘子《新论》之兼道家，《金楼子》、《颜氏家训》之兼释家，《长短经》之兼纵横家，此特于儒家之外，有所兼涉耳，未尝博综以成一家之学也。其他号称杂家者，大抵小说、类书之流耳。小说一家，《汉志》已不列九流，而后世之作，又不与稗官同，作者亦未尝自拟古子，故名则是而实则非也。《隋志》以后，无阴阳家之目。后世之所谓阴阳五行者，于《汉志》当属《数术略》。兵书，《汉志》自为一略，医家属方技，皆不名诸子。然则古之诸子号称九流者，东汉以后，惟有儒家耳。其他诸家，大率以别子旁宗入继，非其嫡系。必求其学之所自出，几于无类可归，目录家自以其意，强为分隶。而魏、晋以后儒家，名为子书，实则词章，章学诚所以有伪体于书之讥也。（《文史通义·诗教》下。）

古书多造作故事

昔者孔子作《春秋》，有"所见异辞"、"所闻异辞"、"传闻异辞"之例，（见《公羊》桓二年传。）而孟子亦言"尽信书不如无书"，（《孟子·尽心下》。）史书记事不能尽实，势之所必至也。自宋以后，雕版盛行，著书甚易。士大夫把弱翰，赞油素，有所闻则记之。以当时之人，叙当时之事，宜乎所作皆成信史。然而宋人李大性有《典故辨疑》，（二十卷，书不传，自序见《通考》卷二百，专辨私史之误。）李心传有《旧闻证误》。（原书十五卷，已佚，四库馆自《永乐大典》辑出，编成四卷，函海有刻本。《提要》云："凡所见私史小说，上自朝廷制度沿革，下及岁月之参差，姓名之错互，皆一一详征博引，以折衷其是非。"）明人王世贞有《史乘考误》，十一卷，在《弇山堂别集》内。）潘柽章有《国史考异》，（六卷，辨《明实录》及私史之误，潘祖荫刻入《功顺堂丛书》。）此皆勒为专书，裒然成帙者。其他一篇半简，偶有考订，散见群书，不知凡几。宋、明之世，著作之弊，尚复如此，况在周、秦以前，简册繁重，口说流行，展转传讹。郢书燕说，固当什百于今。故孟子辟好事之说，王充著《书虚》之篇，惜其辨之犹不能尽耳。

夫左史记动，右史记言，既是据事直书，故其立言有体。其或载笔偶疏，大抵传闻致误。如"王沈《魏录》，滥述贬甄之诏；陆机《晋史》，虚张拒葛之锋。秦人不死，验符生之厚诬；蜀老犹存，知诸葛之多枉"。（《史通·曲笔篇》。）是则毁誉任情，高下在手，用舍由乎臆说，威福行乎笔端，有愧"三长"，殊难更仆。然必影附事迹，历叙源流，既皆实有其人，固非绝无可考。曲折虽多，因缘终在。但词气之间，略存轩轾耳，未有假设甲乙，借定主宾，纯构虚词，羌无故事者也。若夫诸子短书，百家杂说，皆以立意为宗，不以叙事为主；意主于达，故譬喻以致其思；事为之宾，故附会以圆其说；本出荒唐，难与庄论。惟儒者著书，较为矜慎耳。而或者采彼寓言，认为实录，如马贞之补史迁，刘恕之修《外纪》，罗泌之侈谈邃古，宛斯之追纪三代，是皆见欺于古人，不免贻讥于来者矣。

是故诸子之书，百家之说，因文见意，随物赋形。或引古以证其言，或设喻以宣其奥。譬如童子成谣，诗人咏物，兴之所至，称心而谈。若必为之训诂，务为穿凿，不惟事等刻舟，亦且味同嚼蜡矣。夫引古不必皆虚，而设喻自难尽实，彼原假此为波澜，何须加之以考据。推求其故，约有七端：

一曰：托之古人，以自尊其道也。《韩非子·显学篇》曰："儒分为八，墨离为三，取舍相反不同，而皆自谓真孔、墨。孔、墨不可复生，将谁使定后世之学乎？孔子、墨子，俱道尧、舜，而取舍不同，皆自谓真尧、舜。尧、舜不复生，将谁使定儒墨之诚乎？殷、周七百余岁，虞、夏二千余岁，而不能定儒墨之真。今乃欲审尧、舜之道于三千岁之前，意者其不可必乎？无参验而必之者，愚也；弗能必而据之者，诬也。故明据先王，必定尧、舜者，非愚则诬也，愚诬之学，杂反之行，明主弗受也。"案《荀子·非十二子》篇曰："略法先王而不知其统，犹然而材剧志大，闻见杂博，案往旧造说，谓之五行；甚僻违而无类，幽隐而无说，闭约而无解，案饰其辞而祇敬之曰：'此真先君子之言也。'子思唱之，孟轲和之，世俗之沟犹瞀儒，嚾嚾然不知其非也，遂受而传之，以为仲尼、子游为兹厚于后世，（王先谦《集解》引郭嵩焘曰："荀子屡言仲尼、子弓，不及子游，本篇后云子游氏之贱儒，与子张、子夏同讥，则此子游必子弓之误。"）是则子思、孟轲之罪也。"荀子谓子思、孟子所言，皆非孔子之真，则必自以为真孔子矣，孔子不复生，何由定其真与伪？韩非子之言，未必非为其师而发。（八儒有孟氏之儒，有孙氏之儒，顾广圻谓孙氏即孙卿。）荀子之诋思、孟，虽不必当其罪，然足见八儒所传孔子之说，取舍相反不同，以其不同而相攻也。夫岂独儒墨之道尧、舜、孔、墨者不同耶，即百家之言数术、方伎者，亦皆自以为真黄、农；道家之言清静神仙者，皆自以为真老子；释氏之教宗禅宗，亦皆以为真佛；推之其他学术，凡有宗派者，莫不皆然。盖其始有得其一偏者，有传之久而失其初意者，有以私意妄为推测者，又其甚则直假借以为号召，杜撰以欺人者。莫不案饰其辞，而祇敬之曰："古圣人之言行如此如此也。"哄然聚讼，终竟无以相胜，则亦各尊所闻，各行所知而已。

二曰：造为古事，以自饰其非也。昔周人相传有伊尹割烹要汤之说，孟子辨之。翟灏曰："按吕不韦书有《本味》一篇，言有侁氏得婴儿于空桑之中，令烰人养之，是为伊尹。汤请有侁为婚，有侁以伊尹为媵送女。尹说汤以至味，极论水火调剂之事，周举天下鱼肉之美，菜果之美，和之美，饭之美，水之美者，而云非为天子不得具。割烹要汤之说，无如此篇之详尽者。其文若果之美者，箕山之东有卢橘，应劭《史记注》引之。饭之美者，元山之禾，许慎《说文》引之。所称书目俱不曰《吕览》，而曰《伊尹》。考班固《艺文志》有《伊尹》二十七篇，列于小说家，盖吕氏聚敛群书为书。所谓《本味》篇，乃剟自《伊尹说》中，故汉人之及见原书者，犹标著其原目如此。夫小说之怪诞猥鄙，何足挂唇，而其时柱己辱身之徒，援以自卫，津津乐道，至辗转传闻于孟子之门，又乌可不辨论哉？"余谓伊尹之时，去周已远，此事出于战国时游说之士之所传述，可以断言，翟氏谓柱己辱身者援以自卫，得其情矣。又有"孔子主痈疽与待人瘠环"之说，孟子援孔子之拒弥子瑕以辨之，而后世复有孔子因弥子瑕之说。翟氏曰："案弥子欲借重孔子，孔子拒之，此文甚明。《吕氏·慎大览》乃云：'孔子道弥子瑕见釐夫人，因也。'《淮南·泰族训》亦云：'孔子欲行王道，七十说而无所偶，故因卫夫人、弥子瑕而欲通其道。'当时之谤孔子者，且不仅造为痈疽瘠环言矣。"（翟氏说均见《四书考异》卷三十一。）余谓此非谤孔子也，乃借孔子以自饰其非也。以为如孔子之为人，尚因欲行其道，不惜自污，则枉尺直寻，宜若可为。吾虽吮痈舐痔，亦可以免于讥矣。《孔丛子·答问篇》曰："今世人有言高者，必以极天为称，言下者，必以深渊为名，是资势之谈，而无其实者也，好事而未凿也，必言经以自辅，援圣以自贤，欲以取信于群愚而度其说也。"若诸子之书，其义皆然。是则孟子所谓好事者为之者，古人已推明其故矣。

三曰：因愤世嫉俗，乃谬引古事以致其讥也。《后汉书·孔融传》曰："初，曹操攻屠邺城，袁氏妇子多见侵略，而操子丕纳袁熙妻甄氏。融乃与操书，称'武王伐纣以妲己赐周公'。操不悟，后问出何经典；对曰：'以今度之，想当然耳。'"诸子百家之中，类此者不乏其例。朱一新《无邪堂答问》卷四云："子书虚造故事，如巢、许洗耳挂瓢之类，乃借以讥战国攘夺之风，并非事实，故史公于许由深致疑词，庄生所谓寓言十九也。"

四曰：心有爱憎，意有向背，则多溢美溢恶之言，叙事遂过其实也。《记》曰："故好而知其恶,恶而知其美者,天下鲜矣！"《论语》曰："纣之不善，不如是之甚也，是以君子恶居下流，天下之恶皆归焉。"《风俗通·正失篇》记刘向对成帝论汉文帝事云："世之毁誉，莫能得实，审形者少，随声者多，或至以无为有。故曰：'尧、舜不胜其善，桀、纣不胜其恶。'桀、纣非杀父与君也，而世有杀君父者，人皆无道如桀、纣，（皆字下疑脱一"言"字。）此不胜其恶，故若文帝之仁贤，不胜其善，世俗褒扬谓其德比成王，治几太平也。"《论衡·艺增篇》云："世俗所患，患言事增其实。著文垂辞，辞出溢其真，称美过其善，进恶没其罪。何则？俗人好奇，不奇，言不用也，故誉人不增其美，则闻者不快其意，毁人不益其恶，则听者不惬于心。闻一增以为十，见百益以为千，使夫纯朴之事，十剖百判，审然之语，千反万畔。墨子哭于练丝，杨子哭于歧道，盖伤失本，悲离其实也。蜚流之言，百传之语，出小人之口，驰闾巷之间，其犹是也。诸子之文，笔墨之疏，人贤所著，妙思所集，宜如其实。犹或增之。儌经义之言，如其实乎。言审莫过圣人，经艺万世不易，犹或出溢，增过其实。增过其实皆有事为，不妄乱误以少为多也。"(《论衡》此篇，所举经艺中以少为多之语，如"协和万国""鹤鸣九皋"之类，乃古人修辞通例。汪中《述学》中《释三九文》，及刘师培《古书疑义举例补》中《虚数不可实指例》，释之甚详。王充不达其旨，条举辨驳，转觉辞费，且与前半篇之意亦不合，兹不具论。)夫刘向所谓随声毁誉，王充所谓俗人好奇，皆指不明掌故者佞口妄谈，涂泽粉饰，添枝附叶，取快一时。载笔者不察，从而实之，所谓"俗语不实，流为丹青"也。《中论·贵验篇》云："谤言也，皆缘类而作，倚事而兴，加其似者也。"倚类而加其似，则其是非犹不大相远，虽不免溢美溢恶，然其人实有美恶可指，传者乃稍甚其辞，故尚不失好恶之公。特其失实而远于事情者，不可不辨耳。然而世人喜言人之恶，恶称人之美。《新论·伤谗篇》曰："誉者，扬善之枢也；毁者，宣恶之机也。扬善生于性美，宣恶出于情妒。性善以成德为恒，情妒以伤人为务。故誉以论善，即辞以极善为功；毁以誉过，则言以穷恶为巧。何者？俗人好奇，不奇不用也。誉人不增其义，则闻者不快于心，毁人不溢其恶，则听者不满于耳。代之善人少，而恶人多，则誉者寂寞，而谗者喧哗，是以洗垢求痕，吹毛觅瑕，挥空成有，转白为黑，提轻当重，引寸至尺。墨子所以悲素丝，杨朱所以泣歧路，以其变为青黄，迥成左右也。"刘子此论，全本《论衡》而其意不同，盖彼所指者出于无心，而此所斥者，成于有意也。夫至于转白为黑，则几于无是非之心矣，然而古今人著书立说，似此者亦正多。如魏收作《魏书》，"凡有怨者，多没其善，每言'何物小子，敢共魏收作色'，举之则使升天，按之则使入地"。(见《北齐书·魏收传》。)作史且然，况于诸子传记，不以记事为职者乎？若夫为学不同，操术复异，则笔诛口伐，甚于敌国。皆务道人之短，形己之长，如儒、墨之相攻，老、释之相轧。其丑诋之辞，乌可尽信哉！

五曰：诸子著书，词人作赋，义有奥衍，辞有往复，则设为故事以证其义，假为问答以尽其辞，不必实有其人，亦不必真有此问也。《孝经·序》正义引刘炫《述义》曰："炫谓孔子自作《孝经》，本非曾参请业而对也。夫子运偶凌迟，礼乐崩坏，名教将绝，特感圣心，因弟子有请问之道，师儒有教诲之义，故假曾子之言以为对扬之体，乃非曾子实有问也。若疑而始问，达以申辞，则曾子应每章一问，仲尼应每问一答。按经，夫子先自言之，非参请也。诸章以次演之，非待问也。且辞义血脉，文连旨环，而开宗题其端绪，余章广而成之，非一问一答之势也。理有所极，方始发问，又非请业请答之事。首章言'先王有至德要道'，则下章云'此之谓要道也，非至德其孰能顺民？'皆遥结首章，答曾子也。（俞樾曰："按答字上疑夺非字。"）举此为例，凡有数科。必其主为曾子言，首章答曾子已了，何由不待曾子问，更自述而明之。且首起曾参侍坐，与之论孝，开宗明义，上陈天子，下陈庶人，语尽无更端，于曾子未有请，故假参叹孝之大，又说以孝为理之功。（理，治也，此唐人避讳所改。邢《疏》因之，未及改回。）说之已终，欲言其圣道莫大于孝，又假参问，乃说圣人之德不加于孝。在前论敬顺之道，未有规谏之事，故须更借曾子言，陈谏诤之义。此皆孔子须参问，非参须问孔子也。庄周之斥鹦笑鹏，罔两问影，屈原之渔父鼓枻，太卜拂龟，马卿之乌有、亡是，扬雄之翰林、子墨，宁非师祖制作，以为楷模者乎？"俞樾《古书疑义举例》引入卷三《寓名例》中云："刘氏此论，最为通达，似非博览周、秦古书，通于圣贤著述之体，未有不河汉斯言者。"余谓刘氏谓《孝经》为孔子自作，殊无以见其必然。然其言实妙达文章之理，宜俞氏之倾服也。考《庄子·寓言篇》云："寓言十九，重言十七。"郭象注云："寄之他人，则十言而九见信，世之所重，则十言而七见信。"《史记·庄子传》云："著书十余万言，大抵率寓言也。作《渔父》、《盗跖》、《胠箧》，以诋訾孔子之徒，以明老子之术，畏累虚、亢桑子之属，皆空语无事实。"《索隐》引《别录》云："又作人姓名，使相与语，是寄辞于其人，故《庄子》有《寓言篇》。"刘氏之论《孝经》，盖即从此悟入，后人著述中，亦有可与刘氏之言相为发明者，今并详征以资互证。《史通·杂说篇》曰："自战国以下，词人属文，皆伪立主客，假相酬答；至于屈原《离骚》辞，称遇渔父于江渚，宋玉《高唐赋》，云梦神女于阳台。夫言并文章，句结音韵，以兹叙事，足验凭虚。而司马迁、习凿齿之徒，皆采为逸事，编诸史籍，疑误后学，不其甚耶？"又曰："嵇康撰《高士传》，取《庄子》、《楚辞》二渔父事，合成一篇。夫以园吏之寓言，骚人之假说，而定为实录，斯已谬矣；况此二渔父者，较年则前后别时，论地则南北殊壤，而辄并之为一，岂非惑哉？"又曰："庄周著书，以寓言为主，嵇康述《高士传》，多引其虚辞。至若神有混沌，编诸首录，苟以此为实，则其流甚多。至如蛙鳖竞长，蚿蛇相怜，鸴鸠笑而后言，鲋鱼忿以作色，向使康撰《幽明录》、《齐谐记》，并可引为真事矣。夫识理如此，何为而薄周、孔哉？"顾炎武《日知录》卷十九云："古人为赋，多假设之辞，序述往事，以为点缀，不必一一符同也，子虚、亡是公、乌有先生之文，已肇相如矣；后之作者，实祖此意。谢庄《月赋》：'陈王初丧应、刘，端忧多暇。'又曰：'抽毫进牍，以命仲宣。'

按王粲以建安二十一年从征吴,二十二年春道病卒,徐、陈、应、刘一时俱逝,亦是岁也。至明帝太和六年,植封陈王,岂可掎摭史传,以议此赋之不合哉?庾信《枯树赋》,既言殷仲文出为东阳太守,乃复有桓大司马,亦同此例。(原注:仲文为桓玄侍中,桓大司马,则玄之父温也。此乃因殷仲文有'此树婆娑'之言,桓元子舍有'木犹如此'之叹,二事凑合成文。)而《长门赋》所云陈皇后复得幸者,亦本无其事,俳谐之文,不当与之庄论也。"又云:"陈后复幸之云,正如马融《长笛赋》所谓'屈平适乐国,介推还受禄'也。"(按马赋云:"屈平适乐国,介推还受禄,澹台载尸归,皋鱼节其哭,长万辍逆谋,渠弥不复恶,蒯聩能退敌,不占成节鄂。"凡八句,皆反言之,本无其事。)黄汝成《集释》引杨氏曰:(杨氏名宁,曾校《日知录》。)"《庄子》'孔子见孙叔敖',又云'庄子见鲁哀公',年代阔绝。古人作文,既多寓言,便不论也。"愚案后人如符朗著书,全学《庄子》,(《晋书》本传云:"著《符子》数十篇行于世,亦老庄之流也。"《隋志》道家有《符子》二十卷,书亡于宋,严可均《全晋文》一百五十二辑其遗文为一卷。)名托古人,事皆乌有。而罗泌、马骕二家,采之类书,引入著述,或信为实然,或辨其附托。不知其为畏累虚、亢桑子之流,本自空语无事实。信之者固是受欺,辨之者亦殊多事也。必以此为例,则明人刘基著《郁离子》,凡其叙事立言,皆托诸春秋战国,亦可引以注《史记》、《国策》耶?

六曰:古人引书,唯于经史特为谨严,至于诸子用事,正如诗人运典,苟有助于文章,固不问其真伪也。《乐记》曰:"昔者舜作五弦之琴,以歌《南风》。"郑注云:"其辞未闻。"王肃《圣证论》引《尸子》及《家语》以难郑,马昭云:"《家语》王肃所增加，非郑所见，又《尸子》杂说，不可取证正经，故言未闻也。"（见孔疏。）颜师古《汉书·高祖纪》注云："史家不详著高祖母之姓氏，无得记之，至于皇甫谧等，妄引谶记，好奇骋博，强为高祖父母名字，皆非正史所说，盖无取焉。"又《匡衡传》注云："今有《西京杂记》者，其书浅俗，出于里巷，多有妄说，乃云'匡衡小名鼎'，盖绝知者之听。"夫《尸子》之记《南风》，言非诡诞，葛洪之撰《西京》，词有据依，而康成以为未闻，师古摈之绝听，岂非以诸子杂记，难可胜信乎？昔太史公作《五帝本纪》，不信百家之言，作《大宛传》，不信《山海经》、《禹本纪》，史家实录，当如是矣。若夫《吕氏春秋》、《淮南子》之类，援引故事，掇拾残篇，莫不利钝杂陈，疑信参半，盖采之诸子，自成一家，聊用古书，助成己说，既取神而遗貌，亦得意以忘言，本非考据者流，故能游方之外也。又如《韩诗外传》、《新序》、《说苑》之类，述多于作，事广于言，乍观其体，颇类史书，细按其文，殊乖事实。牴牾莫保，讹谬滋多。良由韩婴之传，本为释经，更生之书，将以进御。故其采传记也，所以陈古以戒今；（《汉书·刘向传》云："采传记行事著《新序》、《说苑》，凡五十篇奏之。"）其采杂说也，所以断章而取义。（《汉书·艺文志》云："汉兴，鲁申公为诗训故，而齐辕固、燕韩生皆为之传，或取《春秋》采杂说，咸非其本义。"）意有所在，言岂一端？若责以史氏之成规，绳以《春秋》之书法，则失古人著书之意矣。《史通·杂说篇》曰："刘向造《洪范五行》及《新序》、《说苑》、《列女》、《神仙》诸传，（《神仙传》即《列仙传》，避上文"列女"字改为"神仙"。《列仙传》非向所作，知幾考之不详。）皆广陈虚事，多构伪辞，非其识不周而才不足，盖以世人多可欺故也。夫传闻失真，书事失实,盖事有不获己,人所不能免也。至于故为异说以惑后来,则过之尤甚者矣。"夫刘向之书,事采旧闻,辞非己出,将欲悟主,何至欺人?知幾以寻章摘句之技,为引绳切墨之谈,虽曰言皆有据,终嫌智类拘墟也。朱一新曰:"诸子书发攄己意,往往借古事以申其说,年岁舛谬,事实颠倒,皆所不计,后世为词章者,亦多此体。至刘子政作《新序》、《说苑》,冀以感悟时君,取足达意而止,亦不复计事实之舛误也。盖文章体制不同,议论之文,源出于子,自成一家,不妨有此,若纪事之文出于史,考证之文出于经,则固不得如此也。"斯言也,可谓好学深思,心知其意者矣。

七曰:方士说鬼,文士好奇,无所用心,聊以快意,乃虚构异闻,造为小说也。谶纬之书,刘、班不录,事虽妄诞,语固新奇,达士之所深讥,文人之所笃好。《文心雕龙·正纬篇》曰:"通儒讨核,谓起哀、平。桓谭疾其虚伪,尹敏戏其深瑕,张衡发其僻谬,荀悦明其诡诞。四贤博练,论之精矣。若乃羲、农、轩、皥之源,山渎钟律之要,白鱼赤鸟之符,黄金紫玉之瑞,事丰奇伟,辞富膏腴,无益经典,而有助文章,是以后来辞人,采摭英华。"余谓怪迂之谈,起于方士,昔穆公梦之帝所,秦谶始传;(《史记·赵世家》记扁鹊之言,谓秦穆公七日而寤曰:"我之帝所甚乐。帝告我云云。"公孙支书而藏之,秦谶于是出矣。)始皇问及鬼神,图书遂奏。(《史记·秦始皇本纪》云:"使燕人卢生求羡门高誓。"又云:"燕人卢生使入海以鬼神事,因奏录图书曰:'亡秦者胡也。'"案卢生盖方士。)五德终始,著于邹子之徒;(《史记·封禅书》曰:"自齐威、宣之时,邹子之徒,论著终始五德之运。邹衍以阴阳主运,显于诸侯,而燕、齐海上之方士传其术不能通。然则怪迂阿谀苟合之徒自此兴，不可胜数也。"）九百《虞初》，本自武帝之世。（《汉志》小说家有《虞初周说》九百四十三篇，注云："河南人，武帝时以方士侍郎，号黄车使者。"师古曰："即张衡《西京赋》'小说九百，本自《虞初》'者也。"）谶纬之与小说，方技之与神仙，相为因缘，亦已久矣。及至魏、晋之后，六经告退，《庄》、《老》方滋，风尚浮华，文词靡丽，于是不经之书，杂然并作。观《洞冥》托之郭宪，《拾遗》造自王嘉，并皆方术之流，（宪在《后汉书·方术传》，嘉在《晋书·艺术传》。）故多荒唐之论。《史通·杂述篇》曰："逸事者，皆前史所遗，后人所记，求诸异说，为益实多。及妄者为之，则苟载传闻而无诠择，由是真伪不别，是非相乱，如郭子横之《洞冥》，王子年之《拾遗》，全构虚辞，用惊愚俗，此其为弊之甚者也。"盖此二书，凡所纪述，并杜撰无稽，凭虚臆造。而朱彝尊《经义考》，疑李克授经伏生，遂称郭宪，（《经义考》卷二百八十四云："按郭子横《洞冥记》，谓伏生受书于秦博士李克，然不见于他书，未敢深信。"）纪昀等《四库目》，谓张华奏书晋武，亦引《拾遗》，（《四库提要》卷一百四十二云："《博物志》十卷，晋张华撰。考王嘉《拾遗记》称华造《博物志》四百卷，奏于武帝，武帝诏可更芟截浮疑，分为十卷云云，是其书作于武帝时。"案《洞冥》、《拾遗》同一不经，《提要》讥《经义考》引《洞冥》伏生受书李克，为"嗜博贪奇，有失别择"，而甫隔数页，遽引《拾遗》，所谓尤而效之也。）采稗官之浮词，入典籍之目录，斯其疑误后学，过于子玄之所讥矣。爰逮齐、梁，人矜博洽，诈伪之作，其流实繁。或假托古书，或虚造新事，但可用作谈资，不当认为信史。至于唐人之《云仙散录》、《杜阳杂编》，自谓闻诸宾朋，（《提要》卷一百四十二云："《杜阳杂编》三卷,唐苏鹗撰。其中述奇技宝物类涉不经,虽必举所闻之人以实之,殆亦俗语之为丹青也。")采之传记,(《云仙散录》亦作《云仙杂记》,《提要》卷一百四十二云:"旧本题唐金城冯贽撰,实伪书也。所引书目,皆历代史志所未载。")而其人既多不知名,其书亦未见著录。惟纪载繁华,文词缛丽,则《洞冥》、《拾遗》之支流余裔也。

凡此七端,略言其概,自馀细目,难可殚陈。然则古书之记载,举不足信,凡有著述,皆不当引用乎?曰:何为其然也。桓谭《新论》云:"庄周寓言,乃云尧问孔子,《淮南子》云共和争帝,地维绝,皆为妄作,故世人多云短书不可用。然论天间莫明于圣人,庄周等虽虚诞,故当采其善。何云尽弃耶?"(《御览》卷六百二引。)夫以庄周寓言,尚难尽弃,况诸子所记,多出古书,虽有托词,不尽伪作。譬之后人诗词所用典故,纵或引自杂书,亦多原出经史也。在博观而慎取之耳。语曰:"明其为贼,敌乃可灭。"欲辨纪载之伪,当抉其疏漏之端,穷源竟委,抵隙蹈瑕,持兹实据,破彼虚言,必获真赃,乃能诘盗。若意虽以为未安,而事却不可尽考,则姑云未详,以待论定。如曰断之自我,是谓尤而效之。盖厚诬古人,与贻误后学,其揆一也。李大性《典故辨疑·序》曰:"非敢远慕昔人,作指瑕纠缪之书,以诒攻诃之诮。独取熙朝美事,及名卿才大夫之卓卓可称,而其事为野史语录所翳者,辨而明之,参其岁月,质其名氏爵里,而考证焉。其或传闻异词,难以示信,以意逆志,虽知是非,而未有晓然依据,则姑置弗辩。必得所证而后为之说焉。"夫实事求是,多闻阙疑,昔者先儒,尝从事于斯矣。

卷三　论编次第三

古书单篇别行之例

　　古之诸子，即后世之文集，前篇已论之详矣。既是因事为文，则其书不作于一时，其先后亦都无次第。随时所作，即以行世。论政之文，则藏之于故府；论学之文，则为学者所传录。迨及暮年或其身后，乃聚而编次之。其编次也，或出于手定，或出于门弟子及其子孙，甚或迟至数十百年，乃由后人收拾丛残为之定著。后世之文集亦多如此，其例不胜枚举。姑以人人所习知之唐、宋诗文集言之：韩集编于门人李汉，柳集编自友人刘禹锡。李太白《草堂集》为李阳冰所编，而今本则出于宋敏求。欧阳修文惟《居士集》为修所自编，而今本则出于周必大。苏轼《东坡集》，自其生时已有刻本，而大全集则不知出自何人。（《东坡七集》中之《续集》为明人所编。）秦、汉诸子，惟《吕氏春秋》、《淮南子》之类为有统系条理，乃一时所成，且并自定篇目，（《吕氏春秋·序意篇》曰："惟秦八年，岁在涒滩，秋，甲子朔，朔之日，良人请问十二纪。"《淮南子·要略篇》，详载二十篇篇名。）《其他则多是散篇杂著，其初原无一定之本也。

　　夫既本是单篇，故分合原无一定。有抄集数篇，即为一种者，有以一二篇单行者。其以数篇为一种者，已详于"书名研究篇"中。

其以一二篇单行者，则有三例：

一为本是单篇，后人收入总集，其后又自总集内析出单行也。如《尚书》之典、谟、训、诰，为后世诏令奏议之祖，其中兼有虞、夏、商、周书，本非一时之作。《大、小戴记》，（《汉志》记百三十一篇，注云："七十子后学者所记也。"）亦是后人之所撰集。（《隋志》云："汉初河间献王献之。"）其初本是零星抄合，故皆可单篇别行，学者随其所用，即由全书内析出，自为一书。全祖望曰："《汉书·艺文志》有《中庸说》二篇，《隋书·经籍志》有宋戴颙《中庸传》二卷，又梁武帝有《中庸讲疏》一卷，又《中庸义》五卷，《宋史》仁宗曾以御书《大学》赐进士王尧臣等；近儒多据此数条，以为旧有专本之证。然仆以为不足辨者：古人著书，原多以一二篇单行。《尚书》或只用《禹贡》、《后汉书》循吏王景等传，永平十二年，赐景《山海经》《河渠书》《禹贡图》，《晋书·裴秀传》作《禹贡地域图》，十八篇。）《洪范》；（《隋志》：《尚书洪范五行传论》十一卷，汉光禄大夫刘向注。案即《汉志》之刘向《五行传记》，向本传所载书名，与《隋志》合。）《仪礼》或只用《丧服》；（《隋志》礼类，著录丧服书自马融《丧服经传》以下凡四十余家。）《大戴礼》或只用夏时。（《隋志》：《夏小正》一卷，戴德撰。案此《夏小正》之传也；宋傅崧卿有校本，今存。）即《礼记》之四十九篇，或以《曲礼》，（《经义考》卷一百七十八，有王劭勘定《曲礼》，引孔颖达疏言："隋秘监王劭勘晋、宋古本，皆无'稷曰明粢'一句"。（案此是王劭《读书记》中之一条，未必即是单篇别行。宋上官均有《曲礼讲义》二卷，见《宋志》。）或以《檀弓》，（《经义考》录目陈骙《檀弓评》以下凡十三部，皆宋、明人。）或以《乐记》，(《汉志》：乐记二十三篇，《礼记·乐记》疏言刘向校书得《乐记》二十三篇，今《乐记》所断取十一篇。案《汉志》所录，盖未编入《礼记》以前单行之本。) 固未尝不以专本也。"(见《鲒埼亭集》卷四十一《答朱宪齐辨西河毛氏大学证文书》。) 案全氏所举诸篇，惟《乐记》本是专书别行，与《礼记》删节之本不同。《曲礼》、《檀弓》之单行，出自宋人，与《大学》同。此类举之，不胜其举。若《禹贡》、《洪范》、《丧服》、《夏小正》，则皆汉人作注时，自全书内析出者也。

二为古书数篇，本自单行，后人收入全书，而其单行之本，尚并存不废也。《汉志》，《论语》内有《孔子三朝》七篇，刘向《别录》曰："孔子三见哀公，作《三朝》七篇，今在《大戴礼》。"(《艺文类聚》卷五十五引，今七篇具在。颜师古谓《大戴礼》有其一篇，非是。) 言今在《大戴礼》者，明古本原自单行也。又《汉志》《孝经》类有《弟子职》一篇，应劭曰："管仲所作，在《管子》书。"《七略》兵书略兵权谋内，有《伊尹》、《太公》、《管子》、《孙卿子》、《鹖冠子》、《苏子》、《蒯通》、《陆贾》、《淮南王》二百五十九种；兵技巧有《墨子》，班固始省去。(见固自注。) 此数人者，皆于《诸子略》中自有专书，刘歆又著录于兵家者，因其初本是单篇别行，故因古本收入。此如后世收藏家目录，既收丛书，又分著单行之本。事本寻常，无足深怪。特是刘向父子校书之时，原是合中外所藏诸篇，编为全书，其他数篇单行者，不别著于录；而此独不嫌重复者，以此数人，本在九流之内，自为一家之学，而又兼著兵书。使不别著于录，则兵家之书为不完。犹之《四库提要》已收《文忠集》，则不复收《居士集》，(附《存目》。) 而其《六一词》亦在全集内，仍不能不复收入词曲之中也。《孔子三朝》与《论语》同为孔子一家之言，本非专为言礼而作。若因收入《大戴礼》遂没其本书，譬如因有《陆放翁全集》，（汲古阁刻本。）遂于史部内不收其《南唐书》；因有《亭林著述》，（朱记荣刻本。）遂于经部内不收其《音学五书》，可乎？章学诚不知此义，其《校雠通义》乃谓《弟子职》、《三朝记》为刘歆裁篇别出，若先有《管子》、《大戴礼》而后有《弟子职》、《三朝记》者，不免颠倒事实矣。章氏能知《夏小正》在《戴记》之先，而不知《三朝记》亦在《戴记》之先，岂非不充其类也乎。

三为本是全书，后人于其中抄出一部分，以便诵读也。刘歆《让太常博士书》曰："至孝武皇帝，然后邹、鲁、梁、赵，颇有《诗》、《礼》、《春秋》先师，皆起于建元之间。当此之时，一人不能独尽其经，或为《雅》，或为《颂》，相合时成。"按《汉志》云："三百五篇遭秦而全者，以其讽诵，不独在竹帛故也。"然则汉初非无全《诗》也。然而或为《雅》，或为《颂》者，遗经初传，学者不能通其义，则各就己之所长，性之所近，取其一部分诵习之也，古人读书盖多如此。因其时竹帛繁重，抄写不易，往往因某事欲读某篇，则只抄取此一篇观之。如《太史公》百三十篇，《汉书》一百卷，本无单篇别行；而《后汉书·窦融传》言帝赐融以《外属图》及太史公《五宗、外戚世家》、《魏其侯列传》。诏报曰："每追念外属，孝景皇帝，出自窦氏，定王之子，朕之所祖。昔魏其一言，继统以正，长君、少君尊奉师傅，修成淑德，旋及子孙，此皇太后神灵，上天祐汉也。"窦融为景帝母窦太后之弟广国（即少君。）七世孙，而光武为景帝子长沙定王之后。其赐此数篇书之意，具见于诏书。又《循吏·王景传》云："永平十二年，议修汴渠，乃引见景，问以理水形便，帝善之。又以尝修浚仪，功业有成，乃赐景《山海经》、《河渠书》、《禹贡图》。"此以《河渠书》单赐者。以景善治水，故赐以水利书也。（王国维《观堂集林》卷十一，《太史公行年考》，谓汉世百三十篇，往往有写以别行者，即以此二条为证。）又《清河孝王庆传》云："帝将诛窦氏，欲得《外戚传》，惧左右不敢使；乃令庆私从千乘王求，夜独内之。"凡此数事，皆于全书内独抄其一二篇。后世刻板既行，尚不乏此例。如陈寿《三国志》，本是一书，而宋人有单刻其《吴志》者。（黄丕烈藏书，见《简明目录标注》，及《邵亭知见传本书目》。又有宋刻《蜀志》，乃残本，非单行。）郑樵《通志》二百卷，有纪，有谱，有略，有传，而宋人有单刻其十二略者。（明正德时及清乾隆十三年金坛于氏皆有重刻本。）马端临独得此本，未见原书，乃曰："岂彼二百卷者，自为一书，亦名曰《通志》，而于此序复言其意耶？或并其二十略共为一书耶？"（见《通考》卷二百一。）今人皆知马氏之误。窃意古书残缺不完，未必不由于此。后人执残本以议全书，如马氏之说者，正复不少，惜不能复得全书，无由发其覆耳。

叙刘向之校雠编次

《史记·自序》曰："秦拨去古文，焚灭诗书，故明堂石室、金匮玉版，图籍散乱。"案古之简策，每简或两行，或一行，字数四十字至八字不等。其编而为策，用韦或丝，（详王国维《简牍检署考》。）丝编一断，则简策凌越失次，易于亡失。《六国表》曰："秦既得意，烧天下诗书，诸侯史记尤甚，为其有所刺讥也。诗书所以复见者，多藏人家；而史记独藏周室，以故灭。"然则秦之焚书，并石室金匮之藏，亦不免毁弃，此所以图籍散乱也。国家之藏书如此，则民间之冒禁私藏者，兵火之余，残缺佚脱，盖可知矣。荀悦曰："秦之灭学也，书藏于屋壁，绝义于朝野，逮至汉兴，收摭散滞，固已无全学矣。文有磨灭，言有楚、夏，出有先后，或学者先意，有所借定，后进相放，弥以滋蔓，故一源十流，天水违行，而讼者纷如也。"（《申鉴·时事篇》。）葛洪曰："古书之多隐，未必昔人故欲难晓。经荒历乱，埋藏积久，简编朽绝，亡失者多；或杂续残缺，或脱去章句，是以难知，似若至深耳。"（《抱朴子外·钧世篇》。）故《汉书·儒林传》曰："秦时禁书，伏生壁藏之，其后大兵起，流亡。汉定，伏生求其书，亡数十篇，独得二十九篇，即以教于齐、鲁之间。"当时之书类此者多矣。《汉书·艺文志》曰："汉兴改秦之败，大收篇籍，广开献书之路。迄孝武世，书缺简脱，礼崩乐坏。"《隋书·经籍志》曰："秦政焚诗书，坑儒士，学者逃乱，窜伏山林，或失本经，口以传说。惠帝除挟书之律，儒者始以其业行于民间，犹以去圣既远，经籍散逸，简札错乱，传说纰缪，遂使《书》分为二，《诗》分为三，《论语》有齐鲁之殊，《春秋》有数家之传。其余互有踳驳，不可胜言。"以此数书之言观之，则知先汉之校书，乃必不可缓之事也。汉武帝建藏书之策，置写书之官，尝命军政杨仆捃摭遗逸，纪奏《兵录》。（并见《汉书》。）《兵录》者，校定兵书之目录。（说详《目录学发微·目录源流考》。）其他六艺诸子传说，亦必都经雠校，史略之不言耳。盖古人写书，未有不校者也。

成帝时，以书颇亡失，使谒者陈农求遗书于天下，诏光禄大夫刘向校中秘书。向卒，哀帝使向子歆卒父业。（见《成帝纪》及《艺文志》。)向所作书录,多言所校雠某书若干篇。应劭《风俗通》曰:"案刘向《别录》:'雠校,一人读书,校其上下,得谬误为校;一人持本,一人读书,若怨家相对为雠。'"书录又多言"以杀青,书可缮写"。《风俗通》曰:"谨案刘向《别录》曰'杀青'者,直治竹作简书之耳。新竹有汗,善朽蠹,凡作简者,皆于火上炙干之。陈、楚谓之汗,汗者,去其汁也。吴、越曰杀,杀亦治也。刘向为孝成皇帝典校书籍二十余年,皆先书竹,为易刊定,可缮写者以上素也。"(以上二条,今本所无,散见《初学记》、《文选注》、《御览》等书,严可均《全后汉文》卷三十六合辑之,今据引用。)其叙向校雠之事甚详。《汉志》、《易》小序曰:"刘向以中古文经,校施孟、梁丘经,或脱去'无咎悔亡',唯费氏经与古文同。"又《尚书》小序曰:"刘向以中古文校欧阳、大小夏侯三家经文,《酒诰》脱简一,《召诰》脱简二。率简二十五字者,脱亦二十五字;简二十二字者,脱亦二十二字。文字异者七百有余,脱者数十。"又《孝经》小序曰:"汉兴,长孙氏、博士江翁、少府后仓、谏大夫翼奉、安昌侯张禹传之,各自名家,经文皆同。唯孔氏壁中古文为异。'父母生之,续莫大焉,故亲生之膝下。'诸家说不安处,古文字读皆异。"(此条虽不明引刘向,然《汉志》全本刘歆《七略》,此亦歆自叙其校书之意见也。)此皆叙向、歆校今古文之异同也。然今文别自名家,传习已久,向必不能以中古文校改,使之归于划一,盖惟各存其本文,而别著校勘之语。《周易》箕子之明夷,《释文》引刘向曰:"今《易》'箕子'作'荄滋'。"此其校语之仅存者。向《战国策书录》曰:"本书多误脱为半字,以赵为肖,以齐为立,如此字者多,皆定。"《晏子书录》曰:"中书以夭为芳,又为备,先为牛,章为长,（孙星衍《晏子音义》曰:"天芳牛先形相近,又备章长声相近,又读异。"）如此类者多,谨颇略揄,（孙星衍曰:"揄即笺异文。《说文》,笺表识书也。"）皆已定。"《列子书录》曰:"中或字误以尽为进,以贤为形,如此甚众,及在新书有栈,（栈亦即揄、笺之异文。）校雠从中书已定。"又《北堂书钞》卷一百一引刘歆《七略》曰:"古文或误以典为舆,以陶为陰,如此类多。"书录两言揄、栈,则其所校皆有笺识。然谓之已定,则于其误字,已径据别本刊定之矣。此阮孝绪所谓"刘向校书,辄为一录,论其指归,辨其讹谬也"（见《七录序》）。

以上叙校雠

秦焚书之后,图籍既散乱失次,汉兴复出,自必加以编定。高祖之时,张良、韩信尝序次兵法。（见《汉志》。）序次者,次第其篇章之先后,使之有序也。刘向校书,亦先从事于此。编次之法,其别有二：

凡经书皆以中古文校今文。其篇数多寡不同,则两本并存,不删除复重。《汉志》云"《古文尚书》"者,出孔子壁中,孔安国悉得其书,以考二十九篇,得多十六篇。安国献之,遭巫蛊事未列于学官。刘向以中古文校欧阳,大、小夏侯三家,"而《尚书古文经》四十六卷,与《今文经》二十九卷,(《志》凡《今文经》皆只注明某家,不加今文字,此条注云："大、小夏侯二家,《欧阳经》三十二卷。"）并著于录。又云:"《礼古经》"者,出于鲁淹中,及孔氏学十七篇,（原作七十篇,从刘敞及钱大昭说改正。）文相似,多三十九篇。"而《礼古经》五十六卷,与《今文经》十七篇,（原亦作七十篇。注云:"后氏、戴氏。"）亦并著于录。《孝经》古今文皆为一篇，然古文二十二章，（颜注引刘向云："《庶人》章分为二，《曾子敢问》章分为三，又多一章，凡二十二章。"）而今文只十八章，（注云："长孙氏、江氏、后氏、翼氏四家。"）则亦并著于录，不以古文篇数合之今文。若《易》亦有中古文，然只录《易经》十二篇，不分今古文者，以今文所脱，只"无咎悔亡"，其他篇数皆相合也。《春秋》分著《古经》十二卷，《公羊》《穀梁经》十一卷者，不惟分卷不同，以《左氏》有续经，《公》、《穀》无续经也。《论语》以古二十一篇，（注云："出孔子壁中，有两《子张》。"）与齐二十二篇、鲁二十篇并录者，齐、鲁虽同是今文，而齐多《问王》、《知道》二篇也。凡经书篇数，各本不同，不以之互相校补，著为定本者，因中秘之所藏，与博士之所习，原非一本，势不能以一人之力变易之也。此与诸子之情事不同，故义例亦异，非为尊经之故也。

凡诸子传记，皆以各本相校，删除重复，著为定本。古人著书，既多单篇别行，不自编次，则其本多寡不同。加以暴秦焚书，图籍散乱，老屋坏壁，久无全书，故有以数篇为一本者，有以数十篇为一本者，此有彼无，纷然不一。分之则残阙，合之则复重。成帝既诏向校中秘书，又求遗书于天下。天下之书既集，向乃用各本雠对，互相除补，别为编次。先书竹简，刊定讹谬，然后缮写上素，著为目录，谓之定著。《晏子书录》曰："所校中书《晏子》十一篇。臣向谨与长社尉臣参校雠，太史书五篇，臣向书一篇，参书十三篇。凡中外书三十篇，为八百三十八章。除复重二十二篇，六百三十八章。定著八篇二百一十五章。外书无有三十六章，中书无有七十章，中外皆有以相定。"《孙卿书录》云："所校雠中《孙卿书》凡三百二十二篇。以相校除复重二百九十篇，定著二十二篇，皆已定。"《列子书录》云:"所校中书《列子》五篇。臣向谨与长社尉臣参校雠,太常书三篇,太史书四篇,臣向书六篇,臣参书二篇,内外书凡二十篇,以校除复重十二篇,定著八篇,中书多,外书少,章乱布在诸篇。"《邓析子书录》曰:"中《邓析》四篇,臣叙书一篇,凡中外书五篇,以相校除复重为一篇。"《初学记》卷二十一引刘向《别录》云:"所校雠中《易传》,《淮南》(二字原本无,据《玉海》卷三十五引《初学记》补。)《九师道训》,除复重,定著十二篇。"又云:"所校雠中《易传》古五子书,除复重,定著十八篇,分六十四卦著之。"此可见刘向未校书之前,除古文经之外,其余诸子传记,非残缺即重复。今日所传之本,大抵为刘向之所编次,(诸子中如《吕氏春秋》,当是吕不韦原本,非刘向所重定。然古书似此者,盖居极少数。)使后人得见周、秦诸子学说之全者,向之力也。(惟兵书曾经韩信、杨仆两次编定。)

　　古人著书,既不题撰人,又不自署书名。后之传录其书者,知其出于某家之学,则题为某氏某子,或某姓名。有本是一书,至汉而散乱失次分为数本者。即后世之书,初刻重刻及宋、元、明本往往多寡不同。有其初本未编次,一家之学分为数种者。如后人之诗文,甫得数卷,即为一集。又有后学解释其书,如汉儒之笺注;弟子记其言论,如宋儒之语录;子孙撰其逸事,如家传;门徒志其学行,如序跋;(说详《辨附益》篇。)或别自单行,或附在本书,或分著篇章,或随文附益。大抵古人之治学也,本以道术为公器,其限断不严,故先师之所作,与后师之所述,杂糅而不分。其著书也,姑以竹帛代口耳,其体例不精。故简端之所题,与卷末之所记,搀越而失次。后之传其书者,惟取其便于讲习诵读，不问其出自谁何之手也。及刘向校书，合中外之本，辨其某家之学，出于某子，某篇之简，应入某书，遂删除重复，别行编次，定著为若干篇。盖因其学以类其书，因其书以传其人，犹之后人为先贤编所著书大全集之类耳。第后人之编集刻书，年谱传状之类，皆退归附录；有所题识，则低一格，或双行小注；有所附益，则用阴文字别之，曰增曰补；古人无是也。既皆不可辨别，惟有条其原文序次之而已。如前之所言，是知古人之书，不皆手著。果其学有师承，则述与作同功，笔与口并用。传之既久，家法浸亡，依托之说，窜乱之文，相次搀入，刘向当诸子百家学术衰微之日，望文归类，岂能尽辨？此如宋人为唐人编诗文集，往往误收他人之作，势之所必至也。然而班固之赞向、歆也，曰："《七略》剖判艺文，综百家之绪。"若果真伪不分，朱紫无别，何以谓之剖判？不知刘向于此，亦尝致力矣。《晏子书录》云："其书六篇，皆忠谏其君，文章可观，义理可法，皆合六经之义。又有复重，文辞颇异，不敢遗失，复列以为一篇。又有颇不合经术，似非晏子之言，疑后世辩士所为者，亦不敢失，复以为一篇，凡八篇。"则其别择，不可谓不严。然今所传周、秦古书，不皆如此者，向之校书，未毕业时卒，盖未能推广其例，遍及群书。又前汉中秘之书，烬于王莽之乱，今本多非向所校定故也。

向所编校，有但定其篇第者，如《管子》、《孙卿子》之类是也。有并改其章次者，如《晏子》是也。又有合同类之书数种，杂合其篇章，编为一书者。《战国策书录》曰："所校中《战国策》书，中书余卷错乱，又有国别者八篇，少不足。臣向因国别者，略以时次之，分别不以序者以相补，除复重得三十三篇。中书本号或曰《国策》，或曰《国事》，或曰《短长》，或曰《事语》，或曰《长书》，或曰《修书》。臣向以为战国时游士辅所用之国，为之策谋，宜为《战国策》。"夫除去复重，尚得三十三篇，而以国别者仅八篇，是其体例不同。以书之性质言之，则曰《国策》、《国事》、《事语》；以书之形式言之，则曰《短长》、《长书》、《修书》，是其书名不同。此不但不出一人，亦本非一书。然向以其皆战国游士之策谋，便可都为一编。（向所编《楚辞》，亦《国策》之类。）况诸子之书，源出于一人，同为一家之学者乎。将以防简策之散佚，而使后人有以窥见古人学术之全，合而编之，正辨章旧闻之大者。此所以《孙子兵法》八十三篇为一书，不以十三篇别著于录。而《谋》八十一篇，《言》七十一篇，《兵》八十五篇，同为《太公》二百三十七篇，而入之于道家也。至刘向所序六十七篇，《新序》、《说苑》、《世说》、《列女传颂图》，皆出一人亲手所著者，更无论矣。（扬雄所序三十八篇，乃班固所续入，故不引。）乃章学诚谓"《汉志》之疏，由于以人类书，不能以书类人"。又谓"《孙子》八十三篇，用同而书体有异，则当别而次之，任宏部次不精，遂滋后人之惑"。（见《校雠通义》卷三。案《汉志》云："步兵校尉任宏校兵书。"）果若所言，则著录《晏子春秋》，当以中书十一篇为一书。太史书五篇，以及臣向书一篇，臣参书十三篇，又皆各为一书，不必除复重，亦不必以中外之书相定，而刘向之次序群书，皆为多事矣。何者？《史记》所载，与今世所传之《孙子》十三篇，乃其别本单行，犹之中书《晏子》十一篇也。且果若所言，则孙卿乃儒家，不当有《赋篇》；韩非乃法家，不当有《解老》、《喻老》；墨子乃墨家，不当有《备城门》以下诸篇。（皆兵书。）而后人之编丛书大全集者，皆在所必禁矣。

不第此也，《蔡邕集》有《明堂月令论》、《明堂问答》，（宋欧静刊本。）《陶渊明集》有《五孝传》及《圣贤群辅录》，（北齐阳休之所编十卷本。）《柳宗元外集》有《非国语》。若谓不当以人类书，则别集中与此相类者，皆当刊去之矣。又不第此也，《汉志》诗赋别为一略，不与他文同编，而词曲起于五代，宋、元以后，自为一体，为古之别集所无。若谓不当以人类书，则又将取诸家之集，离而析之，分著于录，岂不治丝而棼乎？故章氏之说，虽或持之有故，言之成理，而于势有所不行，即不能执之以议古人也。

古书中如《易》十二篇，《诗》三百五篇，《春秋》十二篇之类，此皆秦以前之原本，无所亡失。向盖校其脱误而已，不须更为定著也。（诸子传记之中亦当有似此者。）其有复重残缺，经向别加编次者，皆题之曰《新书》，以别于中秘旧藏及民间之本。如《荀子书录》云："《荀卿新书》三十二篇。"《列子书录》云："《新书》有栈。"《别录》又有《蹴鞠新书》二十五篇。（释玄应《大般涅槃经音义》引。）由此推之，则《隋、唐志》之《晁氏新书》，今所传之《贾子新书》，盖皆刘向之所题，后人但以为贾谊书名者，误也。今《管》、《晏》诸子所载向之《叙录》，皆无"新书"字，盖为浅人之所删削，独荀子尚存其旧。至他书并不载向叙，则孰为新编，孰为旧本，不可考矣。

《史记·申不害传》云："著书二篇，号曰《申子》。"而《汉志》、《申子》六篇。《史记集解》引《别录》曰："今民间所有上下二篇，中书六篇，皆合二篇，已备过太史公所记也。"盖向取古人一家之学，聚而编之，不必与《史记》相符，故自发其凡如此。然今所传古书，往往与《史记》所言篇数合，与《汉志》不同。如《孟子》、

《孙子》、陆贾《新语》皆是。盖犹是民间相传之旧,非向所校定之新书。则因汉中秘所藏,臣下见之至为不易故也。《汉书·叙传》曰:"斿(班斿也。)与刘向校秘书,以选受诏进读群书,上器其能,赐以秘书之副。时书不布,至东平思王以叔父求太史公诸子书,大将军白不许。"是则向所校之书,当时不许传布,班斿得之,以为异数。考《霍光传》云:"山(光之子。)又坐写秘书,显(光妻,山母。)为上书献城西第,入马千匹,以赎山罪,书报闻。(师古曰:不许之。)会事发觉,(按谓谋反事。)山自杀。"而《百官公卿表》云:"蒲侯苏昌为太常,坐籍霍山书,泄秘书免。"师古曰:"以秘书借霍山。"此可见汉法之严矣。成帝时秘书之不得传布,以此也。扬雄《答刘歆书》云:"有诏令尚书给笔墨,得观书于石室。"(见《方言》卷首。)然则中秘之藏,人臣非受诏不得观矣。《叙传》又言班嗣家有赐书,桓谭欲借之而嗣不许,亦可见其时士大夫得之之难。未几而值王莽之乱,秘书并从焚烬。(见《隋书·牛弘传》。)故今人得见秦、汉古书者,刘向之功也。然犹有书名卷数与《汉志》不同,莫能知其真伪者,(如《素问》、《本草》、《六韬》、《鬼谷子》之类。)书不传布之过也。学者之读古书,当先考之《汉书·艺文志》,而后旁通互证,参验以求其是,毋徒取其一字一言,执意必之见,过信过疑,则庶乎可与稽古。然非明于刘向编校之故,则不能读《汉志》,故不惜详言之也。

以上叙编次。

古书之分内外篇

古有一人所著书，而分为内外者。陆德明《庄子音义》曰："内者对外立名。"（见《经典释文》卷二十六。）此但释其字义而已，未尝言所以分内外之故也。成玄英《庄子疏》序则曰："《内篇》者，内以对外立名。内则谈于理本，外则语其事迹。"此但可释《庄子》而已，未能悉通之于他书也。今按《汉志》所著录，有以内外分为二书者，有但总题为若干篇，而其书中自分内外者。从而考之，盖非一例，吾尝即其名以求其实，按其质以察其文，然后于其编次之义，可得而言也。今为举例以明之。

凡以内外分为二书者，必其同为一家之学，而体例不同者也。古人之为经作传，有依经循文解释者，今存者，如《毛诗传》是也。有所见则说之，不必依经循文者，伏生之《书传》是也。夫惟不必依循经文，故《论语》、《孝经》，亦可谓之传，而附于六艺，本无内外之分。惟一家之学，一人之书，而兼备二体，则题其不同者为外传以为识别。故《汉志》、《诗》家有《韩内传》四卷，《韩外传》六卷，《春秋》家《公羊》、《穀梁》皆有《外传》。（《公羊外传》五十篇，《穀梁外传》二十篇。）今《韩内传》已亡，所传十卷，并题曰"外传"，然亦非完书。（清赵怀玉校本附辑佚文一卷。）诸书所引，亦多内外传互混，就今之《外传》考之，其体正似《尚书·大传》，至于《公、穀外传》皆不传，无以考其异同。（沈钦韩《汉书疏证》谓董仲舒《春秋繁露》即《公羊外传》，其说别无显证，当存疑。）惟《左氏传》之外，又有《国语》。（志注云："左丘明著。")二书具存，可以互考。左氏依经作传，而《国语》则每事自为一章，略如后世之纪事本末。韦昭《叙》曰："左丘明因圣言以摅意，托王义以流藻，(此谓内传。)其明识高远，雅思未尽，故复采录前世穆王以来，(按此所以著周之始衰，为东迁之渐。)下讫鲁悼智伯之诛，(此因内传亦终于此，故复著其事以结春秋之局。)以为《国语》。其文不主于经，故号曰《外传》。"即其"不主于经"一语，可以推知《韩诗》及《公、穀内、外传》之所以异矣。《论衡·案书篇》曰："《国语》者，《左氏》之《外传》也。左氏传经，辞语尚略，故复选录《国语》之辞以实之。"王充去刘向不远，知当时已有《外传》之名。然《汉志》不题《外传》者，因已有《国语》之名，不必复用内外以为识别也。(王氏《补注》引钱大昕说，颇致疑于此，盖未达此义。)今姑不问《左传》、《国语》为左丘明所著与否，而汉人则固以为一人之书。《内》、《外传》云者，亦汉人称之，此可以悟一家之学，分题内外之故矣。淮南王所著书名曰《鸿烈》。因其尚有他篇无书名，故但统名之曰《淮南》，(高诱序曰："刘向校定撰具，名之《淮南》。")而别为《内》、《外》。颜师古曰："《内篇》言道，《外篇》杂说。"然《汉志》并著录于杂家。盖淮南虽喜言道，而实兼采儒、墨、名、法，与外篇杂说，仍是一家之学。特以其体例不同，不可以合于《鸿烈》，故题为《内》、《外》以别之。《方技略》内《黄帝》、《扁鹊》、《白氏》皆有内、外经，今惟有《黄帝内经》，其他皆不存，无以知其体例。然内外皆是医经，其为一家之学，则固灼然可知也。至于道家有《伊尹》，而小说家又有《伊尹说》；道家、兵家均有《力牧》；杂家、兵家均有《尉缭》、《伍子胥》；纵横家、兵家均有《庞煖》；小说家、兵家均有《师旷》；(此举有姓名者言之，其他两家内同名某子者尚多，以恐非一人，故不引。）皆一人而有两书。以其学非一家，既已分著于录，读者自能别之，则固不题为内外也。其后晋葛洪著《抱朴子》，《自叙》曰："《内篇》言神仙方药，鬼怪变化，养生延年，禳邪却祸之事，属道家。《外篇》言人间得失，世事臧否，属儒家。"夫汉、魏以后著书，本可自命书名，不必效颦周、秦，称为某子。即欲刻意摹古，而二书所言，非既一事，何妨别为题目，而乃通为内外篇。及《隋志》分著于录，遂使道家有内而无外，杂家有外而无内。《七略》、《汉志》盖未尝有此。此效《淮南子》而失之者也。

凡一书之内，自分内外者，多出于刘向，其外篇大抵较为肤浅，或并疑为依托者也。古书既多单篇单行，刘向始合中外之本定著为若干篇，作者既不自署姓名，则虽同题为某子，本非一人之笔，其间孰为手著，孰为口传，孰为依托，有必不可得而辨者。盖不独诸篇互有得失，即一篇之内，亦往往是非相糅莒。向之编次，乃有三例：一为但合诸本，除其重复而序次其先后，通为一书，此其间或本是一人之作，或因无可考证，不敢强为分别。或非向所自校，今姑不论。一为就原有之篇目，取其文体不类者，分之以为外篇。一为原书篇章真赝相杂，乃为之别加编次，取各篇中之可疑者，类聚之以为外篇。

其就原有之篇目分为外篇者，如《史记·孟子传》云："退而与万章之徒，作《孟子》七篇。"而《汉志》乃有《孟子》十一篇。《风俗通》卷八云："孟轲作书中外十一篇"，此必刘向根据《史记》，以其溢出之数，编为外书也。赵岐《孟子题辞》曰："于是退而论集所与高第弟子公孙丑、万章之徒难疑答问，又自撰其法度之言，著书七篇，二百六十一章。又有《外书》四篇，《性善辩》、《文说》、《孝经》、《为政》，其文不能弘深，不与内篇相似，似非孟子本真，后世依放而托之者也。"疑岐亦依刘向《别录》而为之说，此可以见分内外篇之意矣。陆德明《经典释文·叙录》曰："庄生宏才命世，辞趣华深。正言若反，故莫能畅其弘致，致后人增足，渐失其真。故郭子玄云：'一曲之才，妄窜奇说。若《阏奕》、《意脩》之首，（首即篇也，如诗之以一篇为一首。）《危言》、《游凫》、《子胥》之篇，凡诸巧杂，十分有三。'《汉书·艺文志》《庄子》五十二篇，即司马彪孟氏所注是也。言多诡诞，或似《山海经》，或类占梦书，故注者以意去取。其《内篇》众家并同。自馀或有《外》而无《杂》，唯子玄所注，特会庄生之旨。"陆氏言司马彪所注即《汉志》之《庄子》，而彪书分《内篇》七，《外篇》二十八，《杂篇》十四，此盖刘向定著之本也。郭象所举巧杂诸篇名，皆不在《内篇》之中，故德明谓后人增足，渐失其真，与赵岐言《外书》"似非《孟子》本真"者同。然《史记·庄子传》云："作《渔父》、《盗跖》、《胠箧》，以诋訾孔子之徒，以明老子之术，畏累虚、亢桑子之属，皆空语无事实。"今《胠箧》在《外篇》，《渔父》、《盗跖》、《庚桑楚》在《杂篇》，（洪颐煊《读书丛录》卷十四曰："《庚桑楚》篇，'老聃之役，有庚桑楚者，偏得老聃之道，以北居畏垒之山。'颐煊案亢桑子即庚桑楚。畏累虚，即畏垒山，《索隐》以畏累虚为《庄子》篇名，非是。"）而太史公皆以为庄子所自作。然则史公所见之本，必无内外杂篇之别可知也。刘向定著之时，始分别编次，今取郭本所存之《外》、《杂篇》观之，多不如《内篇》之弘深，（惟《天下篇》则甚精。）无论子玄之所删也。向之鉴别，可谓精矣。其取原书别加编次，类聚其可疑以为外篇者,如《晏子书录》云:"其书六篇,皆忠谏其君,文章可观,义理可法,皆合六经之义。又有复重,文辞颇异,不敢遗失,复列以为一篇。又有颇不合经术,似非晏子言,疑后世辩士所为者,故亦不敢失,复以为一篇。凡八篇。"又《篇目》云:"《外篇》重而异者第七,《外篇》不合经术者第八。"(见浙江局刻黄以周校本。)其《外篇》第七,每章之下皆有注言:"此章与某章旨同而辞少异,故著于此篇。"其《外篇》第八,第一章下注云:"此并下五章,皆毁诋孔子,殊不合经术,故著于此篇。"(均见卢文弨《群书拾补》校元刻本。)《此皆刘向之校语。全书二百十五章,皆有章名,辄至一二十字,如云"《庄公矜勇力不顾行义晏子谏》第一","《景公饮酒酣愿诸大夫无为礼晏子谏》第二",他皆似此。与他书之但有篇名无章名者迥异,亦向编次时之所为。盖向既取中外书三十篇,除其复重者二十二篇,则所余者正得八篇。而今八篇之中,其两外篇皆就诸篇之中,取其旨同而辞异,(若辞旨皆同,是为复重,已径除之矣。)及不合经术者以为之。是已解散其篇第,离析其章句,分者合之,合者分之,非复原书之本来面目矣。既已别加编次,则旧本篇名皆不可用,故重为定著之如此。又于七、八两篇之下,自著其所以列入《外篇》之意。向所校定,未有详于此书者。就此书向所自言者考之,则知他书之分内外篇,必皆因其辞旨重复,传闻异辞,或疑其非本人之言,出于依托者也。观《孟子》、《庄子》可见矣。

夫周、秦子书之有内外篇,犹后世诗文之有内外集也。古人著书不自收拾,往往甫得一二篇,即由学者传录,故无定本。自淮南王安、司马迁,始自定篇目。汉、魏以后人著作,多效法之,故出于后人编定者盖少。惟诗文持以应世，时时增益，日出而不已，必至身后始能收拾编为全集，与古之诸子情事颇肖。故其体例往往相同。凡人之作诗文，有不及存稿者，有自以为不满，随时删去者，其编集之时，若出于其子弟门人及朋友之手，则去取谨严，此类皆所不收。传之既久，后人偶得遗稿，惜其放失，则又搜辑成帙，或遂重为编定，杂入原书卷第之中。其较为矜慎者，乃不敢以乱原次，别编之为外集。夫既出于其人之所弃余，则自视其内集为肤浅。而又因时代既远，鉴别难精，往往杂入伪作。名愈盛者，其伪愈多。陈振孙曰："《昌黎集》四十卷，《外集》十卷，唐韩愈撰，李汉序。汉，文公婿也。其言'辱知最厚，且亲收拾遗文，无所失坠'者，惧后之伪妄，辄附益其中也。'外有《注论语》十卷传学者，《顺宗实录》五卷列于史官，不在集中。'今《实录》在《外集》。然则世所谓《外集》者，自《实录》外皆伪妄，或韩公及其婿所删去也。"又曰："朱侍讲熹，以方氏本校定《外集》，皆如旧本。独用方本益《大颠三书》，末云吏部侍郎潮州刺史者，非也。退之自刑部侍郎贬潮，晚乃由兵部为吏部，流俗但称韩吏部耳。其书盖国初所刻，故其谬如此。"（见《书录解题》卷十六。《与大颠书》之伪，前人辩之甚多。郑珍《巢经室文集》卷六有《书后》一篇，更以公往潮州日月道里考之，益为精核，兹不备引。）王应麟曰："柳文多有非子厚之文者，宋景文公谓'集外文一卷，其中多后人妄取他人之文冒柳州之名者'。然非特外集也。"（见《困学纪闻》卷十七。）夫韩、柳之外集如此，推之他集可知矣，推之周、秦诸子之外篇益可知矣。

诸子中如《孟子》七篇，《孙子》十三篇，皆见于《史记》，篇数与今本同，然《孟子》特其内篇，《孙子》乃其书中之一种耳，此或出之作者所自定。至于他书，如《管子》、《晏子》之类，刘向所校中书及民间书，多者至九十余篇，(《管子》太史书九十六篇。)少者数篇，以至一篇。此数篇、数十篇者，恐是六国及汉初人随其所得为之编录，譬之宋人为唐人纂诗文集，其中岂能无误收。及至刘向收拾散亡，合中外之本，为之定著，苟非彼此复重，即一章半简，皆所不遗。虽文字小有同异，亦并著之。观《晏子》第七篇，及《墨子》之《尚贤》、《尚同》、《兼爱》，各分上中下三篇可见。(此三篇文字相同者居半。)夫向之去周、秦也，远矣，此如宋、明人之编汉、魏、六朝人别集，但搜辑序次之而已，虽明知其非真，以其相传既久，与其过而废也，宁过而存之。故《晏子录》曰："似非晏子言，疑后世辩士所为者，亦不敢失。"斯固古今校书之通例也，在读者自择之耳。向之编次群书也，有合各本通为一书者，有意有所疑，别次以为外篇者。使向当时尽用《晏子》之例，岂不甚善。然今所传古书分内外篇者殊少，此其故有二：一由向虽领校秘书，然惟六艺、诸子、诗赋三略为所自校。观同时校书者除任宏、尹咸、李柱国之外，又有杜参、(见《晏子书录》及《汉志·杜参赋》下颜注引《别录》。)班斿、(见《汉书叙传》。)刘伋、(见《七录序》。原作俊，从孙星衍《续古文苑注》改。)刘歆(见《汉志》及本传并《初学记》卷二十五引《别录》，言校《列女传》。)数人。(又有太常属臣望，校《山海经》，见《刘歆表》。若《后汉书·苏竟传》，言竟与刘歆校书，则在王莽时。)度当时官属，当尚不止此。则虽此三略之书，亦或不免假手，向但总校之而已。观《汉志》历叙向之校中古文经，及今《晏子》书校记之详，《庄子》书编次之精，疑向特于经传及儒家道家，尤所尽心焉，盖向初本好道，而其学则长于儒也。校之者才识不一，斯其鉴别不能皆精。况向未卒业而死，刘歆继之。父子好尚不同，未必尽守向例。且即令向皆手自校雠，而尽取古今之书，离合编次之，使尽如《晏子》，此其于事必有不暇给者矣。一由汉秘书之禁甚严，今之所传，不皆是向、歆所校，前篇固已言之矣。

诗文之见于外集者，不皆伪作也。当时失不收拾，佚而复出，亦固有精湛者存，特以多是作者不存之稿及删去之文，则少年之作，未定之论，往往杂出于其间，故大率较内集为肤浅。然内集不皆手定，又岂可尽信哉？诸子亦犹是也。刘向之叙《晏子》，郭象之论《庄子》，第就外篇立言耳。即此二篇而考之，知古书之多有可疑，汉、晋人已发之矣。因其中之有可疑也，而遂尽指为伪作，则唐、宋人之集，又何异于古书，将谓其中一无可信耶？若谓依托之作，周、秦多于唐、宋，则古人之书，不皆手著，其故正多，当于《辨附益》篇缕晰言之。

卷四　辨附益第四

古书不皆手著

自汉武以后，九流之学，多失其传。文士著书，强名诸子，既无门徒讲授，故其书皆手自削草，躬加撰集，盖自是而著述始专。然其书虽著录子部，其实无异文章。（详前汉、魏诸子篇。）至齐、梁文笔大盛，著子书者乃渐少。后人习读汉以后书，又因《隋志》于古书皆题某人撰，妄求其人以实之，遂谓古人著书，亦如后世作文，必皆本人手著。于其中杂入后人之词者，辄指为伪作，（真伪之分，当别求证据，不得仅执此为断。）而秦、汉以上无完书矣。不知古人著述之体，正不如是也。

孙星衍曰："古之爱士者，率有传书。由身没之后，宾客记录遗事，报其知遇，如《管》、《晏》、《吕氏春秋》，皆不必其人自著。"（《燕丹子序》，见本书卷首。）又曰："《晏子》书成在战国之世，凡称子书，多非自著，无足怪者。"（《问字堂集》卷三《晏子春秋序》，亦见《音义》卷首。）严可均《鹖子序》云："古书不必手著，《鹖子》盖康王、昭王后周史臣所录，或鹖子子孙记述先世嘉言，为楚国之令典。"（《铁桥漫稿》卷五。）又《书管子后》云："近人编书目者谓此书多言管子后事，盖后人附益者多，余不谓然。先秦诸子，皆门弟子或宾客或子孙撰定，不必手著。"（《漫稿》卷八。）

章学诚曰："春秋之时，管子尝有书矣，然载一时之典章政教，则犹周公之有官礼也。记管子之言行，则习管氏法者所缀辑，而非管仲所著述。或谓管仲之书，不当称管仲之谥。阎氏若璩又谓'后人所加，非《管子》之本文'。皆不知古人并无私自著书之事，皆是后人缀辑。"（《文史通义·诗教上》。）孙诒让曰："《墨子》书今存五十三篇，盖多门弟子所述，不必其自著也。"（《墨子间诂》后附《墨子传略》。）此数人者，皆通儒，孙、严尤多读古书，明于著作之体，而其言如此，胜于姚际恒辈远矣。

章氏又曰："诸子思以其学易天下，固将以其所谓道者争天下之莫可加，而语言文字，未尝私其所出也。先民旧章，存录而不为识别者，《幼官》、《弟子》之篇，（按此谓《弟子职》。）《月令》、《土方》之训是也。（自注："《管子·地图》，《淮南·地形》，皆土训之遗。"）辑其言行，不必尽其身所论述者，管仲之述其身后死事，韩非之载其李斯《驳议》是也。"（《通义·言公上》。）今案章氏所谓诸子存录先民旧章者，犹之唐律之中有李悝《法经》，杜佑《通典》有《开元礼》也。此类甚多，非本篇所详，姑置不论，其后人辑其言行者，推按其事，约有数端，兹分疏之如下：

一曰：编书之人记其平生行事附入本书，如后人文集附列传、行状、碑志之类也。

凡读古人之书，辄思知其人，论其世，此古今学者之所同也。司马迁《史记》所作诸子列传，大抵为读其书有所感而发。《管晏传》云："吾读管氏《牧民》、《山高》、《乘马》、《轻重》、《九府》及《晏子春秋》，详哉其言之也。既见其著书，欲观其行事，故次其传。"此不啻为以后《老庄》、《申韩》、《司马》、《孙吴》、《商君》、《孟、荀》、《虞卿》、《鲁连》、《邹阳》、《屈、贾》诸传之凡例。故传中必叙其所著书，又言余读其书某某篇，皆所谓"见其著书欲观其行事"之意也。及刘向奉诏校书，每一书已，辄撰一录，皆叙其行事，如《太史公》列传之体。但《史记》自为一家之言，其百三十篇已有成书，故所作列传不附诸子之内。而刘向职司校雠，其《叙录》虽附本书，明题护左都水使者光禄大夫臣向言，后人一望而知为向之所作，不至与原书相混。若夫六国、秦、汉间人治诸子之学者，辑录其遗文，追叙其学说，知后人读其书，必欲观其行事，于是考之于国史，记其所传闻，笔之于书，以为论世知人之助。彼本述而不作，非欲自为一家之言，为求读之之便利，故即附入本书，与刘向著录之意同。当时本无自署姓名之例，故不知为何人所作，后之传录编次其书者，亦但取其为一家之学，有益于学者而已，固不暇一一为之辨别，且亦无须辨别也。如《管子·大匡》、《中匡》、《小匡》篇，叙管仲傅公子纠及相齐之事，是即管子之传也。其《戒篇》曰："管仲寝疾，桓公往问之曰：'仲父之疾甚矣。若不可讳也，不幸而不起此疾，彼政我将安移之？'管仲对曰：'隰朋可。'管仲又言曰：'易牙、竖刁、卫公子开方，君必去之。'桓公曰：'诺。'管子遂卒。卒十月，隰朋亦卒。公薨，易牙与卫公子，内与竖刁因共杀群吏而立公子无亏，孝公奔宋。宋襄公率诸侯以伐齐，立孝公而还。"其《小称》篇又曰："管仲有病，桓公往问之。管仲摄衣冠起对曰：'臣愿君之远易牙、竖刁、堂巫、公子开方。'管仲死，已葬。处期年，四子作难，围公一室，不得出。公曰：'死者无知则已。若有知，吾何面目以见仲父于地下。'乃援素幭以裹首而绝。死十一日，虫出于户，乃知桓公之死也。"其言明白如此，虽三尺童子，亦知其非管仲所自著也。而宋叶适乃曰："《管子》非一人之笔，亦非一时之书，莫知其谁所为。以其言毛嫱、西施、吴王好剑推之，当是春秋末年。"（见《习学记言》卷四十五。）夫既非一时之书，何以知其皆在春秋末年耶？姚际恒作《古今伪书考》，因之，遂列入"真书而杂以伪"之内，不知此自古书之通例，非伪也。俞樾曰："《国语·齐语》是齐国史记，《小匡》一篇多与《齐语》同；盖管氏之徒刺取国史以为家乘。"（《古书疑义》卷三《古书传述亦有异同例》。）此真明于古人著作之体矣。凡古书叙其身后之事者多，不遑悉举，皆当以此例之。《庄子·杂篇·列御寇》云："庄子将死，弟子欲厚葬之。"此与《管子》记管仲之死同。或曰"此寓言也"，然《杂篇》本多后人所记，安知不出于庄子身后乎？晋傅玄谓"《管子》书过半是后之好事者所加，乃说管仲死后事"。（刘恕《通鉴外纪》卷一下引。）唐孔颖达曰："世有《管子》书，或是后人所录。"（见《左传正义》卷八，姚际恒及《提要》皆未引。）此说尚近是。《四库提要》乃曰："大抵后人附会多于仲之本书。仲卒桓公之前，而篇中处处称桓公，其不出仲手，已无疑义。"是真辩乎其所不必辩者矣。以后世之事明之，《后汉书·李固传》曰："固所著表章、奏议、教令、对策、记铭十一篇，弟子赵承等悲叹不已，乃共论固言迹，以为《德行》一篇。"严可均辑魏杜恕《笃论》序曰："裴松之所引《杜氏新书》，即《笃论》之末篇。其书前数篇出恕手，后述叙家世历官，引及《魏书》，并引及王隐《晋书》，知东晋时编附，故称《新书》。"（见《全三国文》卷四十二及《铁桥漫稿》卷六。）此与周、秦诸子之叙身后事者何以异？使此二书尚存，又将劳后人之辩论，以为"真书而杂以伪"，或出于"好事者之所加"矣。但此皆自为一篇附之卷末，不杂入书中，体例较明。又自汉以后，为人编集者，大抵有序一篇，或直录史传，或记所见闻，皆以叙作者之行事为主，即刘向《叙录》之意。其直录史传者，如《古文苑》有《董仲舒集叙》一篇，（岱南阁本卷八，章樵注本卷十七。）即节钞《汉书》本传。《北堂书钞》所引《刘向集序》，（卷九十九。）《刘歆集序》，（卷九十九。）皆《汉书》中语。此与《管子·小匡》篇用《齐语》者何以异？其记所见闻者，如无名氏之《徐幹中论序》、（卷首。）缪袭《上仲长统昌言表》、（《魏志·刘劭传注》引。）陈寿《上诸葛亮故事表》之类，（附《蜀志》亮本传后。）皆详叙作者始末，此与子书内后人记述行事者又何以异？但明题为序、表，不编入本书卷数，则体例更明矣。至初唐人作序，犹多用列传之体。其后遂取墓志、行状之类附入之，明标作者，而序乃不复及行事。如刘禹锡作《柳先生集序》云："凡子厚名氏，与其纪年，暨行己之大方，有退之之志若祭文在，今附于第一通之末云。"《书录解题》卷十六云："今世所行本不附志文，非当时本也。"）是墓志、祭文犹可杂入卷中。至宋以后人编集，于此类多别为附录，不使与原书相杂，体例益为谨严矣。然自是唐、宋以后之事，不可以例周、秦诸子也。古书之附纪行事，与文集之附传状、碑志，体虽异而意则同。后人不能深察著述变迁之迹，而好执当时之例以议古人，于是考辩论说，不胜其纷纷矣。

二曰：古书既多后人所编定，故于其最有关系之议论，并载同时人之辩驳，以著其学之废兴，说之行否，亦使读者互相印证，因以考见其生平，即后世文集中附录往还书札、赠答诗文之例也。

《史记·韩非传》曰："秦王见《孤愤》、《五蠹》之书，因急攻韩。韩王始不用非，及急，乃遣非使秦，秦王悦之。李斯、姚贾毁之曰：

'非终为韩不为秦。'秦王下吏治非。李斯遣人遗非药,使自杀。"今《韩非子·存韩》篇,即非使秦时所上书,末附李斯《驳议》曰:"诏以韩客所上书,书言韩之未可举,下臣斯甚以为不然。非之来也,未必不以其能存韩也,为重于韩也。辩说属辞,饰非诈谋,以钓利于秦,而以韩利窥陛下。夫秦、韩之交亲,则非重矣,此自便之计也。臣视非之言,文其淫说,靡辩才甚,臣恐陛下淫非之辩,而听其盗心,因不详察事情。"此即斯之所以毁非,所谓为韩不为秦也。又曰"臣斯请往见韩王,使来入见大王,见因内其身而勿遣,稍召其社稷之臣,以与韩人为市,则韩可深割也。秦遂遣斯使韩也。李斯往诏韩王,未得见,因上书"云云。盖斯必欲毁非,因请身自使韩以伐其谋,使非不得以存韩自重,非之卒见杀于斯者以此。后人编非之书者,悼非之不得其死,故备书其始末于首篇,(《韩非子》以《初见秦》为第一,《存韩》为第二,然《初见秦》据《战国·秦策》乃张仪说,故当以《存韩》为第一。)犹全书之序也。且不独《韩非子》为然也。《商子》书以《更法》为第一,其言曰:"孝公平画,公孙鞅、甘龙、杜挚三大夫御于君。君:'吾欲变法,恐天下之议我也。'"其后即著鞅与甘龙、杜挚相辩难之语,终之曰:"孝公曰:'善。'于是遂出《垦草令》。"而第二篇即《垦令》。盖亦编书者著其变法之事于首,以明其说之得行也。《公孙龙子·迹府第一》曰:"公孙龙,六国时辩士也。疾名实之散乱,因资材之所长,为守白之论,假物取譬以守白辩,谓白马为非马也,欲推是辩以正名实而化天下焉。"此下即叙龙与孔穿会赵平原君家,与穿相辩难之语。观其称龙为六国时辩士,必非龙所自叙,盖亦后人著之于首编,以为全书之纲领也。后人之书莫不有序,有一书而至三四序者，又有年谱、传状、碑志、祭文、哀词、诔词、谥议之类，皆编为附录，动盈数卷，则其书中不必复杂以他人之说矣。然犹往往录入同时往还赠答之作，如《王维集》附裴迪诗，《杜甫集》附严武等诗，盖欲人比而观之，以尽其意也。然此犹无与辩驳之事。若《柳宗元集》附刘禹锡《天论》三篇，（《柳集》为禹锡所编，此即刘所附入。）《韩愈集》附张籍书二篇，（见《韩文五百家注》。此注者所附入。）则相与辩驳矣。虽不必尽关系其生平，然使人得因以考其说之当否，亦《韩非子》附李斯《驳议》之类也。

三曰：古书中所载之文词对答，或由记者附著其始末，使读者知事之究竟，犹之后人奏议中之录批答，而校书者之附案说也。严可均《全上古三代秦汉三国六朝文·凡例》曰：“唐以前旧集，体例不与今同。如扬雄《上书谏勿许单于朝》，《御览》八百十一引雄集曰：‘单于上书愿朝，哀帝以问公卿，公卿以虚费府帑，可且勿许。单于使辞去未发，雄上书谏’云云，所以识其缘起也。末又引雄集曰：‘天子召还匈奴使者，复报单于书而许之，赐雄黄金十斤。’所以竟其事也。诸引旧集，此类甚多。”（见卷首，亦见《漫稿》卷六。）今案许慎《说文》后附许冲《上说文表》，末云：“召上书者汝南许冲诣左掖门会，令并赍所上书。十月十九日，中黄门饶喜以诏书赐召陵公乘许冲布四十匹，即日受诏朱雀掖门，敕勿谢。”当冲上书时，慎已病，此必许冲或后人所录入。然则扬雄集所载上书始末，亦未必雄所自记矣。《汉书·魏相传》曰：“高皇帝所述书《天子所服》第八曰：‘大谒者臣章受诏长乐宫曰：令群臣议天子所服，以安治天下。相国臣何，御史大夫臣昌，谨与将军臣陵，太子太傅臣通等议，大谒者襄章奏，制曰可。’”《汉志》

儒家有《高祖传》十三篇,注曰:"高祖与大臣述古语及诏策也。"此所引《天子所服》,即其篇名。第八者,书之第八篇也。观其叙事,必不出于高祖之手明矣。以此推之,周、秦诸子中凡记载问答兼叙事实者,尤不必本人之所手著也。汉、魏人集今传者甚少,惟《蔡邕集》犹出旧本。其第六卷有表疏五篇,文前多载缘起,而以《答诏问灾异八事》一篇为尤详,具载年月时刻及群臣坐次,及中常侍所问之语。"受诏书各一通,尺一,本板草书,给财用笔墨为对。"此不知为邕自记,抑编集者之所叙。至唐以后,作者既不记始末,编集者又不悉当时情事,遂使读者不知其事之从违,言之行否,可玩其辞采,而不足以备考证矣。

四曰:古书之中有记载古事、古言者,此或其人平日所诵说,弟子熟闻而笔记之,或是读书时之札记,后人录之以为书也。《荀子·大略篇》文多细碎,以数句说一事。《宥坐》、《子道》、《法行》、《哀公》、《尧问》五篇,杂叙古事,案而不断,文体皆不与他篇同。杨倞于《大略篇》注曰:"此篇盖弟子杂录荀卿之语,皆略举其要,不可以一事名篇,故总谓之大略也。"于《宥坐篇》注曰:"此以下皆荀卿及弟子所引记传杂事。"吾因此以悟贾子《新书》中《连语》诸篇,多记古事,亦必弟子之所记。其《先醒》篇称"怀王问于贾君",考古人自称为某子者,或有之矣,未有自名为君者,此明为弟子或其子孙之词也。其中所引多出先秦古书,最可宝贵。陈振孙乃谓"今书皆录《汉书》,非《汉书》所有者辄浅驳不足观,宜非谊本书"。(《书录解题》卷九。)不知将何以处《荀子》?不敢议荀而独以疑贾,徒见其轻于立论而已。古书似此者甚多,皆可以此推之。

五曰：诸子之中，有门人附记之语，即后世之题跋也。《荀子·尧问篇》末曰："为说者曰：孙卿不及孔子。是不然。孙卿迫于乱世，鰌于严刑，上无贤主，下遇暴秦，礼义不行，教化不成。"又曰："孙卿怀将圣之心，蒙佯狂之色，视天下以愚。《诗》曰：'既明且哲，以保其身'，此之谓也。是其所以名声不白，徒与不众，光辉不博也。今之学者，得孙卿之遗言余教，足以为天下法式表仪。所存者神，所过者化，观其善行，孔子弗过。世不详察，云非圣人，奈何！天下不治，孙卿不遇，时也。"又曰："今为说者，又不察其实，乃信其名，时世不同，誉何由生？不得为政，功安能成？志修德厚，孰谓不贤乎？"首末三百余言，推崇荀卿甚至，全如题跋之体。考刘向目录《尧问篇》第三十，（杨倞注本第三十二。）其后尚有《君子篇》、《赋篇》，是题跋杂入书中矣。要之古人编书，本无定例，不得以此议之也。

凡读古人之书，当通知当时之文体。俞樾曰："周、秦、两汉至于今远矣，执今人寻行数墨之文法，而以读周、秦、两汉之书，譬犹执山野之夫，而与言甘泉、建章之巨丽也。"（《古书疑义举例序》。）斯言信矣。然俞氏之所斤斤者，文字句读之间耳。余则谓当先明古人著作之体，然后可以读古书。古人作文，既不自署姓名，又不以后人之词杂入前人著述以为嫌，故乍观之似无所分别。且其时文体不备，无所谓书序、题跋、行状、语录。复因竹简繁重，撰述不多，后师所作，即附先师以行，不似后世人人有集，敝帚自享，以为千金，惟恐人之盗句也。故凡其生平公牍之文，弟子记录之稿，皆聚而编之。亦以其宗旨一贯，自成一家之学故也。夫古书之伪作者多矣，当别为专篇以明之。若因其非一人之笔，而遂指全书为伪作，则不知古人言公之旨。譬之习于豪强兼并之俗，而议三代之井田也。

此篇所言，皆就古书之中有弟子门人附录，文义白而可据者举之以为例。此外又有口耳相传，至后世始著竹帛，及随时羼乱增益者，其说甚繁，当别详述。

四库提要辨证序

四库提要辨证经部二卷,史部七卷,子部十卷,集部五卷,武陵余嘉锡季豫甫之所作也。嘉锡束发受书,先君子自课之,(先君子讳嵩庆,字子澂,光绪丙子进士,以户部主事出为河南知县,官至湖北候补知府。著有《缉芳馆诗词钞》、《借酒集》、《豆塍琐议》诸书,稿藏于家,多为日寇所毁。)常坐之案头,口授章句,五经、《楚辞》、《文选》既卒业,即命观四史、《通鉴》,学为诗古文,不令习时艺也。嘉锡颇知嗜学,发簏中书尽读之,目为之眚。小子狂简,遂斐然有述作之志。年十四,作《孔子弟子年表》,读《郁离子》,好之,效其体著书数万言。十六岁注《吴越春秋》。然于学问之事实未有所解。阅张之洞《书目答问》,骇其浩博,茫乎失据,不知学之所从入。及读其《輏轩语》曰:"今为诸生指一良师,将《四库全书总目提要》读一过,即略知学问门径矣。"不禁雀跃曰:"天下果有是书耶?"间请于先君子,为道其所以然,意欣然向往之,遂日求购读。光绪二十六年庚子,年十有七矣,先君子以事于长沙,始为购得之,则大喜,穷日夜读之不厌。时有所疑,辄发箧陈书考证之,笔之上方,明年遂录为一册,此余从事《提要》辨证之始也。

尔后读书续有所得，复应时修改，密行细字，册之上下四周皆满，朱墨淋漓，不可辨识，则别易一稿，如此三十余年，积稿至二十余册，自期以没齿乃定，故未尝出以示人。岁在辛未（一九三一），忽慨然动念，惧其放失，始发愤铨次先后，删除重复，编为目录，合经史子集四部，凡得七百余篇。其间尚多少作，见闻不广，读之令人惭。遂以暇时，稍加改治，手自缮录。然迫于讲课，扰于人事，或十许日不能终一篇，辄复投笔叹息，自念平生于经学所得不深，集部自荦荦数十家外，可传者少，其书汗牛充栋，读之未遍，未易妄加论定，惟史子两部宋以前书未见者少，元明以后，亦颇涉猎，因先就此两部芟定之。旧稿以外，复有增益。至一九三七年六月，甫经写出十之五六，忽又因病辍业。七月卢沟桥事变起，日寇侵入北京，人益困顿忧苦，迨岌岌不可终日。自念平生精力尽于此书，世变日亟，马齿加长，惧亡佚之不时，杀青之无日。乃取史子两部写定之稿二百二十余篇排印数百册，以当录副。尔后续有修改增益，寖寖加多。从一九三七年直至一九五二年，十五年之间复先后写定经部稿六十余篇，集部稿百余篇，史子两部稿百余篇，凡二百六十余篇。盖自初读提要以来，五十余年之久，惟此二十余年治之最勤，然中间三次大病几死，至今手足尚时时麻痹不仁，意志虽勇，欲续有述作，而精力就衰，不足以副之矣。是以旷日持久，而其所成就者如此其少也。犹忆解放胜利以后，一九四九年之冬，以考证东林点将录及天鉴录二书用思过度而罹疾，病剧之时，第觉病榻之前后左右所陈列者莫非书也。迨病愈，而考索愈力，未及终篇，忽转为风痹，卧床数月始愈。自是以后，精神疲顿，虽发愤撰述，早兴夜寐，手自抄录，但以右臂麻痹，手颤作书不易，往往经一月始成一篇。至一九五二年秋，写《元和姓纂提要辨证》稿成，忽跌损右股，转成瘫痪，脑力益衰，遂不复能有所述作矣。每念及此，辄为之神伤。自顾平生无用世材，惟以著书为事，此稿既为一生精力所萃，于他人或不无裨益，未可任其废置，因重加编定，取其成稿四百九十篇，依《四库提要》原书目次排列，汇为一书，以就正于当世，傥蒙告之以所闻，而匡其不逮，则是区区之愿也。

间尝论之，乾嘉诸儒于《四库总目》不敢置一词，间有不满，微文讥刺而已。道咸以来，信之者奉为三尺法，毁之者又颇过当。愚则以为《提要》诚不能无误，然就其大体言之，可谓自刘向《别录》以来才有此书也。《别录》亡矣，今其存者，八篇而已。班固尝称刘向校书，每一书已，辄条其篇目，撮其指意，录而奏之。又云：刘向司籍，辨章旧闻。夫取经传九流百家而辨章之，又从而撮取其指意，岂易言也哉！非博通如向，不足以办此。向子歆继父之业，总群书而奏其七略，今观诸书所引，已不能如《别录》之详，若固之《艺文志》，特《七略》之要删耳。其后荀勖李充之徒，代有簿录。王氏《七志》，阮氏《七录》，又复继轨向歆。然《隋志》率讥其不述作者之意，浅薄不经。盖著录之事，如此其难也。唐元行冲等撰《群书四录》，同时修书学士毋煚已议其不能精悉，今遂只字弗传。宋之崇文总目，多所谬误，（晁公武语。）复残阙失次。晁氏《读书志》，陈氏《解题》，粗述厓略，鲜所发明。杨士奇以下，又不足算也。今《四库提要》叙作者之爵里，详典籍之源流，别白是非，旁通曲证，使瑕瑜不掩，淄渑以别，持比向歆，殆无多让。至于剖析条流，斟酌今古，辨章学术，高挹群言，尤非王尧臣晁公武等所能望其项背。故曰自《别录》以来才有此书，非过论也。故衣被天下，沾溉靡穷。嘉道以后，通儒辈出，莫不资其津逮，奉作指南。功既钜矣，用亦弘矣。虽然，古人积毕生精力，专著一书，其间牴牾尚自不保，况此官书，成于众手，迫之以期限，绳之以考成，十余年间，办全书七部，荟要二部，校勘鲁鱼之时多，而讨论指意之功少，中间复奉命纂修新书十余种，编辑佚书数百种，又于著录之书，删改其字句，销毁之书，签识其违碍，固已日不暇给，救过弗遑，安有余力从容研究乎？且其参考书籍，假之中秘，则遗失有罚，取诸私室，则藏弆未备，自不免因陋就简，仓猝成篇。故观其援据纷纶，似极赅博，及按其出处，则经部多取之《经义考》，史子集三部多取之《通考·经籍考》，即晁陈书目，亦未尝覆检原书，无论其他也。及其自行考索，征引群籍，又往往失之眉睫之前，隋唐两《志》，常忽不加察，《通志》、《玉海》，仅偶一引用，至《宋、明志》及《千顷堂书目》，已惮于检阅矣。甚至颜叔秉烛，不知出于《毛传》；（见蒙求集注提要。）规称缢女，不知出于《尔雅》；（见《异物汇苑提要》。）作《论衡》之王仲任，不知有传在《后汉书》；撰《家训》之颜之推，不知已见于《北齐史》；马迁之《史记》，谬谓尝采陆贾《新语》；胡炉之《拾遗》，未觉全抄《困学纪闻》。于习见习闻者尚如此，其他疏漏，复何待言？颜之推曰："观天下书未遍，不得妄下雌黄。"（《家训·勉学篇》。）此虽名言，其实难副。然董遇谓"读书百遍，而义自见"，（《魏志·王朗传》注。）固是不易之论，百遍纵或未能，三复必不可少。四库所收，浩如烟海，自多未见之书，而纂修诸公，绌于时日，往往读未终篇，拈得一义，便率尔操觚，因以立论。岂惟未尝穿穴全书，亦或不顾上下文理，纰缪之处，难可胜言！

又《总目》之例，仅记某书由某官采进，而不著明板刻。馆臣随取一本以为即是此书，而不知文有异同，篇有完阙，以致提要所言，与著录之本不相应。如宗懔《荆楚岁时记》，《提要》所据为《汉魏丛书》本，而四库所收，则《宝颜堂秘笈》本也。倘取全书细校，类此者固当不乏。顾千里尝言：板本之异，夐若径庭，不识其为何本，则某书之为某书且或有所未确，乌从论其精粗美恶？（《思适斋文集》卷十二《石研斋书目序》。）惜乎纂修诸公，未能解此也。昔迁、固修史，必撰自序，刘向校书，亦条篇目，既标宗旨，复便检阅，历世相承，莫之或易。而四库缮写，苟欲杀青，遂删除序目，取便急就。及作《提要》，未窥原本，故或连篇累牍，皆旧序之陈言；或南辕北辙，乖作者之本意；或有此篇，而谓酒诰俄空；或无此事，而忽无的放矢。此虽写官之失职，然而校雠之谓何？若夫人名之误，移甲就乙，时代之误，将后作前，曲解文义，郢书燕说，谬信谰言，榛楛勿翦，余已逐条驳正，不假一二谈也。案：乾隆三十八年谕旨云：朱筠奏每书必校其得失，撮举大旨，若悉放刘向校书序录，未免过于繁冗，应令承办各员将书中要旨檃括，总叙厓略，用便观览。（见《总目》卷首。）然则高宗初意，本不责以录略之体，及诸臣承诏撰述，遂能钩玄提要，旁引群书，加以考证，原原本本，动至数百言，不肯以檃括崖略塞责，可谓通知著作之义矣。今库本所附《提要》，虽不及定本之善，以视《崇文总目》，固已过之。其后奉旨编刻颁行，乃由纪昀一手修改，考据益臻详赡，文体亦复畅达。（纪氏亲笔涂改残稿，今藏天津徐氏。）然以数十万卷之书，二百卷之总目，成之一人；欲其每篇覆检原书，无一字无来历，此势之所不能也。纪氏恃其博洽，往往奋笔直书，而其谬误乃益多，有并不如原作之矜慎者。且自名汉学，深恶性理，遂峻词丑诋，攻击宋儒，而不肯细读其书。如谓朱子有意抑刘安世，于《名臣言行录》不登一字，而不知原书采安石言行多至二十二条；（据文津阁本。）谓以吕惠卿之奸诈，与韩、范诸人并列，而不知书中并无吕惠卿；谓杨万里尝以党禁罢官，讲学之家，终不引以为气类，故《庆元党禁》遂削其名，而不知万里实于孝宗时乞祠不复出，并无因党禁罢官之事；谓孔平仲不协于程子，讲学家百计排诋，终不能灭其著述，（此条实隐诋朱子，见《珩璜新论提要》。）而不知朱子实未尝诋平仲，且文集中有《孔毅父谈苑跋》，于其著述，护惜甚至；谓唐仲友立身自有本末，其为朱子所论罢，盖以陈亮之诬构，周密《齐东野语》所载甚明，（见《帝王经世图谱提要》。）而不知密之所载，与朱子按状皆不合，其说得之传闻，无一可信。夫其于宋儒如此，则其衡量百家，进退古今作者，必不能悉得其平，盖可知也。然而汉唐目录书尽亡，《提要》之作，前所未有，足为读书之门径，学者舍此，莫由问津。一二通儒，心知其谬，而未肯尽言，世人莫能深考，论学著书，无不引以为据，《提要》所是者是之，非者非之，并为一谈，牢不可破，鲜有能自出意见者。逮至近代，高明之士，自持其一家之说，与《提要》如冰炭之不相容，遂厌薄其书，漫以空言相诋毁，亦未足以服作者之心也。余治此有年，每读一书，未尝不小心以玩其辞意，平情以察其是非。至于搜集证据，推勘事实，虽细如牛毛，密若秋荼，所不敢忽，必权衡审慎，而后笔之于书，一得之愚，或有足为纪氏诤友者。然而纪氏之为《提要》也难，而余之为《辨证》也易。何者？无期限之促迫，无考成之顾忌故也。且纪氏于其所未读，不能置之不言，而余则惟吾之所趋避,譬之射然,纪氏控弦引满,下云中之飞鸟,余则树之鹄而后放矢耳。易地以处,纪氏必优于作《辨证》,而余之不能为《提要》决也。夫蠹生于木,而还食其木,柳子厚好读国语,乃能作《非国语》,盖必与之相习,然后得其要害也。余之略知学问门径,实受《提要》之赐,逮至用力之久,遂掎摭利病而为书。习惯使然,无足怪者。然往往草创未就,旋觉其误。传曰:"三折肱,然后知为良医",余之为医弗良,而其折肱也屡矣。尚望世之读者,勿徒以诋诃古人为余罪,而能入我室,操我矛,以伐我,使我得有所启牖,则余之厚幸也。一九五四年十月余嘉锡序,时年七十有二。